法学学科新发展丛书

New Development of Legal Studies

行政诉讼法的新发展

吕艳滨＼主编

New Development of Legal Studies

中国社会科学出版社

图书在版编目（CIP）数据

行政诉讼法的新发展/吕艳滨主编 . —北京：中国社会
科学出版社，2008.10
（法学学科新发展丛书）
ISBN 978-7-5004-7213-1

Ⅰ. 行…　Ⅱ. 吕…　Ⅲ. 行政诉讼法 – 研究 – 中国
Ⅳ. D925.304

中国版本图书馆 CIP 数据核字（2008）第 143818 号

出版策划　任　明
责任编辑　王　曦
责任校对　曲　宁
技术编辑　李　建

出版发行	中国社会科学出版社		
社　址	北京鼓楼西大街甲 158 号	邮　编	100720
电　话	010 – 84029450（邮购）		
网　址	http://www.csspw.cn		
经　销	新华书店		
印　刷	北京奥隆印刷厂	装　订	广增装订厂
版　次	2008 年 10 月第 1 版	印　次	2008 年 10 月第 1 次印刷
开　本	710×980　1/16		
印　张	13.75	插　页	2
字　数	236 千字		
定　价	32.00 元		

法学学科新发展丛书
New Development of Legal Studies

行政诉讼法的新发展

吕艳滨\主编

New Development of Legal Studies

中国社会科学出版社

图书在版编目（CIP）数据

行政诉讼法的新发展/吕艳滨主编. —北京：中国社会
科学出版社，2008.10
（法学学科新发展丛书）
ISBN 978-7-5004-7213-1

Ⅰ. 行… Ⅱ. 吕… Ⅲ. 行政诉讼法 – 研究 – 中国
Ⅳ. D925. 304

中国版本图书馆 CIP 数据核字（2008）第 143818 号

出版策划　任　明
责任编辑　王　曦
责任校对　曲　宁
技术编辑　李　建

出版发行　中国社会科学出版社
社　　址　北京鼓楼西大街甲 158 号　　　邮　编　100720
电　　话　010 – 84029450（邮购）
网　　址　http：//www. csspw. cn
经　　销　新华书店
印　　刷　北京奥隆印刷厂　　　　　　　装　订　广增装订厂
版　　次　2008 年 10 月第 1 版　　　　印　次　2008 年 10 月第 1 次印刷
开　　本　710×980　1/16
印　　张　13.75　　　　　　　　　　　插　页　2
字　　数　236 千字
定　　价　32.00 元

总　序

景山东麓，红楼旧址。五四精神，源远流长。

中国社会科学院法学研究所位于新文化运动发源地——北京大学地质馆旧址。在这所饱经沧桑的小院里，法学研究所迎来了她的五十华诞。

法学研究所成立于 1958 年，时属中国科学院哲学社会科学学部，1978年改属中国社会科学院。五十年来、尤其是进入改革开放新时期以来，法学研究所高度重视法学基础理论研究，倡导法学研究与中国民主法治建设实践紧密结合，积极参与国家的立法、执法、司法和法律监督等决策研究，服务国家政治经济社会发展大局。改革开放初期，法学研究所发起或参与探讨法律面前人人平等、法的阶级性与社会性、人治与法治、人权与公民权、无罪推定、法律体系协调发展等重要法学理论问题，为推动解放思想、拨乱反正发挥了重要作用。20 世纪 90 年代以后，伴随改革开放与现代化建设的步伐，法学研究所率先开展人权理论与对策研究，积极参与国际人权斗争和人权对话，为中国人权事业的发展作出了重要贡献；积极参与我国社会主义市场经济法治建设，弘扬法治精神和依法治国的理念，为把依法治国正式确立为党领导人民治国理政的基本方略，作出了重要理论贡献。进入新世纪以来，法学研究所根据中国民主法治建设的新形势和新特点，按照中国社会科学院的新定位和新要求，愈加重视中国特色社会主义民主自由人权问题的基本理论研究，愈加重视全面落实依法治国基本方略、加快建设社会主义法治国家的战略研究，愈加重视在新的起点上推进社会主义法治全面协调科学发展的重大理论与实践问题研究，愈加重视对中国法治国情的实证调查和理论研究，愈加重视马克思主义法学和中国法学学科新发展的相关问题研究……

五十年弹指一挥间。在这不平凡的五十年里，法学所人秉持正直精邃理念，弘扬民主法治精神，推动法学创新发展，为新中国的法治建设和法学繁荣作出了应有贡献。

法学研究所的五十年，见证了中国法学研究事业的繁荣与发展；法学研究所的五十年，见证了中国特色社会主义民主法治建设的进步与完善；法学研究所的五十年，见证了中国改革开放与现代化建设事业的成就与辉煌。

今天的法学研究所，拥有多元互补的学术背景、宽容和谐的学术氛围、兼收并蓄的学术传统、正直精邃的学术追求、老中青梯次配备的学术队伍。在这里，老一辈学者老骥伏枥，桑榆非晚，把舵导航；中年一代学者中流砥柱，立足前沿，引领理论发展；青年一代学者后生可畏，崭露头角，蓄势待发。所有的这一切，为的是追求理论创新、学术繁荣，为的是推动法治发展、社会进步，为的是实现公平正义、人民福祉。

在新的历史起点上，我们解放思想，高扬改革开放的大旗，更要关注世界法学发展的新问题、新学说和新趋势，更要总结当代中国法学的新成就、新观点和新发展，更要深入研究具有全局性、前瞻性和战略性的法治课题，更要致力于构建中国特色社会主义法学理论创新体系。

为纪念中国社会科学院法学研究所建所五十周年，纪念中国改革开放三十周年，我们汇全所之智、聚众人之力而成的这套法学学科新发展丛书，或选取部门法学基础理论视角，或切入法治热点难点问题，将我们对法学理论和法治建设的新观察、新分析和新思考，呈现给学界，呈现给世人，呈现给社会，并藉此体现法学所人的襟怀与器识，反映法学所人的抱负与宏愿。

五十风雨劲，法苑耕耘勤。正直精邃在，前景必胜今。

中国社会科学院法学研究所所长李林　谨识
二〇〇八年九月

目　　录

第一章　行政诉讼的受案范围

一　行政诉讼受案范围的概念

行政诉讼受案范围，又称"行政审判权范围"或者"可诉行为范围"，它是指法院受理行政争议案件的界限，即法院可以受理什么样的行政案件，不能受理什么样的行政案件，哪些行政活动应当由法院审查，哪些不能被其审查，这也关系到法院与其他国家机关之间在解决行政案件上的分工。[①]

行政诉讼受案范围是行政诉讼法律制度中的一个重要概念，堪称研究行政诉讼制度的"起始性问题"。"行政诉讼与其他诉讼之间的一个重要的不同之处在于它存在着一个受案范围"，[②] "受案范围标志着司法权与行政权的界限和关系，也反映着公民、法人和其他组织的权利受法律保护的程度"[③]。一方面，它反映了公民合法权益在司法制度中得到保护的周延性，标志着行政法律关系中的行政相对方的诉权范围，是衡量一国行政法治发展程度的重要指标；另一方面，行政诉讼的受案范围所解决的是人民法院与其他国家机关之间处理行政争议的分工与权限问题，也是界定司法权对行政权及其活动能够实施司法审查的范围，是在防止司法权对行政的过度干预和法律对行政的必要控制之间寻求平衡的一种制度设计。它表明司法权不能过分干涉行政权，必须为司法权在行政诉讼中设定一个界限。行政行为不可能全部都通过法院来解决，即司法权力对行政权力的监控是有限的，是出于合理配置国家

---

① 马怀德主编：《行政诉讼原理》，法律出版社 2003 年版，第 168 页。

② 罗豪才：《行政审判问题研究》，北京大学出版社 1990 年版，第 10 页。从法律规定本身而言，我国民事、刑事、行政三大诉讼法中，唯有《行政诉讼法》中明确出现了"受案范围"这一概念，本身即表明了受案范围对行政诉讼的特殊意义；从现实操作来看，聚焦于受案范围的论争和司法实践以及由此造成的种种冲突，构成了行政诉讼中独有的一道"风景"。

③ 江必新：《正确把握行政诉讼受案范围》，《人民法院报》2000 年 4 月 27 日。

权力维护行政效率的需要。① 有学者曾对此有精辟论述，"行政诉讼是行政权、公民权和司法权博弈的过程。没有行政权可能对公民权的侵害，就不需要有行政诉讼；公民提起行政诉讼，就是在法定的框架内找个说理的地方；人民法院对行政案件的审查，则是在行政权与公民权之间寻求平衡"②。

行政诉讼受案范围历来是行政诉讼法学理论研究的重点内容，也是人民法院审判实践中的难点问题，成为理论界和实务部门"挥之不去的牵挂"③。纵观世界，几乎所有国家都有关于受案范围或者类似的规定，尽管对这一问题的表述有所不同④，但其实质内容是一样的，都表明法院能够解决的争议范围是特定而有限的⑤。

二　世界各国关于行政诉讼受案范围的规定

世界各国各地区确定行政诉讼受案范围的方法主要有两种：一是通过立法确定，如美国⑥、德国、日本等；一是以判例的形式通过个案来确定，如英国、法国⑦。

通过立法方式确定行政诉讼受案范围又主要有三种规定方式。第一种是列举式。列举式有肯定的列举和否定的列举两种方法。肯定的列举是由行政

---

① 具体表现在：第一，没有被管理一方的起诉，法院不可以主动去审查行政活动，司法权力对行政权力的监督是事后性的被动的监督。第二，法律不可能规范所有行政领域和行政活动的每一个细节，同时法院的精力也是有限的，不可能对所有的行政活动都加以监督，要在一定程度上保留行政自由裁量权。第三，对行政活动的评判有着不同的要求，但是法院是司法权力的行使者，它的监督必须要以法律规范作为最根本的标准，至于法律之外的是与非，不是其所关注范围。第四，法院的角色是中立的居间裁判者，其中心任务是解决纠纷，维护实体和程序上的公正，因此不可能代替行政机关行使行政权力，它所要关注的是法律上的公平、效率。

② 张树义：《行政诉讼法的"先天不足"亟待完善》，《新京报》2004 年 11 月 17 日。

③ 杨伟东：《行政诉讼受案范围分析》，《行政法学研究》2004 年第 3 期。

④ 例如，美国将该问题称为"司法审查的可得性"，法国称为"行政法院的审判权范围"。

⑤ 马怀德主编：《行政诉讼原理》，法律出版社 2003 年版，第 168 页。

⑥ 美国是判例法国家，但行政诉讼受案范围却基本上依据《行政程序法》和其他法律的明确规定，只是后来通过直接适用《宪法》的正当程序条款，以判例形式进一步扩展了行政诉讼的受案范围。

⑦ 英国作为判例法国家，没有统一的行政诉讼法，行政诉讼受案范围主要依据判例和习惯；法国是成文的大陆法系国家，但其行政诉讼受案范围也主要依据判例。法国"法律可能规定某一特定事项属于行政审判范围，但没有规定一个普遍性的行政审判标准，或者列举审判事项。法国行政审判的权限除法律所特别规定的事项外，一般性的标准由权限争议法庭的判例和行政法院的判例所确定"。参见王名扬主编《外国行政诉讼制度》，人民法院出版社 1991 年版，第 33 页。

诉讼法和其他法律、法规对属于行政诉讼受案范围的行政案件加以逐个列举，凡列举的都在行政诉讼受案范围之内，采取这种模式的有瑞士、瑞典、澳大利亚、意大利等；否定的列举也称排除式，是对不属于行政诉讼受案范围的事项加以逐个列举，凡未作排除列举的则都是行政诉讼的受案范围，采取这种模式的有英国、法国、芬兰等。立法上肯定式列举与否定式列举经常被同时采用。列举式的优点在于规定明确，防止滥诉，杜绝纷扰，"唯社会新兴事业日多，行政事项较繁，列举既难免遗漏，且无法适应变动不居的行政事项，若不在列举的范围之内，则因违法行为所受的权利侵害，即无法定的救济"①。第二种是概括式。概括式是指以法律对受案范围的标准作出原则性的概括规定来划定行政诉讼的受案范围。② "其得失则与列举主义相反"③，优点是简单全面，不致发生遗漏，但在一定程度上失之宽泛而致不易掌握。采取概括模式的国家主要有美国、日本、奥地利、比利时等。第三种是混合式。混合式是将概括式与列举式混合使用，以避免各自不足，相互弥补。④ 采取这种模式的有德国、韩国等。

（一）主要国家和地区的行政诉讼受案范围制度

1. 美国

美国的司法审查指美国法院根据受到行政行为不法侵害或有关行政行为不利影响的行政管理相对人的请求，审查相应的行为的合法性及合理性，撤销违法的行政行为，为受到不法行政行为侵害的相对人提供救济。司法审查的范围就是受审查的行政行为的范围，即法院对行政案件的管辖范围。根据美国宪法，美国联邦法院的管辖权是有限制的，仅限于管辖宪法第3条所列举的案件和争议。虽然第3条没有明确列举公民与行政机关之间发生的行政案件或行政争议，但联邦法院司法权第1项中所列举的基于普通法和平衡法的案件以及基于宪法与合众国各种法律的案件都可以包括行政案件和行政争议。现在，美国司法审查的范围包括：（1）依行政机构组织法实施的审查；

---

① 杨海坤等：《大陆和台湾地区的行政诉讼法初步比较》，《政法论坛》2000年第4期。

② 胡建淼主编：《行政诉讼法学》，复旦大学出版社2003年版，第25页。

③ 转引自杨海坤等《大陆和台湾地区的行政诉讼法初步比较》，《政法论坛》2000年第4期。

④ 胡建淼主编：《行政诉讼法学》，复旦大学出版社2003年版，第24页。根据我国《行政诉讼法》和《最高人民法院关于执行〈中华人民共和国行政诉讼法〉若干问题的解释》，我国行政诉讼受案范围的规定采用的是混合式，既有概括规定，又有肯定式列举和否定式列举（排除列举）的规定。后文详述。

（2）依据特定管理法实施的审查；（3）依据一般管辖法律或特殊管辖法律实施的审查；（4）依强制执行程序实施的审查；（5）依据反诉式异议而实施的审查；（6）依据普通法令状实施的审查；（7）直接以宪法为根据实施的审查。①

美国《联邦行政程序法》第 701 条规定，该法关于司法审查的规定不适用于："1. 法律规定不予司法审查的行政行为；2. 法律授权行政机关自由裁量的行政行为。"说明除了对法律排除司法审查的事项及行政机关的自由裁量行为等不能进行司法审查外，其他行政行为均可受司法审查。法律排除审查有三种情况：法律明确排除审查；法律默示排除审查；法律对审查不作出任何规定。其中，默示的排除是指法律中没有规定禁止司法审查，但是法院根据该法律所要达到的目标、立法精神和立法过程，认为该法律在某方面排除司法审查。对自由裁量行为排除审查的主要包括：已确定为政策的行为；有关国防和外交的行政决定；行政机构纯内部管理决定；基于直觉和预感而作出的监督性管理行为。此外，对于特别需要灵活性或保密的行政领域或法院认为有排除审查的某些特别实际理由的行政行为，法院也可以将它们完全或部分地归入自由裁量的范畴，不予以司法审查。对于法律未作出规定的行为，即"法律未明确禁止审查的"，则"都可受到司法审查"②。总之，从美国《联邦行政程序法》来看，一切行政行为都属于司法审查的范围，只有在法律规定的例外的情况下，法院才放弃审查，但法院在权衡各种利益的基础上，也会尽可能地扩大司法审查的范围，以更好地保护相对人的权益，同时，对于排除的司法审查的部分，一向非常谨慎。美国这种概括性的规定方法能较全面地将行政行为纳入司法审查的范围之中，较为充分地保护相对人的权益，同时也具有一定的灵活性，便于立法和司法机关根据具体的情况，将不宜由法院受理的案件排除在外。

2. 英国

英国并无确切意义上的行政诉讼的概念。实质意义上的行政诉讼在英国亦被称为司法审查，是指普通法院通过行使上诉管辖权和司法审查权的方式，对行政机关的行为是否合法所进行的审查活动。在实体上表现为公民受到行政机关行为的侵害而得到救济，在程序上则表现为独立的司法机构对行政机关相关行为的控制。越权无效原则是英国宪法原则在行政法领域的具体

---

① 王名扬：《外国行政诉讼制度》，人民法院出版社 1991 年版，第 24 页。
② 王名扬：《美国行政法》，中国法制出版社 1995 年版，第 571 页。

化。按照议会主权和法治原则，法律是任何团体和个人的行为规则，政府的一切活动都必须遵守法律。议会法律为行政机关规定了权限，行政机关不能超越这一权限，而法院无权审查议会通过的法律是否合法，其必须适用议会通过的一切法律。所以，行政机关在法律所规定的权限范围内活动时，法院无权过问，法院只有在行政机关的行为超越了法律规定的权限时才有管辖权，其判断行政机关行为的标准也是行政行为是否越权。凡是被认为违背"越权原则"的行政行为，均属于法院审查范围。"行政机关的越权，主要是指行政机关在行使权力时，超越法定的范围，但在法定的权限之内违反法律的规定，英国法院也认为是越权。"① 越权的行为是无效的行为，法院可以宣告无效或予以撤销。在英国，越权原则主要包括以下几方面的内容：违反自然公正原则、程序上的越权、实质上的越权。②

英国排除司法审查的范围，主要涉及三个方面。（1）可以拒绝司法审查的情况，包括：当事人申请不合理的迟延；当事人本身有过失；当事人知道公共机构作出决定时存有偏私情况而不提出异议；当事人对自己的防卫权受到妨碍而不提出异议；具有军事性质的机构的内部纪律处分；纯属团体内部的事务；当事人另有其他救济手段；法院认为救济手段不能达到目的。（2）不受法院管辖的行为，即国家行为。（3）法律规定排除司法审查的情况。③

3. 法国

早在 1889 年，法国最高行政法院在对卡多案件的判决中就确立了行政法院对行政争议的一般管辖原则，即如果没有法律的明文规定，当事人对行政行为不服可以直接向行政法院起诉。由于法国存在着行政法院和普通法院两个法院系统，所以与行政受理案件范围相关的问题不仅涉及行政权力和司法权力的配置关系，更为重要的是要确定行政审判权的范围，以避免两个法院系统间的权限冲突。在法国，行政审判的权限不是由法律规定，法律可能

---

① 参见胡建淼《比较行政法——20 国行政法评述》，法律出版社 1998 年版，第 100—101 页。

② 其中，自然公正原则包括两个最基本的程序规则：任何人或团体在行使权力时可能使其他人受到不利影响时，必须听取对方的意见，每一个都有为自己进行辩护和防卫的权利；任何人或团体都不能作为自己案件的法官。程序上的越权是指，行政机关违反成文法规定的必须遵守的程序而言。在英国的制定法中，程序规则主要包括调查程序、听证程序、咨询程序、委任程序、说明程序等。实质的越权是指，行政机关或行政裁判所超越法定权力范围的行为，主要包括超越管辖权的范围、不履行法定的义务、权力滥用、记录中所表现的法律错误等。

③ 参见喜子《反思与重构：完善行政诉讼受案范围的诉权视角》，《中国法学》2004 年第 1 期。

规定某一特定事项属于行政审判范围，但是没有规定一个具普遍性的行政审判标准，或者列举行政审判事项。法国行政审判的权限除了法律所特别规定的事项以外，一般性的标准由权限争议法庭的判例和行政法院的判例确定。由于行政职能发展迅速，用法律规定行政审判的权限，不论采取概括规定方式或列举方式，都不适应形势的发展。因此，法国的法律除了规定行政审判和司法审判独立外，没有更为详细的规定，划分行政审判的标准同公法和私法的区分是紧密联系的，公法案件要由行政法院受理。

行政审判是解决行政争议的国内审判的制度，对于不属于这个范畴的行为，法国将其排除在行政审判事项之外，这主要包括以下几种：（1）私人行为——私人之间的行为受私法支配，由普通法院管辖，不在行政审判范围之内。但私人受行政机关的委托或依法管理公务时，如果法律允许被委托人采取私法以外的手段进行管理，这种私人之间的争议有可能成为行政审判事项。（2）立法机关的行为——国会的立法行为除了受宪法委员会管辖以外，不受法院管辖，但国会中管理机关的行为不是立法行为。（3）司法机关的行为——司法机关的活动属于司法审判的范围，不属于行政审判事项。（4）外国国家行政机关的行为。外国国家行政机关不受法国主权的支配，除商业行为外，其他行为具有司法豁免权。（5）政府行为——政府行为是指属于政府保留不受法院管辖的行为，其范围由行政法院的判例决定。主要包括三个方面：政府和议会关系中的行为；政府在国际关系中所采取的行为；国家在遇到紧急情况时，总统根据《宪法》第16条的规定，作出开始实行紧急权力的决定，以及总统根据《宪法》第11条的规定，作出将法律草案提交公民复决的决定。法国是按照实质意义上的标准来划分行政审判的范围的，"由最初的国家债务人和公共权力行为标准到公务标准，目前是多元标准，除了公务标准外，还有公共权力标准"①。

从法国行政法的规定来看，它采取的是先排除不属于行政机关行为的行为，对剩下的有关行政机关行为的诉讼又划分了行政法院管辖的范围和普通法院管辖的范围。而行政法院管辖的案件所采取的实质意义的划分标准，使得法国行政法院的管辖范围已经超过了行政机关的范围，包括立法机关和司法机关的行政行为、私人行为中涉及公权力的行为。

4. 德国

与法国属于同一法系的德国也存在两套法院系统，同法国相似，区分公

---

① 马怀德主编：《行政诉讼原理》，法律出版社2003年版，第204页。

法和私法也是在德国行政法院和普通法院之间划分受案范围的基本标准。德国《基本法》第19条第4款规定："任何人的权利如遭到公共机关的侵犯，可向法院提出诉讼。如管辖范围没有明确规定，可向普通法院提出诉讼。第10条第2款第2句不受本款条文的影响。"其联邦法院对行政案件的受案范围主要规定在《联邦行政法院法》第40条第1款中，即所有不属于宪法范围的公法争议，只要联邦法律没有明确规定由其他法院处理，都可向联邦行政法院提起行政诉讼。但是州法领域的公法争议可以由州法分配给其他法院处理。从《基本法》和《联邦行政法院法》的规定可以看出，德国采取概括式规定了行政诉讼的受案范围，但排除了两类案件：一是宪法范围的案件，宪法范围的案件由宪法法院处理；二是《基本法》第10条第2款第2句规定的案件。该款规定，邮政和电信秘密权利可以依法限制，"任何这种限制不得告知有关人员，案件不得向法院提出诉讼而以议会指定的机构和附属机构进行复查来代替"①。

5. 日本

第二次世界大战前，日本明治宪法排斥司法法院审理行政案件，因此，日本在行政机关内专设行政法院管辖行政诉讼。这时行政诉讼的范围采取列举主义，仅限于法规承认的争诉事项，诉讼范围十分狭窄。"行政法院只审判法律、敕令允许向法院起诉的事项"，即（1）有关租税及手续费课赋的案件，但海关关税除外；（2）关于租税滞纳的案件；（3）关于拒绝或取消营业执照的案件；（4）关于水利及水土案件；（5）关于评定土地官员所有的案件。②

日本现行宪法规定，司法权属于最高法院以及下级法院，同时又规定"不得设立特别法院：行政机关不得作出终审判决"（第2款），"对任何人都不得剥夺接受法院审判的权利"（第32条）。日本《法院法》第3条根据宪法的这些原则规定，"审理一切法律上的争讼"。行政诉讼是解决关于行使行政权合法性的纠纷，以救济国民的权利和利益为目的。

国民对于行政法上的一切争讼，可以起诉法院，并受其裁判，但也并不是有关行政的一切案件都可诉诸法院，日本的行政诉讼将以下行为排除在外：统治行为；缺乏案件的争讼性和诉讼利益；行政权的第一次判断权，即按照司法权与行政权分离的宗旨，关于行政事项的第一次判断权，必须保留

---

① 参见于安《德国行政法》，清华大学出版社1999年版，第172页。
② 王名扬：《外国行政诉讼制度》，人民法院出版社1991年版，第33页。

给行政权。在行政厅作出第一次判断之前，法院代替行政厅判断是司法权侵害行政权；行政裁定（属于行政厅裁定的行为）构成司法审查的对象，但除了裁定行为超越裁定权的范围或滥用裁定权，不得成为撤销的对象。

　　6. 我国台湾地区

　　行政诉讼的受案范围在我国台湾地区被称为"行政法院的审判权"范围。台湾地区新"行政诉讼法"第 2 条规定："公法上之争议，除法律另有规定外，得依本法提起行政诉讼。"这说明，台湾地区对行政诉讼的受案范围采取的是概括主义，规定对于公法上的争议①，均可提起各种类型的行政诉讼，但有特别规定的，仍由其他法院审判。这些特别的事件为："宪法"争议事件，依"司法院大法官审理案件法"，由大法官解释"宪法"及统一解释；选举（罢免诉讼），当选无效罢免案通过无效及罢免案否决无效之诉讼，由"民事法院"管辖，其他争议由"行政法院"管辖；交通违规案件，违反道路交通管理处罚条理事件，由各"县市交通裁决所"裁决，不服者由"普通法院"设置专业法庭处理；违反社会秩序维护事件，分别由"警察机关"及"地方法院简易庭"裁罚，对之不服的由"普通法院"审理；律师惩戒时间由律师惩戒委员会及复审委员会处理；冤狱赔偿事件，以"地方法院"为决定机关，不服者向"司法院冤狱赔偿复议委员会"声明不服；"国家赔偿"案件，由"民事法院"审理；公务员惩戒事件，由"公务员惩戒委员会"处理。台湾地区"行政诉讼法"第 9 条还规定，可受理自身利益并未受到侵害的人民为维护公益提起的诉讼。

（二）影响行政诉讼受案范围制度的主要因素：比较法的角度

　　一种制度的存在必然有其原因，制度之间的差别也必然受到有关因素的影响，行政诉讼制度概莫能外。关注上述域外行政诉讼受案范围制度和相关司法实践，可以看出，各国各地区行政诉讼受案范围制度深受各种因素的影响，同时，这些因素也在很大程度上决定着它们的发展方向。

　　1. 权力配置的效益性

　　追求公平、正义是司法权运行的价值取向，追求效率是行政权运作的价值取向。在确立行政行为的可诉性时，面临着两种不同价值取向的取舍。司法审查权介入行政领域，对行政效率的影响是客观存在的，这也是设置司法

---

　　①　有些台湾地区学者将公法定义为规范公权力的法，由它引起的争议，其范围显然要比行政权行使所引发的争议范围大得多。

审查制度所应当付出的代价。但是，这种影响不能超过行政主体维护社会发展所要求的基本程度。① 而为追求行政效率，过多地排除法院对行政行为的审查，将会损害司法的威严，社会可能会为此付出更多的代价。因此，国家权力的配置要讲求效益性。效益是经济学中常用的概念，追求经济效益是人们普遍的认知趋向。经济学中追求利润的价值规律，在社会学中也同样会得以贯彻执行。人们总希望建立高效的政治体制，以最小的成本投入，获得最大的效益。法律在划分司法权与行政权的界限时同样也追求司法资源的优势配置，讲求诉讼成本的投入与产出的关系。考虑哪些行政行为由法院裁决，更能充分体现行政诉讼的价值；哪些行政行为不适合法院审查，否则，会浪费司法资源。②

　　2. 法律传统

　　法律是人们在群体生活中的产物，也是在群体中得以传承的。西方文明的发展史曾一度造就了独特的"法律的"制度、价值和概念。这些法律制度、价值和概念被有意识地世代相传数个世纪，由此开始形成一种"传统"。③ 它对司法体制的影响是显而易见的。这种法律传统最突出的特征可能是在同一社会内部各种司法管辖权和各种法律体系的异同和竞争。从基督教教会政体与世俗政体的区分中可略见一斑。教会宣布它不受世俗的控制，并宣布它对某些事务具有专属的司法管辖权和在另一些事务上具有并行的司法管辖权。④ 对结婚而言，可以选择到政府登记，也可到教堂举行宗教仪式，举行宗教仪式结婚与政府登记结婚的效力相当，一旦选择了宗教仪式结婚，即使宗教仪式中有疏漏，也不能像对政府登记结婚行为有异议那样，向行政法院起诉。另外，西方的法律传统又孕育了不同的两大法系——大陆法系与普通法系，两大法系又孕育了各自不同的司法审查制度，他们对行政行为可诉性的认识也不尽相同。

　　3. 司法权的界限

　　从词源上看，司法权有祭司、守护法律之意向，无修立、干涉法律之内涵。从历史渊源讲，司法权是一种派生的权力，是从行政权中分离出来的，

---

　　① 章剑生：《有关行政诉讼范围的几个理论问题探析》，《中国法学》1998 年第 2 期。

　　② 参见刘善春《行政诉讼价值论》，法律出版社 1998 年版，第 153 页。

　　③ ［美］哈罗德·J. 伯尔曼：《法律与革命——西方法律传统的形成》，贺卫方等译，中国大百科全书出版社 1993 年版，第 1 页。

　　④ 同上书，第 11—12 页。

具有被规束性。① 被规束性主要表现在它的界限性，即司法权同立法权、行政权一样都有界限，其界限由法律规定。

司法机关在三权分立政府中的地位弱小，反映了司法权的界限。行政部门不仅具有荣誉、地位的分配权，而且执掌社会武力；立法机关不仅掌握财权，且制定公民权利义务的准则。与此相反，司法部门既无军权，又无财权，不能支配社会的力量与财富，不能采取任何主动的行动。因此，司法部门既无强制，又无意志，而只有判断，为实现其判断亦需借助于行政部门的力量。② 由于司法机关在权力分立政府中的弱小地位，使之认识到司法审慎的必要性，并将自己的权威建立在公众对其道德约束力的持久信任上。

法官在处理法律问题上是个智者，在处理非法律问题上，并不比政府官员聪明多少，这也反映出了司法权的界限。例如，法国早在 1822 年就确立了行政法院不监督政治行为的原则。美国 1946 年的《行政程序法》也明文排除了对这种行为的司法复审。对于国家行为，通常由议会加以控制或纳入宪法审查的范围。主要因为这类行为通常以国家对内、对外的基本政策为依据，以国际政治斗争的形势为转移，政治色彩较浓重，法院很难对这些非法律问题作出判断。

（三）行政诉讼受案范围制度的发展趋势：历史的角度

随着国家法制化水准日益提高，人们的权利意识逐步增强，要求通过行政诉讼来保护自身权益的范围也会相应扩大，从而行政诉讼受案范围能凭借这一源源不断的内在推动力而不断扩展。而且，在现代社会，行政权相对于立法权和司法权，有膨胀和扩张的趋势。行政权自身的扩张必然造成其侵害公民权益的可能性的增大，进而要求行政诉讼受案范围为之作出相应扩大。因此，公民权与行政权的博弈是推动受案范围外部界限不断扩大的内在因素。反映在行政诉讼受案范围上有以下几个方面的变化：

1. 权益保护的范围扩大

从《美国联邦行政程序法》来看，一切行政行为都可属于司法审查的范围，只有在法律规定的例外的情况下，法院才放弃审查，但法院在权衡各种利益的基础上，也会尽可能地扩大司法审查的范围，以更好地保护相对人

---

① 参见信春鹰、李林主编《依法治国与司法改革》，中国法制出版社 1999 年版，第 356—357 页。

② ［美］汉密尔顿等：《联邦党人文集》，程逢如等译，商务印书馆 1980 年版，第 391 页。

的权益，同时，对于排除的司法审查的部分，也非常之谨慎。美国这种概括性的规定方法能较全面地将行政行为纳入司法审查的范围之中，较为充分地保护相对人的权益，同时也具有一定的灵活性，便于立法和司法机关根据具体的情况，将不宜由法院受理的案件排除在外。法国则在行政法基本观念上，先后产生了公共权力说、公务说、公共利益说、新公共权力说等学说，实际上反映了依法行政的范围。公共权力说将行政法的适用范围局限于较小的领域，适应当时的夜警国家的需要；公务说扩大了行政法的范围，反映了国家公务的增加和行政活动的扩张；公共利益说、新国家公务说等都进一步扩大了行政法的适用范围，使得依法行政的范围不断扩大。……"依法行政范围的扩大，一方面说明行政权日益扩张，另一方面说明加强公民权的保障日益受到重视。"①

在行政权日益扩展的今天，行政自由裁量权日趋扩大，但对行政自由裁量权的司法控制也日益严格，司法监督的范围亦随着其范围的扩展而扩大。尽管各国由于其具体的国情、历史传统、具体法律规定的不同，行政诉讼的受案范围有所区别，但总体的趋势是其受案范围随着行政权在社会各个领域中的日益深入而渐渐扩大，这不仅体现了现代社会中行政权力的日益扩张对社会生活的日益渗透，与人们之间的权利义务越发频繁，还说明了司法对行政的监督日益加强，对人们权利的日趋重视。

2. 概括规定为主

从世界上其他国家和地区的相关规定来看，许多国家和地区的行政诉讼受案范围的规定模式都由列举式向概括式转变。瑞典公法学者鲁克也认为，列举式是行政诉讼受案范围发展到概括式的一种过渡手段。②

英国作为判例法国家，无论是行政机关的具体行政行为还是抽象行政行为，只要超越法定权限，法院都可以行使审查权。凡是被认为违背"越权原则"的行政行为（包括抽象行政行为和具体行政行为）均属于行政诉讼受案范围。越权原则是英国法院监督行政机关委任立法的根据。法国行政诉讼范围主要是由权限争议法庭和行政法院的判例确定的，除判例所排除的情况外，行政机关的一切决定，不论采取何种形式，不论是采用口头或书面的、明示或默示的、抽象或具体的，均可提起诉讼。德国的规定是除了宪法性争议以外的其他公法上的争议均属于行政法院的受案范围。除了概括式的

---

① 金国坤：《依法行政环境研究》，北京大学出版社2003年版，第83页。
② 转引自杨海坤等《大陆和台湾地区的行政诉讼法初步比较》，《政法论坛》2000年第4期。

规定以外，各国还就各自具体的情况，将一些行政行为排除在行政诉讼受案范围之外。其中最普遍的就是国家行为或统治行为。国家行为或统治行为一般是指关系到国家存亡及国家统治的根本的、具有高度政治性的、国家最高机关的行为，通常为国防、外交行为。我国台湾地区的行政诉讼受案范围也是从列举式经过司法机关不断的突破，如早期司法院与行政法院均认为公务员与国家关系乃特别权力关系，公务员不得对其身份上所受处罚提起行政诉讼，但经大法官屡次解释之后，公务员对于公法上财产权之争议，以及免职处罚或对于公务员身份有重大影响之处分，均得提起行政诉讼以资救济，最终由列举式过渡到概括式。①

可见，多数国家和地区除少数几种行政行为不能提起行政诉讼以外，其他所有的行政行为（包括抽象行政行为），都可提起行政诉讼，这就使广泛的行政行为在很大程度上置于司法机关的监督之下，公民、组织的合法权益得到了较全面的保护。

行政权与公民权的内容都是随着时代的发展而变化的，总的来说，二者都是在不断扩大的。在这样一种情况下，行政诉讼受案范围如果采用列举式规定，对于具体哪些情况下的行政行为可以提起行政诉讼作出规定的话，无论怎样详细地列举，都既无法穷尽现有的行政行为，也无法包容未来的行政行为，必然会存在疏漏，事实上限制了受案范围，不利于保护公民权，也很难维持公民权与行政权的平衡。本着"凡权利皆应有救济，无救济的权利不是权利"的原则，应当对行政诉讼受案范围作概括规定，凡是受到了行政权侵害的公民权，都应该受到司法权的救济，对公民权给予全面的保护，也就是说，以行政行为的可诉性为原则。

3. 合法性兼合理性审查原则取代合法性审查原则

合理性审查原则也称适当性审查原则，是指司法机关对行政机关作出的具体行政行为，不仅要看其是否符合法律规定，还必须审查其内容是否客观、适度，是否符合公正原则等人类理性。② 根据这一定义，合理性审查原则是指司法机关对自由裁量行政行为合理性的判断。对于羁束行政行为来说，合法的也就是合理的，而自由裁量行政行为虽然合乎法律规定的界限，但由于自

---

① 参见杨海坤等《大陆和台湾地区的行政诉讼法初步比较》，《政法论坛》2000 年第 4 期。

② 之所以提出合理性审查原则，主要是从保护公民权的角度出发。如上所述，现代社会，随着行政权的日益膨胀，行政主体的自由裁量权也在不断扩大。在法治社会，自由裁量权一方面为社会管理所必需，另一方面也应当受到必要的限制。

由裁量权力的运用，因而在合法性之外还必须对其适当性作出判断。①

三　我国行政诉讼受案范围的现状

1949 年以来，我国先后颁布的具有临时宪法意义的《中国人民政治协商会议共同纲领》和 1954 年、1975 年、1978 年、1982 年四部宪法，都确认了公民的行政诉讼权，确立了行政诉讼的地位。但作为具体制度的现行行政诉讼②则是在改革开放初期，高度集权体制稍有松动的历史背景下产生的，它反映了我国民主与法制的进程。1982 年《民事诉讼法（试行）》的颁布标志着我国行政诉讼制度的初步创立，使得法院开始依据民事诉讼的规则审理行政案件，初步确立了救济公民权利、监督行政机关依法行政的行政诉讼制度。③ 根据《民事诉讼法（试行）》第 2 条第 2 款的规定，行政诉讼

---

① 对行政自由裁量行为的审查仅以合法性原则不足以使被侵权人得到有效的救济。行政行为首先要合法，这是必要的，但法律的每一项规定不可能都十分严密，因此强调依法行政的同时，必须强调行政行为的合理性。自由裁量行政行为的显著特点是可能合法但不合理，不合理的行政行为同样会损害公民、法人或其他组织的合法权益。如果司法监督只审查行政行为的合法性，那么，公民的合法权益受到不合理行政行为的侵害便得不到有效的救济。因此，行政行为合理性审查原则理应成为行政法治的一项基本原则，与合法性审查原则共同来约束行政机关的自由裁量行为。

② 就广义上的行政诉讼制度而言，我国行政诉讼制度可以追溯至辛亥革命时期，并经历了北洋军阀政府、国民党政府时期的短暂实践。辛亥革命时期制定的《中华民国临时约法》规定：人民有权依法提起行政诉讼，受理行政诉讼的机关为平政院。1914 年北洋军阀政府沿袭了辛亥革命时期确立的行政诉讼模式，又先后制定了《平政院编制令》、《诉愿法》、《平政院裁决执行令》、《行政诉讼条例》等法律，进一步完善了旧中国的行政诉讼制度。南京国民政府在大陆统治时期，基本上继承了北洋军阀政府的行政诉讼制度，颁布了《诉愿法》、《行政诉讼法》、《行政法院组织法》。1933 年开始实施的《行政诉讼法》，规定行政法院受理争议案件，行政诉讼的范围采取概括式，即公民认为有关机关之违法行政处分损害其权利，经依《诉愿法》的规定提起诉愿或者在诉愿后仍不服诉愿决定的，或者行政机关逾期不作答复，得向行政法院提起行政诉讼，并且规定行政诉讼实行一审终审制。参见林莉红《行政诉讼法学》，武汉大学出版社 1999 年版，第 35 页。

③ 1982 年《民事诉讼法（试行）》第 3 条第 2 款规定："法律规定由人民法院审理的行政案件，适用本法的规定。"这一规定的核心内容是明确人民法院审理行政案件所适用的程序，确定人民法院受理行政案件的范围，而对行政诉讼受案范围采用的是列举模式。该条规定中"法律"的范围并不明确，在实践中引发了一些争议。对此，最高人民法院《关于地方人民政府规定可向人民法院起诉的行政案件法院应否受理问题的批复》（1987 年 10 月 9 日法（研）复［1987］第 40 号）明确指出该款中的"法律"包括"全国人民代表大会及其常务委员会制定的法律、国务院制定的行政法规、省和直辖市的人民代表大会及其常务委员会制定的法律、国务院制定的行政法规、省和直辖市的人民代表大会及其常务委员会制定的地方性法规、民族自治地方的人民代表大会制定的自治条例和单行条例"。

受案范围取决于单项法律、法规的个别授权，没有单项法律法规规定的，公民、法人和其他组织不能向法院提起行政诉讼。从 1982 年到 1986 年，法律法规规定由人民法院审理的行政案件主要有食品卫生管理、土地管理、林业管理、工商行政管理、专利管理、税务管理、药品管理、海洋环境管理八大类。这八类案件都属于经济管理领域的案件，在法院设立行政审判庭之前，这些案件大多由经济审判庭审理。1986 年 9 月，第六届全国人民代表大会常务委员会第十七次会议通过的《中华人民共和国治安管理处罚条例》将行政案件引入治安管理领域，催发了一些地方开始设立专门的行政审判庭来审理行政案件。至 1987 年年底，已有 120 多个法律和法规规定不服行政机关处理的案件可以起诉至法院。① 1986 年 10 月，在全国人大常委会顾问陶希晋的倡导下，成立了由行政法学者、专家和有关实际部门同志组成的行政立法研究组。该研究组于 1987 年 2 月开始草拟《中华人民共和国行政诉讼法》（草案），并于 1988 年 8 月提交立法机构审议。1989 年 4 月 4 日，第七届全国人民代表大会第二次会议正式通过了《中华人民共和国行政诉讼法》，它标志着我国行政诉讼制度走上正轨，同时也意味着在我国人权保障事业的法制建设中第一部以监督政府行为来保障公民权利的法律的出台。从此，我国有了真正意义上的行政诉讼制度。

（一）行政诉讼受案范围的有关立法规定

1.《行政诉讼法》

我国《行政诉讼法》的三个条文，即第 2 条的概括规定、第 11 条的肯定列举规定和第 12 条的否定排除规定②界定了行政诉讼的受案范围。③ 这一

---

① 参见《最高人民法院工作报告（1988 年）》。这一数字到 1989 年《行政诉讼法》制定之前达到了 130 多个，参见王汉斌《关于〈中华人民共和国行政诉讼法（草案）〉的说明》，《全国人民代表大会公报》1989 年第 2 期。

② 当初之所以有此规定，主要是"考虑我国目前实际情况，行政法还不完备，人民法院行政审判庭还不够健全，《行政诉讼法》规定'民可以告官'，有观念更新问题，有不习惯、不适应的问题，也有承受力的问题，因此对受案范围现在还不宜规定得太宽，而应逐步扩大，以利于行政诉讼制度的推行"。参见王汉斌《关于〈中华人民共和国行政诉讼法〉（草案）的说明》，《全国人民代表大会公报》1989 年第 2 期。

③ 在《行政诉讼法》制定过程中就如何规定受案范围，各方曾展开过激烈争论，提出了各种观点。这些观点大体可分为四类：第一类主张维持由单行法律、法规规定受案范围的现状；第二类主张凡行政处罚均可提起行政诉讼，其他行政行为只有在单行法律、法规有规定时方能提起；第三类主张除某些必须由行政终局决定外的所有具体行政行为都纳入受案范围；第四类主张要求根据国际惯例将属于行政终局决定范围以外的所有行政行为均列入受案范围之列。参见柴发邦主编《行政诉讼法教程》，中国人民公安大学出版社 1990 年版，第 146—147 页。

"以'具体行政行为'为中心形成的列举加概括方式确定的，受案范围限于由'行政机关'作出的'具体行政行为'的，由行政诉讼法作出明文规定的那一部分"，也就是"所有公法性决定中可能会受到司法审查的全部"①。此受案范围排除了抽象行政行为，同时并非所有的具体行政行为均可诉，而是只有侵犯行政相对人人身权、财产权的具体行政行为才会受到司法审查。

《行政诉讼法》对于行政诉讼受案范围的限制性规定，与当时司法地位不高、司法资源有限、司法权威微弱，加上行政法律制度特别是行政程序法律制度不健全、行政活动不规范、行政审判缺乏合法性判断标准，以及行政机关对行政诉讼是否会损害效率和行政权威存在较大担忧有关。不可否认的是，当时采取的"概括＋列举＋排除"模式，曾经起过一定的积极作用：第一，比较清楚地界定了受案范围，具有很强的可操作性；第二，通过这一模式对行政诉讼受案范围进行了比较严格的限定，减轻了行政机关的抵触和疑虑，避免因司法资源不足出现负荷过重的情况，有利于行政诉讼制度的顺利建立，是当时"先建立制度再逐渐完善"这一立法策略的体现；第三，具有一定的发展空间，为后来逐步扩大受案范围留有一定余地。②

值得注意，《行政诉讼法》第11条第1款第1项至第8项是对具体行政行为的列举、示范，关键词是"行为"③；第2款又规定"除前款规定外，人民法院受理法律、法规规定可以提起诉讼的其他行政案件"，关键词为"案件"。同一条文中两款规定一为"行为"一为"案件"，颇费人思量。就第2款的规定来说，"其他行政案件"无疑必须是法律、行政法规和地方法规、自治条例和单行条例所规定的人民法院可以受理的案例，但关于它是否受"具体行政行为"及"人身权、财产权"的标准限制，现在的认识存在分歧。有学者认为，从立法技术角度看，第2款属第1款的但书条款，不

---

① ［德］弗里德赫尔穆·胡芬：《行政诉讼法》，莫光华译，法律出版社2003年版，中文版导读第2页。

② 喜子：《反思与重构：完善行政诉讼受案范围的诉权视角》，《中国法学》2004年第1期。

③ 《行政诉讼法》第11条规定："人民法院受理公民、法人和其他组织对下列具体行政行为不服提起的诉讼：（一）对拘留、罚款、吊销许可证和执照、责令停产停业、没收财物等行政处罚不服的；（二）对限制人身自由或者对财产的查封、扣押、冻结等行政强制措施不服的；（三）认为行政机关侵犯法律规定的经营自主权的；（四）认为符合法定条件申请行政机关颁发许可证和执照，行政机关拒绝颁发或者不予答复的；（五）申请行政机关履行保护人身权、财产权的法定职责，行政机关拒绝履行或者不予答复的；（六）认为行政机关没有依法发给抚恤金的；（七）认为行政机关违法要求履行义务的；（八）认为行政机关侵犯其他人身权、财产权的。除前款规定外，人民法院受理法律、法规规定可以提起诉讼的其他行政案件。"

应受第 1 款"具体行政行为"标准的限制，"其他行政案件"不但包括可诉的具体行政行为（不限于第 11 条所列），而且包括法律规范规定的具体行政行为之外的其他行政行为所形成的行政案件。①

2.《行政复议法》

《行政诉讼法》颁布实施后，随着法制建设的发展，要求扩大行政诉讼受案范围的压力日重，但繁重的立法压力和行政与司法机关之间认识的分歧，使得《行政诉讼法》的修改工作一直未能列入立法机关的议事日程。为了缓解来自民众的要求扩大行政诉讼受案范围的压力，1999 年 4 月 29 日，第九届全国人民代表大会常务委员会第九次会议通过《行政复议法》，间接地扩大了行政诉讼的受案范围，启动了对抽象行政行为的监督审查权。

《行政复议法》第 5 条规定："公民、法人或者其他组织对行政复议决定不服的，可以依照行政诉讼法的规定向人民法院提起行政诉讼，但是法律规定行政复议决定为最终裁决的除外。"这一规定表明，行政复议的范围可以成为行政诉讼的受案范围。而《行政复议法》第 6 条进而将所有外部具体行为纳入行政复议的范围，将对相对人的权利保护的范围扩展到了所有权领域，从这一点看，《行政复议法》规定的范围要比《行政诉讼法》大。此外，《行政复议法》将部分抽象行政行为纳入了行政复议的范围，相对于《行政诉讼法》的完全排斥抽象行政行为而言，也是个很大的扩展。

通过行政复议的这道转换，不能提起行政诉讼的具体行政行为就只剩两种。一种是不能申请行政复议的案件。根据《行政复议法》第 8 条的规定，一是"不服行政机关作出的行政处分或者其他人事处理决定的，依照有关法律、行政法规的规定提出申诉"；二是"不服行政机关对民事诉讼作出的调解或者其他处理，依法申请仲裁或者向人民法院提起诉讼"。另一种是法律规定行政复议决定为最终裁决的案件，包括：一是《行政复议法》第 14 条所规定的，"对国务院部门和省级政府的具体行政行为不服，经向该部门或者该级政府申请复议，对复议决定不服申请国务院裁决的，国务院的裁决为最终裁决"；二是《行政复议法》第 30 条第 2 款规定的，"根据国务院或者省、自治区、直辖市人民政府对行政区划的勘定、调整或者征用土地的决定，省、自治区、直辖市人民政府确认土地、矿藏、水流、森林、山岭、草原、荒地、滩涂、海域等自然资源的所有权或者使用权的行政复议决定为最

---

① 参见王周户、李大勇《行政诉讼受案范围的重新解读——以法律适用为视角看〈行政诉讼法〉相关制度的修改》，《法律科学》2006 年第 6 期。

终裁决"；三是《中国公民出境入境管理法》和《外国人出境入境管理法》关于复议选择兼终局的规定等。

尽管《行政复议法》间接扩大了行政诉讼的受案范围，但仍须承认，这一进步是有限的。原因在于：第一，有相当一部分案件要求"复议前置"，即没有被《行政诉讼法》纳入行政诉讼受案范围的案件，必须先经过复议，对复议决定不服才能提起行政诉讼，这一"转换器"的存在降低了救济效率，浪费了资源。第二，《行政诉讼法》关于行政诉讼的起诉主体、被告资格、行为等方面的限制仍然存在，仍钳制着行政诉讼受案范围的扩张。

（二）最高人民法院司法解释

在《行政诉讼法》颁布后的近二十年中，由于司法实践中聚焦于行政诉讼受案范围的案件争议层出不穷，最高人民法院两次颁布司法解释来试图弥补制度漏洞和实践操作之间的鸿沟，正应了梅利曼所言："大陆法系国家法律秩序的运作要依靠两个因素的影响，其一是法典生效的时代；其二，司法机关对旧法疏漏的回应。"[1]

为了贯彻执行《行政诉讼法》，1991 年 5 月 29 日，最高人民法院通过了《关于贯彻执行〈中华人民共和国行政诉讼法〉若干问题的意见》，在第一部分用八个条文对受案范围作出了明确，并特别对具体行政行为作出了界定，用意在于通过厘定这一行政诉讼受案范围的核心概念而尽可能减少法条适用的不确定性。

此后，随着行政诉讼实践的不断深入，"行政诉讼案件从十年前的几种发展到现在的五十余种，我们无论如何也无法否认行政诉讼受案范围事实上在扩大"[2]，在这种情况下，作为"对特定社会在特定时间和地点所出现的特定需求作出的回应"[3]，"受司法能动主义思潮的影响和在社会实践对司法不断提出更多需求的压力下"[4]，1999 年 11 月 24 日最高人民法院通过了《关于执行〈中华人民共和国行政诉讼法〉若干问题的解释》，对行政诉讼

---

① ［美］梅利曼：《大陆法系》，顾培东等译，法律出版社 2004 年版，第 150 页。
② 甘文：《行政诉讼法司法解释之评论——理由、观点与问题》，中国法制出版社 2000 年版，第 11 页。
③ ［美］梅利曼：《大陆法系》，顾培东等译，法律出版社 2004 年版，第 155 页。
④ 喜子：《反思与重构：完善行政诉讼受案范围的诉权视角》，《中国法学》2004 年第 1 期。

受案范围作了新的规定①，"其基本指导思想就是要破除或取消原有的司法解释或者在事实上存在的对受案范围的不当限制，将受案范围恢复到《行政诉讼法》的本来面目，而不是在《行政诉讼法》规定的基础上扩大受案范围"②。

比较前后两个司法解释可以发现，在确定受案范围的方式上，前者采取正面肯定的方式，后者采用的是反面排除的方式。通过正面肯定方式来确定受案范围，其优点是人民法院的受案范围明确，凡是在肯定范围之内均属于人民法院的受案范围；其缺点是受案范围狭窄、缺乏扩张性。因为通过正面肯定来确定受案范围，永远难以包容纷繁复杂的行政活动，会造成一些行政活动被排除在受案范围之外。通过反面排除来确定受案范围，其特点是人民法院不受理的案件明确，除了明确规定不属于人民法院的受案范围外，其他案件均属于法院的受案范围；其优点是受案范围广、具有扩张性。最高人民法院 1991 年颁布的《贯彻意见》之受案范围部分总共八个条文，其中有六条是从正面确定受案范围的。第 1 条从正面界定具体行政行为的概念，随后又用五个条文规定对劳动教养、强制性收容审查、计生处罚、行政确权等行为不服的，属于人民法院受案范围。最高人民法院 2000 年颁布的《若干解释》则改变了采用正面肯定方式确定受案范围。《若干解释》关于受案范围的部分总计五个条文，先在第 1 条第 1 款采用了概括方式规定了受案范围③，尔后在第 1 条第 2 款④、第 2 条、第 3 条、第 4 条、第 5 条中采用反面排除的方式确定受案范围，通过确定受案范围方式的变化达到了扩大受案范围的目的。《若干解释》对可诉行政行为作了从宽解释：一是明确将事实行为纳入行政诉讼的受案范围；二是明确将双方行为纳入行政诉讼受案范围；

---

① 事实上，有关受案范围的规定，是整部司法解释中技术难度最大的部分。"最高人民法院以及行政法学界的专家学者曾对此作过很多设想，提供了多种方案，起草过程非常复杂。"参见甘文《行政诉讼法司法解释之评论——理由、观点与问题》，中国法制出版社 2000 年版，第 7 页。

② 江必新：《是恢复，不是扩大——谈〈若干解释〉对行政诉讼受案范围的规定》，《法律适用》2000 年第 7 期。

③ 《若干解释》第 1 条第 1 款规定："公民、法人或者其他组织对具有国家行政职权的机关和组织及其工作人员的行政行为不服，依法提起诉讼的，属于人民法院行政受案范围。"这一规定同时对被告资格作了从宽解释，即将"行政机关"解释为"具有国家行政管理职权的机关和组织"。

④ 《若干解释》第 1 条第 2 款列举了法院不予受理的案件，包括：（1）《行政诉讼法》第 12 条规定的行为；（2）公安、国家安全等机关依照《刑事诉讼法》明确授权实施的行为；（3）调解行为以及法律规定的仲裁行为；（4）不具有强制力的行政指导行为；（5）驳回当事人对行政行为提起申诉的重复处理行为；（6）对公民、法人或其他组织权利义务不产生实际影响的行为。

三是将可诉的行政行为从涉及人身权和财产权扩大到其他权益的行政行为。① 同时，《若干解释》还结合对原告资格所作的从宽解释、对被告资格所作的从宽解释和对不得提起行政诉讼的范围所作的从严解释，大大扩展了行政诉讼的受案范围，是"在行政诉讼法条文所能容纳的范围内的创造性发展"，是"我国司法能动主义的又一次暴露"②。

（三）我国行政诉讼的受案范围制度存在的问题及其原因

《行政诉讼法》颁行以来，对于保障公民权利、推进依法行政、化解矛盾争端、推动法制建设等方面发挥了巨大作用③，可以说，正是因为行政诉讼制度的建立，迫使行政活动必须尽快规范化、法制化，才从而催生了依法行政观念，进而催生了依法治国理念。我国行政诉讼的受案范围的发展，也体现了与时俱进的精神，选择了明智的发展策略，较之行政诉讼制度建立之初有了很大发展。但考虑到现今我国民主法制建设的水平、人权保障的需要和国际发展的趋势，我国的行政诉讼受案范围制度还有不少问题亟待解决。

1. 公民权利救济范围狭窄

保障人权是行政诉讼制度的主要价值取向。保障人权的方式很多，但在一个法制健全的社会，司法途径无疑是实现公民权利救济最为基本的方式。例如，在英美传统观念中，普通法院享有崇高的威信，是保护个人权利和自由的坚强堡垒。法院通过司法审查来监督行政机关遵守法律，没有司法审查，行政法治等于一句空话，个人自由和权利就缺乏保障。但由于公民的权利内容十分广泛，包括政治权利和自由、宗教信仰自由、人身权利和自由、文化教育权利、社会经济权利等，如果都将其纳入司法审查的范围也是不可能的事情。我国行政诉讼制度对公民权利救济范围相对比较狭窄。主要体现在以下几个方面：第一，公民主要就财产权利和人身权利受到的侵害提起行政诉讼。虽然其他单行法律、法规规定公民的其他权利受到侵害也可以提起行政诉讼，但相对于公民的广泛权利而言，这些权利屈指可数。第二，公民只能就具体行政行为对其权益造成的损害提起诉讼，行政主体实施其他行为给公民权利造成的损害，大都被排除在受案范围之外，如：（1）抽象行政

---

① 参见江必新《中国行政诉讼制度之发展——行政诉讼司法解释解读》，金城出版社2001年版，第31—32页。

② 喜子：《反思与重构：完善行政诉讼受案范围的诉权视角》，《中国法学》2004年第1期。

③ 参见马怀德教授在中国政法大学中国法制研究所召开的纪念《行政诉讼法》颁布十周年座谈会上的发言，《行政法学研究》1999年第2期。

行为完全被排除在司法审查范围之外；（2）行政机关的内部行为一律不受司法审查；（3）涉及政治、教育等权利的行政行为，不论《行政诉讼法》还是《行政复议法》及其司法解释，都没有明确是否纳入行政诉讼受案范围；①（4）行政机关对民事纠纷作出的处理决定，对责任事故作出确认等行为，没有明确纳入行政诉讼受案范围；（5）公安、国家安全机关作出的扣押、冻结、查封等强制措施，没有纳入行政诉讼范围；（6）行业协会、社会团体、基层群众自治组织、学校等其他公共权力组织是否可以作为行政诉讼被告，没有明确，实践中虽有先例，但没有成为制度；（7）导致公共利益受损的行为是否应当允许提起公益诉讼，尚不明确；等等。这使得行政诉讼制度对公民权利的救济范围显得过于狭窄。

总体而言，二十多年来，我国行政诉讼受案范围虽然逐渐有了很大拓展，但远没有获得根本性的突破，而只是在原来的框架内的修修补补。究其原因，行政权抵制司法权的介入和司法权在国家权力结构中的地位相对弱小应该是制约行政诉讼受案范围进一步拓展的重要因素。任何监督的程序和范围都直接或间接地取决于监督者与被监督者的各自力量及关系，行政诉讼在本质上是一种监督，它不可避免地受到立法权与司法权的制约。② 还司法权以应有的地位和尊严，公民的权利也许才能得到切实的保障。

2. 行政诉权受到限制

法院受理行政案件，首先要解决起诉人是否拥有诉权的问题。"任何人当宪法或法律所赋予他的基本权利遭受侵害时，有权由合格的国家法庭对这种侵害行为作出有效的补救"③，所以，"在法治国家，请求法院作出裁决，这是人民对国家享有的基本人权"④。行政诉权是指行政活动中的权利主体按照法律预设的程序，请求法院对有关行政纠纷作出公正裁判的程序性权利。⑤ 诉权不仅是个人所享有的一项权利，也是法人和其他组织所享有的一项权利；不仅存在于民事和刑事诉讼过程中，也存在于行政诉讼过程中。行

---

① 近年来，法院曾经受理过一些涉及教育权利的案件，说明司法实践已经开始将涉及教育权利的案件纳入诉讼范围。但对涉及政治权利的案件，法院仍持否定态度。比如，江必新认为："《若干解释》在对受案范围进行排除时也没有明确将直接涉及政治权利的行为排除在行政诉讼受案范围之外，这是否意味着行政诉讼的权利保护范围已经扩大到政治权利，回答是否定的。"参见江必新《中国行政诉讼制度之发展——行政诉讼司法解释解读》，金城出版社2001年版，第239页。

② 江必新：《行政诉讼问题研究》，中国人民公安大学出版社1989年版，第46页。

③ 《世界人权宣言》第8条。

④ 常怡主编：《比较民事诉讼法》，中国政法大学出版社2002年版，第145页。

⑤ 薛刚凌：《行政诉权研究》，华文出版社1999年版，第16页。

政诉权是指权利受到行政主体的侵害，请求司法机关作出裁决的权利。有损害才有救济，权利受到损害是当事人行使诉权的基础。行政诉讼受案范围恰好是对权利救济范围的规定，因此，可以把行政诉讼受案范围看成是对公民行政诉权的保障范围。

　　行政诉讼是解决行政争议的司法活动，在行政管理过程中，行政机关与公民、法人或其他组织之间会产生纠纷，行政机关之间也会产生纠纷，而我国行政诉讼制度只允许法院受理行政机关与公民、法人或其他组织之间产生的纠纷，且只允许"民"就人身权和财产权受到侵害告"官"，即私诉公，行政诉权模式比较单一，大量影响行政权力运作和侵害公共利益的行政争议被排除在行政诉讼受案范围之外。[①] 并且，由于我国《行政诉讼法》及《若干解释》是通过肯定性列举和否定性列举来规定受案范围，而由于列举式固有的无法穷尽所有情形的弊端，导致广泛的"灰色地带"的存在，使得在相当多的情形下，公民能否真实行使诉权，可能成为盲区。[②]

　　我国目前存在的这种行政诉权模式与人们对行政诉讼性质的认识有关。大多数人认为，行政诉讼是指公民、法人或其他组织在认为行政机关及其工作人员的行政行为侵害自己的合法权益时，依法请求法院对行政行为进行审查裁决的诉讼活动。现行《行政诉讼法》对行政诉讼的性质规定采纳了这一"主流"观点。从中不难看出，在行政诉讼程序的启动上，比较注重保护受行政活动影响的公民、法人或其他组织的诉权，将行政诉权主体限定为公民、法人或其他组织。

　　3. 司法权运作受限

　　行政诉讼受案范围是法院审理行政案件的范围，它体现了司法权对行政行为审查的范围。在行政诉讼中，司法权不是漫无边界的，而是存在一定的界限。这个界限是：法院在审理行政案件时，不能超越界限来干涉或指导行政的内容。司法权的界限在行政诉讼中表现为，它的运作除遵循权力分立的原则外，还必须遵循尊重行政机关首次判断的原则、尊重行政机关的专门技术性判断和保持政治中立。尽管行政诉讼中的司法权应该受到一定的规制，

---

　　① 不少国家的行政诉讼将行政机关和公共团体之间所发生的部分争议包括在内。如《韩国行政诉讼法》第 3 条规定："行政诉讼分为如下四个种类：……4. 机关诉讼。国家或公共团体的机关相互间围绕权限的存在与否或其行使发生争议而提起的诉讼，但根据宪法裁判所法第 2 条的规定，属于宪法裁判所管辖事项的诉讼除外。"

　　② 应松年、杨伟东：《我国〈行政诉讼法〉修正初步设想》（上），《中国司法》2004 年第 4 期。

但也不能限制得过死，否则就失去了存在的意义。

　　我国行政诉讼受案范围对司法权的限制，主要体现在：第一，它严格限定了审查对象。法院只能对行政机关作出的具体行政行为进行审查，且只能审查侵害公民人身权和财产权的行政行为，侵害公民其他权益的案件，有法律、法规规定时才能提起行政诉讼。第二，它严格限定了司法审查的标准，即合法性审查。对于羁束行政行为来说，合法的也就是合理的。但现代社会由于各种社会现象日益复杂，行政主体的自由裁量权的范围也越来越广，因此对于自由裁量行政行为则不仅应看其是否合乎法律的规定，还理应对其适当性作出判断。而我国现行行政诉讼除了可以对显失公正的行政处罚进行审查外，其他大量的自由裁量行政行为的合理性却不在审查之列。第三，行政诉讼受案范围的确立方式禁锢了法院司法裁量权。《行政诉讼法》对受案范围的确定，既有概括性的标准，又有具体的列举，其受案范围的确定属于混合式，然而，实际上人们将这种混合模式理解为列举式，使得受案的规定在实践中大打折扣。① 而我国一向以成文法为传统，法院必须严格执行法律，不敢逾越雷池一步，在这种观念的支配下，实际的诉讼活动中，法院受理的仅囿于明确列举的案件。

　　司法实务界之所以会产生这样的理解，关键是我国确立受案范围方式上存在问题。我国确立行政诉讼的受案范围方式虽有概括但重在列举。列举式的优点在于范围明确、易于操作；缺陷在于难以穷尽可诉性行政行为，受案范围相对狭窄，限定了司法裁量权。对于否定式列举无可厚非，它划定了哪些案件法院不能受理，法院对应受理哪些案件享有一定的裁量空间。对于肯定式的列举，它明确界定了法院受理案件的范围，法院无法突破这个范围。"事实上这种既作肯定式的列举又作否定式的列举的规定方式，是极为不合理的：因为哪些可诉哪些不可诉的界分，不论划分得多么细致严密，它都不可能穷尽所有的情形，总会留下许多空白带。"② 社会生活复杂多变，行政机关作出的行政行为也多种多样，实践中经常会遇到这样的情况，有时行政机关的某一行为不属于受理的八类案件之一，也不属于排除受案范围的四类案件之列，又没有相应的法律、法规规定这种行为可以提起行政诉讼，而这种行为却的的确确侵害了公民的合法权益。这时，应给予法院一定的司法裁

---

　　① 杨小君：《正确认识我国行政诉讼受案范围的基本模式》，转引自张步洪编著《中国行政法学前沿问题报告》，中国法制出版社 1999 年版，第 187 页。

　　② 杨解君：《中国入世与行政诉讼制度变革》，《法学》2002 年第 4 期。

量权，根据行政行为可诉性的标准决定应否受理。司法权是一种执行法律的权力，在评判案件的是非曲直时，应尊重事实，以法律为根据，作出评判。从保护公民权利的角度出发，法院在作出应否受理案件的程序性决定时，应享有一定的司法裁量权。否则，"如果一个纠纷根本得不到解决，那么，社会机体上就可能产生溃烂的伤口；如果此纠纷是以不适当的和不公正的方式解决的，那么社会机体上就会留下一个创伤，而且这种创伤的增多，又有可能严重危及人们对令人满意的社会秩序的维护"①。

四　我国行政诉讼受案范围制度的新发展

（一）发展的必要性

1. 法理依据
（1）行政法治理论

法治一直是人类追求的理想目标之一，法治理论经历了数千年漫长的思想历程。自古希腊罗马，经中世纪，到近现代，法治作为一个开放的概念不断扩充着新的内涵。而法治思想的核心，可以说是对各国政治法律思想和制度产生直接推动作用的控权观念——权力的分工与制约。

远在古希腊，睿智的思想家们就开始从人性论的角度看待法治问题，以"人性不完善"为依据证明分权制衡的必要性。亚里士多德认为，任何人，即使是最伟大、最贤明的人，也会受个人感情这种主观因素的影响，从而作出一些不利于民众，不利于国家的事。②"单独一人就容易因愤怒或其他任何相似的感情而失去平衡，终致损伤了他的判断力；但全体人民总不会同时发怒，同时错断。"③权力具有极大的诱惑力和腐蚀力。英国思想家罗素在《权力论》中说："爱好权力，犹如好色，是一种强烈的动机，对于大多数人的行为所发生的影响往往超过他们自己的想象。"④英国历史学家约翰·阿克顿对此有精辟的论述："一切权力必然导致腐化，绝对的权力必致绝对腐化。"孟德斯鸠则一针见血地指出："一切有权力的人都容易滥用权力，

①　[美] E. 博登海默：《法理学——法律哲学与法律方法》，邓正来等译，中国政法大学出版社 1999 年版，第 505 页。
②　何勤华：《西方法学史》，中国政法大学出版社 1996 年版，第 20 页。
③　[古希腊] 亚里士多德：《政治学》，商务印书馆 1981 年版，第 164 页。
④　[英] 伯特兰·罗素：《权力论》，吴友三译，商务印书馆 1998 年，第 189 页。

这是万古不易的一条经验。"① 坚信人性不可过分信赖在曾将孟德斯鸠尊为先知的美国人的论著中也得到了充分体现:"在这方面,如同其他个方面一样,防御规定必须与攻击的危险相称,野心必须用野心来对抗。如果人人都是天使,那么就不需要政府。如果政府是天使,就无需对政府实行内部和外部控制。而在构建一个由人类来统治的政府时,最大的困难就在于,你必须让政府有能力控制受它统治的人,其次是强迫政府控制自身。"② 在这段话中,虽然看不到司法审查的踪迹,但也反映出要求对行政权适当抑制的理念。对这些话加以总结,便可得到一个合乎逻辑的推论:因为人性并不完善(甚至是恶的),掌握权力之人便容易滥用权力,所以就必须实行分权以求得法治的实现。正如洛克所说:"在一切情况和条件下,对于滥用职权的真正纠正办法,就是用强力对付强力。"③ 孟德斯鸠的看法与洛克完全一致:"从事物的本性来说,要防止滥用权力,就必须以权力约束权力。"④ 在现代法治社会中,国家权力的配置或多或少地体现了权力制衡的思想,民主、法律至上、有限政府等理念彰显了没有一个国家机关的权力是绝对的、没有边界的,任何一个国家机关的权力都要受到其他国家机关的监督和审查。

法治的发展历程也证明,权力的分工与制约是人类历史经验的总结,也是社会稳定和发展的必然规律,最基本的权力制约就是司法权对行政权的制约。法律必须坚持对行政进行控制。首先,行政主体是对经济和社会发展影响最大的国家机关,也是权力最大、机关最多、人数最众的一个部门。⑤ 这决定了司法对行政制约的必要性。其次,行政主体在行政法律关系中处于非常优越的地位,非常容易滥用职权,"赋予法治国家的人以巨大的权力是必要的,但是也是危险的。它是如此危险,致使我们不愿只靠投票箱来防止官吏变成暴君"⑥。另外,从现代行政来看,行政权力范围由于法律以外的因素而日益扩张,更需要加强控制。行政诉讼制度的实质就是通过法院司法权来控制行政权力从而保护公民权利。"我们很难想象,一个现行有效的行政法制度在未规定法院或某种其他公正机构及裁判庭对政府官员的行动至少做

① [法]孟德斯鸠:《论法的精神》(上),张雁深译,商务印书馆1961年版,第154页。
② [美]汉密尔顿等:《联邦党人文集》,程逢如等译,商务印书馆1980年版,第18页。
③ [英]洛克:《政府论》(下),瞿菊龙、叶启芳译,商务印书馆1964年版,第95页。
④ [法]孟德斯鸠:《论法的精神》(上),张雁深译,商务印书馆1961年版,第154页。
⑤ 应松年:《依法治国的关键是依法行政》,载《法学》1996年第11期。
⑥ [美]詹姆斯·M.伯恩斯等:《美国式民主》,谭君久等译,中国社会科学出版社1993年版,第189页。

一种有限的审查的情况下，就能防止政府官员任意滥用权力的现象。"①

在现代行政过程中，行政权力在不断扩张，行政权涉及的领域在不断扩展，行政机关管理的行政事务也越来越多。一方面，行政权的存在是为了维护公共利益，维持公共秩序以保障公民权，但另一方面，行政权的行使意味着对他人权益的影响。在这种影响中，就包含着某种损害发生的可能。并且，由于行政权所具有的可以强制他人服从、自我膨胀的特性，很容易对个人自由构成威胁。尤其是以运行方式灵活、范围幅度模糊为特点的行政自由裁量权的不断扩张，使得通过法律对行政权力准确界定更为困难，行政权的行使者受到的制约与监督有限，公民权利极易受到其侵害。因此现代法治的态度是，"政府权力的膨胀更需要法治"②。"没有司法审查，行政法治等于一句空话，个人的自由和权利就缺乏保障。司法审查不仅在其实际应用时可以保障个人的权益，而且由于司法审查的存在对行政人员产生一种心理压力，可以促使他们谨慎行使权力。"③ 科学界定并逐步扩大行政诉讼受案范围，在合理限度内加强法律对行政的控制、增强司法权对行政权的制衡，无疑是现代行政法治最基本同时也是必然的要求。

（2）人权理论

人权是人作为人所应当享有的权利，人权的范围和保护程度是一个国家进步与文明的重要表现之一。现代社会发展的历史，也就是人权内容不断丰富、发展的历史。"法治国家的重要特征之一是对个人权利和自由的现实保证。人权是法治国家的精髓，也是社会整体发展的重要因素之一。"④ 根据权利理论，权利的合法实现会受到来自社会不同方面的侵扰。因此强调对公民权利的保护，成为近现代，特别是出现宪政制度以来法的重要内容和目标，"因为宪法的产生、存在和发展从根本上和整体上说都是为了切实保障公民"⑤。作为与宪法紧密联系的、又被称做"实施中的宪法"的行政法更是随着当今世界民主潮流的日益高涨而日趋民主化，更加注重人权的保障。行政组织的行政行为，对当事人权益的影响是巨大的，要充分保障其权益就

---

① ［美］E. 博登海默：《法理学——法律哲学与法律方法》，邓正来等译，中国政法大学出版社 1999 年版，第 367—368 页。

② ［英］威廉·韦德：《行政法》，徐炳等译，中国大百科全书出版社 1997 年版，第 28 页。

③ 王名扬：《美国行政法》，中国法制出版社 1995 年版，第 566 页。

④ ［俄］B. B. 拉扎夫主编：《法与国家的一般理论》，王哲等译，法律出版社 1999 年版，第 349 页。

⑤ 吴家清：《公民权利与国家权力的宪法定位》，《法商研究》1999 年第 3 期。

必须制约国家权力与行政权力，使其在一定的范围内活动，遵循特定的法律程序。威廉·韦德说："行政法的最初目的就是要保证政府权力在法律范围内行使，防止政府滥用权力，以保护公民。"①

从公民权利的范围来说，它随着时代的发展而发展，要对其作一个准确界定并不容易。T. H. 马歇尔在《公民权与社会阶级》一文中，对公民权的发展趋势所作的经典论述是：民权形成于 18 世纪，19 世纪的核心政治问题是公民的政治权利，而公民的社会经济权利则兴起于 20 世纪。② 就我国的法律规定来看，作为公民权利的保障书，我国《宪法》第 2 章以整章的篇幅 18 个条文全面规定了公民所享有的各种权利。从中可以看出，人身权和财产权并不能概括公民的所有权利。③ 像《行政诉讼法》这样将公民、法人以及其他组织权益保护的范围限定为人身权和财产权是远远不够的。人身权和财产权（以及兼具人身权和财产权性质的知识产权）是对私法权利所作的基本分类。虽然随着时代的发展，私法权利也会出现许多新的类型，但是由于私法调整的是平等主体之间的财产关系和人身关系，因此私法所保障的所有权利基本上都在这一范围。但在公法（宪法与行政法）上，公民的合法权益并非人身权和财产权所能涵盖。人身权和财产权的内容基本上与 T. H. 马歇尔所说的民权的内容相同，而在现代社会，诸如政治权利以及受教育权、劳动权和文化权等社会经济权利对公民同样重要，离开这些权利，公民的生存与全面发展即面临巨大的威胁。作为"宪法的实施法"的行政法，所确认的公民权的范围自然也不应限于人身权和财产权，而是包括经济、社会、文化权利等。

进而，从权利的救济来说，"没有救济就没有权利"，这句英国的古老法谚，说明了一种无法诉诸法律保护的权利，实际上根本就不是权利。没有

---

① ［英］威廉·韦德：《行政法》，徐炳等译，中国大百科全书出版社 1997 年版，第 5 页。

② 在这三种权利中，最为基本的是民权，其内容主要涉及个体的生命、自由、身体的不可侵犯性和对诸如金钱、土地和房屋等财产的排他性占有，体现为一系列实体性权利，比如生命权、自由权、住宅不受侵犯、迁移权、契约自由、自由选择职业权，等等。参见 T. H. Marshall, Citizenship and Social Class, in T. H. Marshall, Sociology at the Crossroads and Other Essays, Heinemann, p. 76. 转引自董炯《宪制模式的变迁与行政法的兴起》，罗豪才主编《行政法论丛》（第三卷），法律出版社 2000 年版，第 36 页。

③ 虽然有学者认为，从广义角度来讲，公民权只有人身权和财产权两种，有些权利可能同时包含人身权和财产权，例如受教育权、劳动权等。因此，《行政诉讼法》中规定的人身权、财产权就包括了所有的权利。然而，"这是一种符合中国司法审查发展方向的解释，但可惜的是这不是立法原意的解释"。参见甘文《行政与法律的一般原理》，中国法制出版社 2002 年版，第 185 页。

救济的权利是虚假的、伪善的。"救济先于权利"是英美人士最为得意的法律作品。威廉·韦德说："权利依赖救济。法律史上随着某种救济从一种判例推广适用于另一种判例，从救济制度中提取的法律规则比比皆是。"① 在整个权利救济体系中，公力救济即国家司法或诉讼乃是权利救济体系中最重要最有效的方法，是权利救济的最后屏障。一个人可以享有各种实体权利，但必然要求相应的诉权或救济权，否则这些实体权利是没有现实意义的水中月、镜中花。

诉权作为一种司法解决请求权，本身也是一项基本人权。1948 年 12 月联合国大会通过的《世界人权宣言》第 8 条明确规定："任何人当宪法或法律所赋予他的基本权利遭受侵害时，有权由合格的国家法庭对这种侵害行为作有效的补救。""诉权是独立于司法权的一种人权，并且具有高于司法权的法律效力。"② 诉权作为基本人权，是任何国家权力所不能剥夺的。"诉权"这一概念可追溯到古罗马的经典定义："诉权无非是指有权在审判员面前追诉取得人们所应得的东西。"③ 据比较法研究发现："罗马法首先发达的是诉权（actio），诉权不同程序不同，诉权的逐渐增加意味着实体法被创制。"④ 诉权在行政诉讼中具有尤为重大的意义，诉权使相对人获得了与政府直接对话的权利，也意味着对公民与政府新型平等关系的塑造，更为重要的是，在行政诉讼中，诉权是公民维护自身实体权益不受行政权力侵害的合法工具。

行政诉讼受案范围的设定，其实质是司法权对诉权的限制。诉权应有自己的界限，就像法律亦存在界碑一样。这就涉及诉权与司法权的相互制约。从行政诉讼目的来看，国家之所以设置行政审判权并交由人民法院行使，是为了保障当事人诉权的充分行使，行政审判权的行使本身也是为了保护公民的权益不受行政权的阻碍，建立起以"权利对抗权力"的法律监督机制。目前我国过窄的行政诉讼受案范围在某种程度上使诉权受到了司法权的贬损和压制，特别是随着我国经济的发展和公民权利要求的增加，出现了不少新型案件，《行政诉讼法》无法囊括这些案件，无疑严重限制了相对人的诉权。诉权相对于强大的行政权这种公权力来说已经显得苍白无力，在发生抵

① ［英］威廉·韦德：《行政法》，徐炳等译，中国大百科全书出版社 1997 年版，第 233 页。
② ［罗马］查士丁尼：《法学总论——法学阶梯》，张企泰译，商务印书馆 1989 年版，第 205 页。
③ ［日］谷口安平：《程序的正义与诉讼》，中国政法大学出版社 1996 年版，第 8 页。
④ 莫纪宏：《现代宪法的逻辑基础》，法律出版社 2001 年版，第 307 页。

抗时，往往私权利先受损，如果再受到另外一种公权力即司法权的压制，诉权将处于更为被动的弱势，其最终后果则是损害法制健全社会所追求的自然公正的法治精义。

（3）正义理论

正义是法律最重要的价值要素之一，在词源上，西方文字中的"法"，如法语 Droit、德语 Recht 等都有法、公正、权利的含义。密尔指出，公正的本质即是"权利"，法律要体现正义，主要从两个方面：一是正义成为实体法的内容；二是正义成为程序法的内容。约翰·罗尔斯认为，正义观念由两个基本原则构成：第一个原则是"每个人对与其他人所拥有的最广泛的基本自由体系相容的类似自由体系都应是一种平等的权利"。第二个原则是社会的和经济的不平等应这样安排，使它们：（1）被合理地期望适合于每一个人的利益；并且（2）依系于地位和职务向所有人开放。①"法律是秩序与正义的综合体"，正义是法律的一个要素，一部法律或一项具体的法律规定应是正义的具体化，体现和贯穿着正义的原则和要求。在行政诉讼中，就要求通过对受案范围的确定，保障行政相对人的诉权，通过司法的方式实现公正，达到正义的要求，因为受案范围的大小，直接关系到行政相对人的权利和利益。从法哲学的角度看，法律的宗旨是"创设一种正义的社会秩序"，正义所关注的是："法律规范与制度安排的内容、它们对人类的影响以及它们在人类幸福与文明建设中的价值。""在法律统治的地方，权力的自由行使受到了规则的阻碍，这些规则使掌权者受到一定的行为方式的约束"，"一个发达的法律制度便是经常试图阻碍压制性权力结构的出现，其依赖的一个重要手段便是通过在个人和群体中广泛分配权利以达到权力的分散与平衡。当这样一个权利结构建立起来时，法律将努力保护它，使其免受严重的干扰和破坏"②。这种权力在行政领域中尤其突出，因为行政法在权力强制原则上实施"从上而下"的调整，与行政组织相比，行政相对人都处于比较弱势的地位，行政法律关系中双方当事人的地位是不平等的，行政相对人就更需要得到法律的救济，以维护自己的权益。而行政诉讼受案范围是法院受理的依据，行政诉讼受案范围标志着法院审查行政行为的可行性，也意味着行政相对人诉诸法院的可能性。向法院提起行政诉讼是法治国家的宪法和

---

① ［美］罗尔斯：《正义论》，何怀宏等译，中国社会科学出版社 1988 年版，第 56 页。

② ［美］E. 博登海默：《法理学——法哲学及其方法》，邓正来等译，华夏出版社 1987 年版，第 302、308 页。

法律赋予行政管理相对人的一种权利，但这种权利通常要受到不同程度的限制。如果法律没有将某种争议纳入行政诉讼的范围，相对人就没有向法院提起诉讼的权利。因此，行政诉讼受案范围的确定实际上是对行政相对人提起诉讼的确定，是对行政相对人诉权的界定。同时，行政诉讼受案范围也是对当事人资格的确定。"一个公民或一个组织，能否成为行政诉讼的正当当事人，条件之一是看他所涉及的争议是否可以或必须经过行政诉讼的方式解决。只有与该争议具有直接利害关系的公民或组织才具有当事人的条件，否则就不能成为行政诉讼的合格当事人。"①

2. 司法实践中的问题

法律指引和规范着执法和司法实践，并且也只有在执法和司法实践中，法律才焕发出生命力。同时，法律实务的发展也给法律本身提出了新的要求。

通过国外行政诉讼制度的发展动态可以看出，国外的行政诉讼受案范围有扩大趋势；就我国来说，自《行政诉讼法》制定颁布以来，行政诉讼受案范围在法律规定、司法解释和司法实践等方面的互动发展，也拓宽了行政诉讼受案范围的原有规定。然而行政诉讼受案范围仍然是司法实践中法院和法官经常遇到的疑难问题之一。"在审判实践中，各方面提出的问题，主要集中于受案范围问题上。"②

在《行政诉讼法》施行的十几年中，人民法院受理和审结行政案件的数量虽有起伏，但总体呈现出由少到多，不断上升的趋势（见表1及图1）。

表1　　全国各级人民法院审计一审行政案件数量表（1990—2006年）③

年份	1990	1991	1992	1993	1994	1995
结案数量（件）	12040	25202	27114	27958	34567	51370
年份	1996	1997	1998	1999	2000	2001
结案数量（件）	79527	88552	95707	98759	86000	121008
年份	2002	2003	2004	2005	2006	
结案数量（件）	63215	114896	92912	95707	95052	

① 姜明安：《行政法与行政诉讼法》，北京大学出版社、高等教育出版社1999年版，第142页。

② 江必新：《是恢复，不是扩大——谈〈若干解释〉对行政诉讼受案范围的规定》，《人民司法》2000年7月。

③ 数据来源：《最高人民法院工作报告》（1991—2007年）。

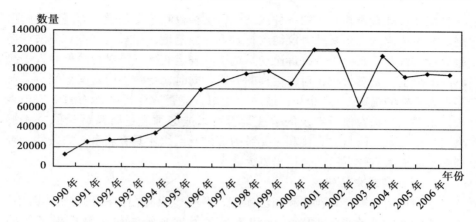

图1　1990—2006 年全国各级人民法院一审行政案件数量变化示意图（件）

同时，随着《行政诉讼法》的发展，被诉具体行政行为的类型也越来越多。① 但就法院受理行政案件平均量来看，行政案件的受理情况令人担忧。以 2005 年和 2006 年为例。2005 年地方各级法院审结一审行政案件95707 件，仅占当年全国地方法院审结各类案件数（7940549 件）的1.205%；2006 年地方各级审结一审行政案件 95052 件，仅占当年全国地方法院审结各类案件数（8105007 件）的 1.173%。② 以下一组数据也可以在一定程度上说明这一问题："行政诉讼法施行 12 年，全国法院受理行政案件总共 70 余万件，平均每个法院每年的行政案件不到 20 件，去年最多，也只有 33 件，有的法院全年没有一起行政案件，行政庭门可罗雀。"③ 诚然，行政案件数量少的原因是多方面的，但受案范围狭窄和受案范围规定的模糊无疑是其中的重要因素。在某种程度上，受案范围狭窄已经成为法院受理案件的障碍，并且现实案件的复杂性使得法官在面对具体案件时难以定夺是否属于行政案件的受案范围，因此常常提起最高人民法院作出批复。④ 全国各高级人民法院在对 1997 年和 1998 年上半年的行政案件的检查中发现，依法

---

① 具体可参见应松年、薛刚凌《"行政审判制度改革"调查报告》，2002 年 4 月，第 21—24 页。

② 数据来源：《最高人民法院工作报告》（2006—2007 年）。

③ 参见应松年《修改行政诉讼法势在必行》，《法制日报》2002 年 3 月 3 日。

④ 有研究者统计过 1985—1998 年最高人民法院就行政案件所作出的五十多个批复，发现其中与受案范围相关的有二十多个，占总数的 40%。这在一定程度上说明，具体某个案件是否属于行政诉讼范围，应否受理，是法院在行政诉讼中经常遇到的疑难问题。参见杨伟东《行政诉讼受案范围分析》，《行政法学研究》2004 年第 3 期。

应受理的案件而不受理的，是行政诉讼中最突出的问题。① 这再次证实，《行政诉讼法》对于受案范围的规定不够明确，致使司法实践中难以规范化操作，是其明显的缺陷之一。

从更深层次看，司法实践中的相关问题不仅来源于《行政诉讼法》对于狭窄受案范围的界定，更多的是法院有案不敢受、不愿受和不能受，并进而导致司法权和行政权之间良性互动关系的阻滞。肖扬在《在纪念行政诉讼法实施十周年座谈会上的书面讲话》中指出："由于我国特定的历史和传统，也由于我国建立行政诉讼制度毕竟时间不长，目前不仅行政诉讼制度本身还有待进一步完善，在实施行政诉讼法的过程中也存在一些不可忽视的问题。诸如有的法院领导不敢大胆行使行政审判权，对行政审判工作的重要地位和作用认识不高、重视不够，对于来自各方面的非法干预不能理直气壮地加以排除；有案不受、久拖不结、权钱交易、官官相护等司法不公现象仍不同程度存在，不少地方还比较严重；行政审判工作发展不平衡的问题也比较突出；行政审判的司法环境还不够理想，等等。"② 这段描述或许可以作为对长期以来受案范围困扰我们的原因的最好说明。

3. 经济、社会的发展

在《行政诉讼法》实施的 17 年中，人们的权利观念逐步增强③，社会也不断发展进步，行政权力的运行范围也越来越大，它"天生就有一种侵略性，扩张性"，为了维护相对人的合法权益，司法权对行政权的监督必须随之加强。2004 年的宪法修正案，增加了一系列涉及公民权利保障的条款，如保护非公有制经济的合法利益，征收、征用补偿制度、社会保障制度、紧急状态制度，特别是将"国家尊重和保护人权"正式写入了宪法，其贯彻必然要求行政法、行政诉讼法在各方面予以保障。

同时，近年来，我国经济政治以及国际环境等因素的急剧变化，使得《行政诉讼法》本身的缺陷更为明显，尤其在受案范围这一方面，随着我国加入 WTO，我国现有的法律制度也需要和国际社会接轨，在行政诉讼制度中，重点就是"司法审查"制度的建立。《中华人民共和国加入世界贸易组

---

① 甘文：《我国行政诉讼制度发展进程调查报告》，应松年、袁曙宏主编：《走向法治政府——依法行政理论研究与实证调查》，法律出版社 2001 年版，第 464—466 页。

② 最高人民法院行政审判庭编：《行政执法与行政审判参考》（第 1 辑），法律出版社 2000 年版，第 2 页。

③ 除人身权和财产权之外的其他广泛权利同样成为公民的需求。近年来出现的一些教育类案件、平等权案件、环境权案件、劳动权案件等新型案件，即是明证。

织议定书》第 2 条（D）节"司法审查"第 1 款规定："中国应设立或指定并维持专门法庭和联络机构，并建立起有关程序，以便迅速审查所有与《1994 年关税与贸易总协定》（GATT 1994）第 10 条、《服务贸易总协定》（GATS）第 6 条和《与贸易有关的知识产权协定》（TRIPS 协定）等相关规定中所提到的与执行法律、法规、司法判决和普遍适用的行政裁决的有关的所有政府行为。拟设立的专门法庭应是最公正的，并独立于负有行政使命的机构，且不应对审查事项的结果有任何实质利害关系。"可见，中国至少应在与国际贸易有关的领域建立专门的法庭。尽管"议定书"对这种法庭在体制性质上没有作出必须是司法或行政的要求，但它必须独立于一般行政机关。由于我国行政复议机关是原行政行为机关的上级机关，不具有独立性，因而现行行政复议制度不应承担也无力承担此类审查任务。"议定书"第 2 条（D）节第 2 款规定："审查程序应包括给予受须经审查的任何行政行为影响的个人或企业进行上诉的机会，且不因上诉而受到处罚。如初始诉权需要向行政机关提出，则在所有情况下应有选择向司法机关对决定提出上诉的机会。关于上诉的决定应通知上诉人，作出该决定的理由应以书面形式提供。上诉人还应被告知可进一步上诉的任何权利。"该条的规定表明，如果是由行政机关承担对行政行为的审查任务，并且在司法程序中还有上诉的权利。即对与国际贸易有关的全部行政行为的审查，一般都要经历三个程序阶段：行政复审、行政起诉、行政上诉。出于降低法律实施成本、提高行政效率、简化程序的考虑，让当事人直接寻求司法救济较之先向行政机关提出行政复审，更具有合理性，也更符合"议定书"与有关 WTO 规则要求的"司法审查"迅速审查要求。根据"议定书"的要求，行政指导意见也应属于司法审查范围之内，而最高法院所谓的"不具有强制力的行政指导行为"，不属于人民法院受案范围的限制，就与 WTO 规则相冲突。总之，不论是法律行为还是事实行为，不论是单方权力行为还是双方契约行为，只要其影响到公民的权益问题，公民自然就有起诉权。因此，我们要突破对行政诉讼受案范围的狭隘理解，使行政诉讼的受案范围符合立法的精神和原则，符合行政审判的实践的需要，符合行政诉讼制度的发展的方向，更要符合与国际接轨的要求。

《行政诉讼法》出台前后正是我国经济体制改革深入的时期，在此前，党的十二大提出以计划经济为主、市场经济为辅的经济体制；十二届三中全会指出商品经济是社会经济发展不可逾越的阶段；十三大提出社会主义有计划的商品经济体制应该是计划与市场内在统一的体制。在这个时期出台的

《行政诉讼法》难以避免地带有计划经济的影子。此后，党的十四大提出了我国经济体制改革的目标是建立社会主义市场经济体制，十五大、十六大继续强调了要完善发展社会主义市场经济体制，在这种新的经济体制下，无疑给了行政诉讼受案范围以强大的冲击。人权公约和入世承诺也要求我国扩大受案范围。我国政府于 1997 年 10 月 27 日签署的《经济、社会、文化权利国际公约》，1998 年 10 月 5 日签署的《公民权利和政治权利公约》，均要求缔约国应保障个人的生命权、人身自由权、迁徙权、选择住所权、自决权、工作权、受教育权等。而我国现行的受案范围无法给予周延保护，无法达到人权公约的要求，势必要求扩大其范围，营造良好的法治环境，更加深入地参与国际间的政治、经济、文化交往与合作。

（二）发展的可行性

"依法治国"方针的提出，将修改《行政诉讼法》提上了日程。近年来，行政法治进展迅速，一系列相关的法律法规的出台，为受案范围的扩大奠定了基础。

在理论领域，许多学者也对行政诉讼受案范围制度进行了深入的研究，从不同角度为扩大行政诉讼受案范围提供了坚定的理论支持。

在法院方面，法官在二十余年的行政审判工作中，积累了大量的工作经验，这为行政诉讼受案范围扩大后的行政诉讼案件的审理提供了坚实的基础。数据显示，从 1988 年至 1992 年的五年间，全国各级人民法院共审结一审行政案件 82129 件；从 1993 年至 1997 年的五年间，全国各级人民法院共审结一审行政案件 281974 件，平均每年递增 26.70%；从 1998 年至 2002 年的五年间，这一数字是 464689 件，比前五年上升 65%；而自 2003 年至 2006 年的四年间，这一数字就达到了 399567 件。其中，2006 年全国各级人民法院审结的一审行政案件数量（95052 件），是 1988 年（8574 件）的 11.2 倍还多。从法官的素质来看，《法官法》、《检察官法》实施十多年来，全国法官中具有大学本科以上学历的，从一万余人增至九万余人，占法官总数的比例从 6.9% 提高到 51.6%。全国检察官中具有大学本科以上学历的，从 12724 人增加到 77686 人；具有硕士研究生以上学历的，从 216 人增加到 4690 人。法官、检察官队伍的素质结构明显优化，司法水平也不断提高。法官制度建设也不断推进，法官队伍出现了三大转变：从一般的公务人员向司法官员这一特殊群体转变；从不注重法律背景和文化素养开始向法律职业化转变；从行政化、大众化管理开始向符合司法规律的专门化管理转变。①

同时，从法官的意愿来看，"行政审判制度改革"调查报告②的数据表明，法官对于扩大行政诉讼受案范围、扩展行政诉讼类型，持赞同意见分别高达74.03%和53.09%，这说明，大部分法官对于扩大行政诉讼受案范围持赞同的态度，可以预见，未来扩大行政诉讼受案范围在法院系统内受到的阻力将会较小。

同时，随着社会经济的发展，人们物质生活和精神生活水平的提高，权利意识日益高涨，同行政机关和行政机关工作人员之间的交往也越来越频繁，人们在自己的权益受到侵犯时通过行政诉讼来最后解决纠纷的人数不断增长。从1989年至2002年受理行政案件来看，行政案件种类已基本覆盖行政管理领域③，人们已经渐渐适应通过行政诉讼来保护自己的权益。如"行政审判制度改革"调查报告所显示的，普通民众对扩大行政诉讼受案范围和扩展行政诉讼类型，持赞同意见的也比较多。

（三）发展的方向

1. 重构行政诉讼受案范围应遵循的原则

（1）人权保障原则

行政诉讼的受案范围，其实质是对诉权这一基本人权的限制。人权不是绝对的，不是毫无边界的，但任何一项对基本人权的限制，其正当性只能来自对另一项基本人权的保护④，并且必须是通过这一限制且只能通过这一限制，才能更好保护另一项人权。任何不是出自人权保护的同样目的而限制人权的做法，都不具有正当性。

（2）司法资源的最优使用原则

有限的资源，应当最优先使用于最需要的地方和最优效益的地方，这是一个社会发展繁荣的重要因素，也是有效保障人权的重要因素。司法资源作为一种公共资源，属于全社会共有。一个社会的司法资源总量是有限的，不

---

① 吴兢：《法官法检察官法实施十年，我国法官检察官整体素质不断提高》，http://www.chinacourt.org/public/detail.php? id=169610。

② 参见张晓鹏《行政诉讼受案范围研究》，四川大学硕士学位论文，2004年4月。

③ 参见《最高人民法院工作报告（2003年）》。

④ 这里所说的另一项基本人权，并不限于某一个人的另一项具体的基本人权，也不限于另一个人的某一项具体的基本人权，而是包括从社会资源的最优配置和效益最优角度，对某一项基本人权的限制，是有利于另一项基本人权（包括个人和集体）的实现。

可能满足所有诉讼要求，而只能用于那些最应当被有限考虑的案件，以达到司法资源使用的最优。因此，行政诉讼受案范围的确定，必须根据整个社会的司法资源拥有量和社会所能承担的数量，优先提供给那些最应当优先保护的诉权利益。

（3）司法最优解决原则

司法只是解决社会问题和争议的若干途径之一——法律解决途径，它只能解决法律范围内的问题，不属于法律的问题，司法无能为力。将不适宜司法解决的问题交给司法解决，不仅不利于该问题的公正而有效率的解决，而且也是一种司法资源的浪费，损害其他需要获得司法保护的权利和利益。尽管在法制相对完善的国家，多数问题可以归结为法律问题，但即便法制最发达的国家，也仍然存在许多法律无能为力的领域，并且即使属于法律范畴的问题，也并非都适宜通过司法解决——司法职能解决那些有比较明显和相对稳定的法律界限的问题，对于没有明显的法律界限或者变动性很强的问题，司法解决并不具有优势。①

2. 适用行政诉讼受案范围应考虑的要素

（1）行政职权要素

行政职权既是行政行为的要素，也是适用行政诉讼受案范围的标准之一，即公民只能对行政机关在行使职权过程中的行为提起行政诉讼。如果一个行为不含有行政职权要素，那么这个行为就不是行政行为。例如，行政机关以民事主体身份实施的行为给公民权益造成影响，当事人可提起民事诉讼。

在运用职权要素确定某行为是否属于行政诉讼受案范围时，当然离不开对行政行为主体的审查，即进入行政诉讼程序的行为必须是由特定主体实施的行为。根据现行法律规定，可以提起行政诉讼的行为必须是国家行政机关及其工作人员，法律、法规、规章授权的组织，行政机关委托的组织或个人作出的行为。

在运用行政职权要素时，如果行政主体依职权实施的行为属于国家行为，则是行政职权标准的例外，可以排除该行为的可诉性。对行政机关的不作为提起行政诉讼时，职权标准是判断可诉性的基本标准，每个行政机关都有特定的职权，对其职权范围内的不作为可以提起行政诉讼，对其职权范围

---

① 参见喜子《反思与重构：完善行政诉讼受案范围的诉权视角》，《中国法学》2004 年第 1 期。

外的不作为不能起诉。另外，对行政机关所为的行为是否是行使职权的行为，只能从形式上而不能从实质上判断，行政机关的行为可能是滥用职权的行为，也可能是超越职权的行为，但只要表面上看来是行政管理行为即可。①

（2）权益实际损害要素

我国《行政诉讼法》明确规定，公民、法人或其他组织认为行政机关的具体行政行为侵犯其合法权益，可以向法院提起行政诉讼。可见，权益受到行为的损害是确定该行为属于行政诉讼受案范围的标准之一，也可以作为衡定原告是否适格的条件之一。

确立这一标准有诸多好处。原告由于自身利益所系，必然会全力以赴，进行诉讼。被告为了防御，也不敢掉以轻心，如此经过双方当事人的激烈辩驳，案件的是非曲直逐渐明了了，从而有助于法院进行裁决。同时，也能使法院免于无谓或不必要的纷争，专注于真正适合及必须由自己解决的案件。又能避免法院过度干预行政机关的决定，不致因层出不穷的诉讼案件，浪费人力、财力资源，影响行政机关工作效率。

行政行为系行政权力运作的结果，它会对社会公益或相对人的权益产生影响，只是轻重程度会有所不同。换个角度说，每个行政行为都对应着利害关系人，当这个行为危害国家利益时，利害关系人也可能是国家。行政诉讼制度作为一种权利救济制度，权益受到损害是其运作的前提，相对人的权利义务没有受到侵害，或虽然受到影响还没有达到实际影响的程度，② 利害关系人也就不具备原告的资格，无法提起行政诉讼，这种行为亦就不具备可诉性。

分析行政行为对权利义务造成的影响，面临的主要问题之一就是如何确立利害关系人。由于行政行为具有公共性和复效性特征，行政主体为公共利益所作出的行政行为，所有社会成员均应服从和遵守。行政行为的影响不限于它所直接针对的对象（相对人），对非直接针对的对象也具有法律效力③，即具体行政行为的直接相对人是利害关系人，权利义务受该行为影响的其他

---

① 有关确立行政行为可诉性的职权标准，参见薛刚凌《行政诉讼受案标准研究》，《法商研究》1998 年第 1 期。

② 参见最高人民法院《关于执行〈中华人民共和国行政诉讼法〉若干问题的解释》第 1 条第 2 款第 6 项。

③ 吴偕林：《行政诉讼原告资格新论》，《行政法学研究》1993 年第 4 期。

人也是利害关系人。①

（3）法律的规定

属于行政诉讼受案范围的行政行为除符合上述标准外，还必须是法律、法规或司法判例没有明确排除司法审查的行为。原则上讲，行政行为都具有可诉性。但从法的实然状态考量，行政诉讼的受案范围是一国政治、经济及法治状况的综合反映，它不可能将全部的行政行为都纳入司法审查的范围，甚至会武断地将部分行政行为拒之门外。行政行为原则上都假定属于能够司法审查的行为，无需法律明文规定，不能审查的行为只是例外。从行政诉讼的控权与维护公民权利的目的和功能上看，要严格限定法律对行政行为排除司法审查的规定，如需排除，应加以严格的论证。②

3. 行政诉讼受案范围的规定模式

无论行政诉讼受案范围采用哪一种规定模式，都各有优缺点，而且选择何种模式还与一个国家的政治体制、法律传统、法治现实等诸多因素有关。但毋庸置疑，选择受案范围的确定模式必须考虑受案范围的有限扩展这一共性。

本书认为，比较理想的是采取排除模式，即原则上，凡是公民、法人和其他组织向人民法院提起行政诉讼，法院都应当受理，只有在少数同样处于保障人权需要的例外情况下，法院才可以根据法律明确规定不予受理。但考虑到我国的立法习惯、司法实践和执法机关、普通民众已经习惯于法律要有正面关于适用范围的规定，可以考虑采取"概括＋排除"模式，在"概括"中采取抽象概括，即对起诉主体、被告资格、行为等作高度抽象概括；在"排除"中对应当排除的范围作出明确具体的列举。

进言之，就"抽象概括"而言，可以考虑：凡自然人、法人或者其他组织对行政机关或者其他行使公共权力的组织作出的行为不服，可以向法院提起诉讼，除法律另有明确规定外，法院应当予以受理，依法作出裁判。也

---

①　例如，规划机关发给某公民建房许可证，该公民的邻居认为此许可行为侵害了其采光、通行的权利，要求规划机关撤销该许可行为，该邻居与该许可行为是否有利害关系，回答是肯定的，该邻居与此许可行为有利害关系，可以提起行政诉讼。

②　行政行为原则上都假定属于能够审查的行为，这个原则在美国被称为可以审查的假定。法院起初不承认这一原则，在 19 世纪，法院认为只有法律规定可以审查的行为，法院才能受理，典型的案例是 1840 年最高法院对德凯特诉波尔丁案的判决。1902 年，法院在美国磁疗学校诉麦坎纳尔蒂案首先作出了对行政行为的审查不需要法律规定的重要判决。这一原则在最初的二十年间没有得到一贯的遵守，直到 20 世纪 30 年代以后，才巩固下来。

即，法院应当统一受理各类应由法院受理的案件，依照不同程序进行审理，不得以不属于行政案件为由而拒绝受理。在统一受理的前提下，凡依职权作出应由作出该行为的行政机关或者其他行使公共权力的组织负举证责任的案件，适用行政诉讼程序；凡不属于依职权作出，应由主张权利一方负举证责任的案件，适用民事诉讼程序。关于"具体排除"，则在下一部分详细分析。

4. 行政诉讼受案范围的排除

在行政权与司法权的相互运作过程中，根据权力制约权力原则的要求，其对司法权的作用越强，行政权的运行范围越广，势必司法权对行政权的审查范围也随之扩大。而且，行政权的运用范围在实践中往往体现为行政行为的数量及种类，在不考虑其他影响因素的情况下，行政行为数量越多，则可能纳入受案范围的对象自然会更广。但是，如果司法权相对于行政权过分强大，那么，"过分侵略性的司法审查又因不民主的特质而受批判。当法院侵略性地使用它们的审查权力时，它们有可能破坏行政机关对公众的愿望作出合法反应的能力"①。

因此，司法权对于行政权的审查不是毫无限制的。司法权与行政权的关系在行政诉讼受案范围上的反映集中体现在某些行政行为不适宜由司法机关审查，而从概括式规定的行政诉讼受案范围中排除出去，即不可诉是例外。而且，排除司法权对行政权的审查，必须要有明确的理由。排除司法权对行政权的审查，需要考虑以下几个因素：第一，司法权对行政权的审查是否可行。有一些权力，必须是行政机关专有的，否则将会极大地破坏行政活动的完整性、独立性，损害行政效率。而且受其人力、物力、财力和专门技术的制约，司法机关难以有效地处理某些事项，这些方面的事务如由行政机关单独处理，效果可能更好。第二，司法权对行政权的审查是否必要。有一些行政事务，司法机关是可以有权管辖的，但进行司法管理难度较大，而且行政权自身的监督机制良好，在这种情况下，司法权就没有必要干预。② 而对那些司法机关有权干涉、有能力干涉、有必要干涉的行政行为，都理应是可以提起诉讼的。③

---

① ［美］欧内斯特·盖尔霍恩、罗纳德·M. 利文：《行政法和行政程序概要》，黄列译，中国社会科学出版社1996年版，第74页。

② 在排除司法权对行政权审查这一方面的典型例子就是国家行为的排除。

③ 参见卢倩《关于行政诉讼受案范围的再思考》，《行政与法》2002年第10期。

我国《行政诉讼法》与《若干解释》中规定了一些排除行为，其中学界对于国家行为、对权利义务不产生实际影响的行为等的排除基本上达成了共识，但是对于排除抽象行政行为、内部行政行为、行政终局裁决行为等的讨论一直没有停止。下面就结合公民权、司法权与行政权的关系对这几类行为逐一探讨。

（1）国家行为

国家行为是涉及国家根本制度的维护和国家主权的运作，由国家承担法律后果的政治行为。[1] 国家行为在不同的国家称谓不同[2]，但都不在各国行政诉讼受案范围之中（当然各国对于国家行为的具体内容的规定是不同的[3]），但这并不是在某种完善的法律理论指导下的法律制度，更不是依法治国的题中应有之义，相反，它是与法治原则相冲突的，但其之所以存在，是出于实际政治的需要。[4] 法国对政府行为存在的理由，至今也没有提出一个令人满意的理论。学术界最初以政治动机说来解释政府行为。认为法官作为法律专家，不宜于干预政治动机的行为。但是以政治动机作为划分法院管辖权的界限，是一个危险的理论。根据这一标准，中央政府所采取的任何行为都可能被解释成政府行为。这一学说后被最高行政法院所否定。继政治动机理论以后，学术界又提出了统治行为理论，这个理论认为政府的作用可以分为统治作用和行政作用。法院管辖权的范围只限于行政作用，不能及于统治作用。这个理论的缺陷在于：一是统治作用和行政作用的界限不容易划分；二是以统治作用作为划分标准，必然导致政府行为的范围比较广泛；三是统治作用反映了统治者对公民的不平等关系，不能正确解释政府与议会所发生的关系。最后这个学说也被最高行政法院否定。[5] 在美国，

---

① 姜明安主编：《行政法与行政诉讼法》，北京大学出版社 1999 年版，第 317 页。

② 如英国称为"国家行为"，美国称为"政治行为"或"政治问题"，法国和日本称为"政治行为"或"统治行为"。

③ 如法国政府行为主要包括三个方面：一是政府在和议会关系中所采取的行为；二是政府在国际关系中所采取的行为；三是总统在国家遭到严重威胁时，在和总理、两院议长、宪法委员会主席磋商后，根据形势需要采取必要措施。参见王名扬《法国行政法》，中国政法大学 1988 年版，第 214—215 页。

④ 正如王名扬所言："实际上这个制度的存在，不是根据任何法律理论，而是出于实际政治的需要。由于政府行为的存在，法院得以避免同总统、议会和管理国际关系的当局发生正面冲突。而且法院如果就这类问题作出判决也很难执行。所以，行政法院对政府行为的态度没有一贯的理论，只能采取经验主义，随时代的变迁而改变。"

⑤ 参见王名扬《法国行政法》，中国政法大学 1988 年版，第 216—217 页。

传统上属于总统或国会的职权领域，最有可能援用政治问题理论。外交领域、国家安全事务、战争权力之行使问题和宪法修正案程序问题传统上法院是不涉足的，但在今天它们构成了界定政治问题理论的核心。① 美国司法审查中对上述政治问题的排除是由联邦最高法院的一系列判例确定的。1803 年，马歇尔首席大法官在"马伯里诉麦迪逊案"中指出，有一类案件联邦法院是不能审查的，因为"所涉及的问题是政治性的"。后来布伦南大法官在"贝克诉卡尔案"中权威性地论述了政治问题理论的基础和特点，指出"政治问题的不可由法院审理性从根本上说是一种分权功能"，"法院要独立地作出裁决就必须不可免地表现出缺乏对平行部门应有的尊重"②。此后，美国的亚历山大·比克尔教授把这个问题更推进一步，他说，一个有争议的问题，如果因为"内容奇特、关系重大"，或"难以作出原则性的决策"，或"对司法卷入的后果感到担忧"，或"一个缺乏选举责任或实施能力的机构存在着自我怀疑情绪"，则这个问题应被看做是政治问题，"不可由法院审理"。③

我国学者对国家行为的解释虽然不尽一致，实则大同小异，基本都承认国家行为是涉及国家主权的政治行为。但对确立国家行为的标准，国家行为排除司法审查的原因等问题研究的不多。他们论证国家行为不列入行政诉讼受案范围的大体理由是：第一，国家行为有其特殊性，它不仅涉及相对人的利益，而且涉及国家的整体利益，不能因为利害关系人的权益受到损害，而使国家行为无效。第二，国家行为通常以国家对内、对外的基本政策为依据，以国际政治斗争的形势为转移，法院很难作出判断。第三，国家行为的失误通常只由有关领导人承担政治责任，而政治责任的承担只有通过立法机关或议会才能进行追究。④

综上所述，国家行为是行政法治原则的例外，它随着历史发展而改变，没有固定的范式可供遵循。其之所以存在，仅仅是因为司法权的弱点，司法机关出于自我保护意识而对自己无力处理问题的回避。

---

① ［美］杰罗姆·巴伦、托马斯·迪恩斯：《美国宪法概论》，刘瑞祥等译，中国社会科学出版社 1995 年版，第 40 页。

② 同上书，第 42—43 页。

③ 同上书，第 36—39 页。

④ 姜明安主编：《行政法与行政诉讼法》，北京大学出版社、高等教育出版社 1999 年版，第 318 页。

（2）对权利义务不产生实际影响的行为

根据行为的结果，可以把行政行为分为两大类：一类是对公民权利义务产生影响的行为；另一类是对权利义务不产生实际影响的行为。权利救济是行政诉讼的主要目的，因此，权益受到损害是提起行政诉讼的基础，只有行政主体作出的对公民权益造成实际影响行为，当事人方可提起行政诉讼，寻求救济。对公民权益未造成实际影响的行为当事人不能提起行政诉讼。

所谓对公民、法人或其他组织权利义务不产生实际影响的行为主要是指尚处于形成过程中，尚未最终触及相对人权利义务的行为。主要包括通知、调查、咨询等准备性行为。行政行为可诉，除具备产生法律后果的形式要件，还须对公民、法人或其他组织的权利义务产生实质影响。[①] 可见，行政主体所为的对公民、法人或其他组织权利义务不产生实际影响的行为，不是完整的行政行为，可诉时机不成熟，不应纳入行政诉讼的受案范围。美国司法审查制度中的"成熟"原则与此相似。其含义是指被指控的行政行为只有对相对人发生了实际不利影响并适合于法院审查时才能接受司法审查。[②] 将对公民权益不产生实际影响的行为排除在行政诉讼受案范围之外的原因是：①这是由行政诉讼的性质决定的。行政诉讼是公民、法人或其他组织权益受到行政机关侵害的司法救济手段，相对人的权益受到侵害是提起诉讼的前提，无损害即无救济。②对不产生实际影响的行为，法院无法进行司法审查。因为这种行为的内容尚未最后确定，起诉的时机过早，法院无法对其合法性进行审查。③浪费司法成本，法院审查徒劳无益，发挥不了行政诉讼应有的权利救济功能。④避免法院过早介入行政程序，影响行政管理的效率。

（3）法律已提供足够救济的行政行为

有些行政行为法律已预设了足够的救济手段，当事人没有必要再提起行政诉讼。足够的救济手段主要体现在两个方面：一是这种争议可以通过其他的司法途径获得解决；二是法律已预设了近乎司法程序的解决争端机制。

《若干解释》将行政机关所作的调解行为排除出行政诉讼受案范围。[③]

---

① 陈梓明、马怀德：《案例诉讼法教程》，中国政法大学出版社 1996 年版，第 247 页。

② 姜明安主编：《外国行政法教程》，法律出版社 1993 年版，第 301 页。

③ 《最高人民法院关于执行〈中华人民共和国行政诉讼法〉若干问题的解释》第 1 条第 2 款第 3 项。

排除的原因不外乎是：行政调解所解决的是民事争议，调解虽由行政机关主持，但不涉及行政权力的行使，是民事争议的当事人在意思自治的状态下，自愿达成的协议。更重要原因是法律已为这种争议的解决预设了相应的法律途径，即民事争议的当事人可以直接提起民事诉讼维护自己的合法权益，没有必要非得针对行政调解行为提起行政诉讼。

　　法律规定的仲裁行为也被排除在行政诉讼受案范围之外。① 仲裁是解决平等主体公民、法人和其他组织之间发生的合同纠纷和其他财产权益纠纷的一种方式。仲裁解决的是民事争议，是争议双方当事人协议选择的争端解决方式，仲裁实行一裁终局的制度。② 仲裁由处于争议双方中立地位的仲裁委员会主持，从案件的受理、开庭、到仲裁书的作出、送达，都采用近乎司法的程序，足以保障当事人的权利。从程序保障的角度讲，当事人对仲裁不服，没有必要提起行政诉讼，法院的司法审查也不过如此。何况仲裁委员会的仲裁行为，又不是严格意义的行政行为。仲裁原则上实行一裁终局制，但也有例外。劳动争议仲裁也是法律规定的仲裁方式，它不实行一裁终局制，是诉讼的前置程序，当事人对劳动仲裁不服，可以提起民事诉讼。③ 可见，法律已经给当事人提供了足够的司法保障。对劳动仲裁不服，当事人没有必要再以劳动仲裁委员会为被告，提起行政诉讼。另外，要将仲裁与行政裁决相区别。行政裁决是指由行政机关依照法律授权，对当事人之间发生的、与行政管理活动密切相关的、与合同无关的民事纠纷进行审查，并作出裁决的行政行为。④ 仲裁与行政裁决虽然都是解决民事纠纷的方式，但行政裁决是行政权力运作的结果，不管民事纠纷的当事人是否同意都不会影响行政裁决的法律效力。所以，对行政裁决不服，当事人可以向人民法院提起行政诉讼。例如，在房屋拆迁过程，拆迁人与被拆迁人达不成协议，可申请行政机关裁决，当事人对裁决不服，可以提起行政诉讼。⑤

　　（4）抽象行政行为

　　我国法学理论界普遍认为，抽象行政行为是指行政机关制定和发布普遍

---

　　① 《最高人民法院关于执行〈中华人民共和国行政诉讼法〉若干问题的解释》第 1 条第 2 款第 3 项。

　　② 《中华人民共和国仲裁法》第 2 条、第 4 条、第 9 条。

　　③ 《中华人民共和国劳动法》第 83 条。

　　④ 姜明安主编：《行政法与行政诉讼法》，北京大学出版社、高等教育出版社 1999 年版，第 202 页。

　　⑤ 《城市房屋拆迁条例》第 14 条第 2 款。

性行为规范的行为。从我国目前的立法体制看，行政规范大致可分为行政立法与其他一般规范性文件两类。① 由此可见，抽象行政行为是具有位阶性的，它具体包括两类：一类是行政立法行为，即有关行政机关制定行政法规和行政规章的行为；另一类是制定不具有法源性的规范性文件的行为，即行政机关制定除行政法规和规章以外的具有普遍约束力的其他规范性文件的行为，我们可以称其为非行政立法的抽象行政行为。

有的学者认为，我国的政治制度决定了不能将抽象行政行为列入事实上的行政诉讼受案范围。依照《宪法》和《立法法》、《行政复议法》的规定以及我国人民代表大会的政治制度，确认行政机关抽象行政行为是否正确、合法并予以撤销、改变的权力，只能是属于国家权力机关或上级行政机关。诉讼中，如果行政机关依据的规范性文件不合法，人民法院可以直接以该行为适用法律错误为由予以撤销。对于行政法规、规章或行政机关制定、发布的具有普遍约束力的决定、命令不服提起的诉讼排除在行政诉讼受案范围之外。这种对于抽象行政行为一概不予纳入行政诉讼受案范围的观点不利于保障公民权。从行政行为的内在功能来看，抽象行政行为是设置行政法律关系模式的行为，与实现行政法律关系的具体行政行为不同；但是从本质上看，它与具体行政行为一样都是行政主体行使行政职权的表现。"有权利就有救济"，这是行政法的基本理念。在我国，对抽象行政行为的监督有两种方式，一种是行政机关内部的监督，另一种是权力机关的监督。就前一种监督而言，自己监督自己难免有不公正之嫌。按照我国现行的宪政体制，似乎后者是最理想的监督方式，但是由于我国的人大及常委会是个全权性的机关，无暇顾及对抽象行政行为的监督，并且程序上也缺乏法律的详细规定。显然，目前对于抽象行政行为监督的规定缺乏力度，是不够完善的。正是因为如此，许多机关在制定的规范性文件中，一味扩张自己的权力，想方设法减轻自己的责任，既造成了大量的规范性文件的冲突，又严重地侵犯了公民、法人和其他组织的权益。某些行政机关甚至为了回避司法审查，借用抽象行政行为来延伸和扩张其行政职权，将本属于具体行政行为的事项以抽象行政行为的形式作出。这已成为众多行政机关越权行政、滥用职权的主要方式和来源，但囿于现行法律规定，司法机关却对此束手无策。

---

① 参见应松年主编《行政法学新论》，中国方正出版社2004年版，第127页。

　　因此，将抽象行政行为纳入行政诉讼受案范围将会更大范围地保护公民权，促进行政机关依法行政。抽象行政行为针对的对象不是个别人，而是较大范围的不特定的公民、法人或者其他组织，并可以反复适用，一旦违法将会给众多人造成损害，因此可以说，违法或者不当的抽象行政行为比具体行政行为更具有危害性和破坏力。故而，抽象行政行为是具体行政行为的依据和源头，要彻底纠正违法不当的具体行政行为，必须赋予公民、法人或者其他组织不服抽象行政行为提起行政诉讼的权利。

　　另一方面，从理论上来看，全部抽象行政行为都应该纳入行政诉讼受案范围之中。但是如果这样做的话，我国政治体制和法律制度需要重大变动，这样做无疑很不现实。任何一个国家的民主和法制建设的发展和完善都需要一个过程，急于求成和揠苗助长的做法将会遭到规律的惩罚。在我国，为了实现民主和法治的稳步前进，应该将除行政法规、规章以外的规范性文件，纳入法院行政诉讼的受案范围。这种区别对待的原因是：第一，两者的法律地位和性质不同。行政法规和规章属于行政立法的范畴，是我国的两种正式的法律渊源，在我国的法律中，两者受到的是不同的对待。第二，两者制定、修改和废止的程序不同。行政法规和规章的制定、修改和废止在《中华人民共和国立法法》里有明确的规定，而对其他规范性文件制定、修改和废止的程序性规定只在国务院的行政法规里有简单的规定，并没有法律给予规定。第三，在行政管理实践中，非行政立法的抽象行政行为的数量和适用频率及其影响远远超过行政立法。

　　因此，本书认为，在抽象行政行为中，由于行政法规和规章的制定行为已被宪法和有关组织法确认为国家立法的范畴，属于行政立法，对该类抽象行政行为的审查和监督应按《立法法》所确定的程序予以审查和监督，而对非行政立法的抽象行政行为在保持其现行的国家权力机关监督和行政系统内部监督机制的基础上，还应将其规定在行政诉讼受案范围之内，纳入司法审查监督的范畴。这样的划分既符合我国司法权与行政权的关系定位，同时也有利于最大限度地保障公民权不受行政权的侵害。

　　关于对抽象行政行为提起诉讼的原告资格问题，通过考察国外的行政诉讼制度，根据我国的实际情况，可以考虑设立以下几种制度：①行政相对人提起诉讼制度，包括受害人提起诉讼、利害关系人提起诉讼、民众诉讼；②检察机关行政公诉制度；③行政机关提起公诉制度。关于抽象行政行为诉讼的提起方式，原告可以附带提起，即在对具体行政行为不服提起行政诉讼时，可以对具体行政行为所依据的规章或其他规范性文件提起合法性的审查请求；也可以直接提起，只要相对人认为生效实施的行政规章或其他规范性文件侵犯其权益的，可以直接诉请法院对其进行司法审查。

（5）内部行政行为

以行政行为的作用对象为划分标准，可以将行政行为划分为内部行政行为和外部行政行为。行政机关制定有关机构、编制、人事等内容的行政法规或规章，《行政处罚法》第3条规定："公民、法人或者其他组织违反了行政管理秩序的行为，应当给予行政处罚的，依照本法由法律、法规和规章规定，并由行政机关依照本法规定的程序实施。"在这里，行政处罚的法定依据包括了行政法规和规章，而不包括其他规范性法律文件。《行政复议法》第7条规定，公民、法人或者其他组织认为行政机关的具体行政行为所依据的抽象行政行为不合法，可以向行政复议机关提出审查请求。但是，行政法规和规章是被排除在范围之外的。根据《行政诉讼法》第52条、第53条规定，人民法院审查行政案件以法律和行政法规、地方性法规为依据，以规章为参照。行政机关的其他规范性文件不能作为人民法院审理案件的依据或者参照。《立法法》第一章第二节作了原则性的规定："法律、行政法规、地方性法规、自治条例和单行条例的制定、修改和废除，适用本法。国务院部门规章和地方政府规章的制定、修改和废除，依照本法的有关规定执行。"在第二章和第四章对行政法规和规章的立法程序和立法权限作了详细的规定。在第八章适用与备案中，对行政法规和规章的监督作了规定。

我国《国家公务员法》规定公务员享有"非因法定事由和非经法定程序不被免职、降职、辞退或者行政处分"的权利，同时规定了公务员对涉及本人的人事处理决定不服的救济途径和方式：向原处理机关申请复核；向同级人民政府人事部门申诉及就行政处分向行政监察机关申诉。但并没有规定可以向法院提起诉讼以寻求救济，而我国《行政诉讼法》也将内部行政行为排除在行政诉讼受案范围之外，使之得不到司法救济。

公务员受行政处分后得不到司法救济，主要理论渊源是德国的"特别权力关系理论"。该理论认为普通公民与国家之间是一般行政关系，普通公民虽然也要服从国家的公权力，但是对于公权力行使过程中引发的行政争议，受侵害的行政相对人有向法院起诉、寻求司法救济的权利。而国家与公务员之间的关系却是特别权力关系，在特别权力关系中，为维护行政权的完整性，使行政可以自行维护其内部的秩序，国家的优越地位得到了进一步的强调。公务员的附属性要比一般公民更强，主张个人权利的余地更小，对其不适用一般的权利保护，他们不能就公权力对其所为的处置提起行政诉讼。①

本书认为，公务员具有双重身份，他的身份首先是公民，其次才是公务员。而这两种身份并不是截然区分开的，而是同时存在的，即公务员的普通公民身份并不当然地被其公务员身份所吸收。行政机关对公务员的涉及其权利、义务的决定，不能完全被视为是针对其职位的行为，有些也是针对其普通公民身份的行为。公务员并不因职务关系而成为行政机关可以任意驱策和处置的"家臣"，也非马克斯·韦伯在批判现代官僚体制时所说的，是整个行政机构这台庞大机器上的一个零件②，一个机械的附属存在，而是有着自己人格尊严与合法权益的人；公务员原有的公民身份及法律地位也不因其进入国家公职队伍而丧失。尽管这种法律上的双重身份并不意味着公务员享有公民权利和公务员权利的集合，但也不能抹杀公务员享有基本人权和依法受法律保护的权利。

公务员在其实施行政行为时，代表行政机关，是行政机关的化身，然而在行政机关对其实施任免、调动、决定工资和福利待遇等直接涉及公务员公民权的行为时，他又是作为行政相对方与行政机关发生法律关系的。行政机关的这些行为虽然属于内部管理行为，但是它涉及公务员的基本权利，如果严重损害了公务员的权益，而法律又没有提供其司法救济的途径，那么公务员的公民权就无法得到保障。

基于这一认识，那些曾普遍信奉并实践"特别权力关系理论"的国家和地区，也已摒弃司法审查不介入行政权主体为维护内部纪律而采取的惩戒处分的做法。德国自1956年划分特别权力关系为基础关系和管理关系的理论提出之后，主张对属于设定、变更或终止特别权力关系的基础关系如公务员的任命、免职、命令退休、转任等不服可提起诉讼，联邦行政法院又进一步以"相关措施是否产生某种法律效果、足以影响公务员个人地位"作为可否请求司法审查的标准。③我国台湾地区近年来也逐步放宽公务员关系不

---

① 参见张树义主编《寻求行政诉讼制度发展的良性循环》，中国政法大学出版社2000年版，第50—51页。

② 关保英：《行政法的价值定位——效率、程序及其和谐》，中国政法大学出版社1997年版，第264页，转引自湛中乐《法治国家与行政法治》，中国政法大学出版社2002年版，第305页。

③ 参见吴庚《行政法之理论与实用》增订三版，三民书局，第199—200页，转引自湛中乐《法治国家与行政法治》，中国政法大学出版社2002年版，第306页。

得争讼的限制。①

可见，公务员职务关系也是一种法律关系，不过是一种特别的法律关系。依法对该关系中公务员的合法权益提供充分有效的救济，是法治国家题中的应有之义。内部行政行为同样是行政权的行使，而任何权力都必须合法、公正地行使。为此，让司法权介入对某些内部行政行为，如对公务员的开除、辞退、免职等重大行政惩戒处分的审查，这对公务员权利的有效救济及对行政权行使的全面监督都具有现实意义。② 正因为如此，美国《联邦行政程序法》规定："因为行政行为而致使其法定权利受到侵害的人，或受到有关法律规定之行政行为的不利影响或损害的人，均有权诉诸司法审查。"③因此，在公民权保护越来越完善的趋势下，对于侵害公务员公民权的内部行政行为应该纳入行政诉讼受案范围。但是并不是所有的内部行政行为都应该纳入行政诉讼受案范围。对于那些行政机关的内部工作安排、计划、制度等，虽然可能涉及公务员的权利、义务，但是考虑到行政内部秩序的维护以及行政的完整性，同时司法机关既无能力也无权力过多介入到行政权的具体运作中去，因而司法机关不应介入。这种做法也为法国所适用，"行政法院以是否影响利害关系人的法律地位作为标准，是区别内部行为的界限。一切损害利害关系人法律地位的行为不再属于内部行政措施……使用一般行政行为的法律制度"④，"只要对公务员的权利和利益有不利的影响，都可以作为诉讼对象。但关于组织公务的行为，对公务员的地位没有影响，不能作为诉讼标的"⑤。

具体来说，行政机关针对公务员作出的涉及其权利义务的内部行为，如果是针对公务员作为公民的法律地位，该决定的效果影响到公务员作为公民所具有的权益，则其就应该享有诉权。因此，对于涉及职务关系才产生变更消灭的行为中，公务员的录用，因公民还没有进入特别权利关系的领域，因

---

　　① 我国台湾地区 1984 年大法官会议的解释确定了公务员可就请领退休金事宜提起诉愿和行政诉讼，之后又逐步放宽对公务员关系争讼的限制，不仅对改变公务员身份关系、直接影响其服公职之权利的免职处分等允许提起行政争讼，而且对于公务员有重大影响的惩戒处分，如降低官等亦可诉，救济范围涉及公务员身份保障权和公法上的财产请求权。参见翁岳生《法治国家之行政与司法》，月旦出版社 1997 年版，第 63—64 页，转引自湛中乐《法治国家与行政法治》，中国政法大学出版社 2002 年版，第 306 页。

　　② 参见湛中乐《法治国家与行政法治》，中国政法大学出版社 2002 年版，第 307 页。

　　③ 转引自刘恒《行政救济制度研究》，法律出版社 1998 年版，第 34 页。

　　④ 王名扬：《法国行政法》，中国政法大学出版社 1988 年版，第 184 页。

　　⑤ 同上。

此不能限制其针对录用行为的诉权，对公务员的免职、辞退开除、强令退休、降级等行政处分的内部行为，因为涉及公务员资格，以及公务员的工资待遇，并对其职业前途等产生了影响，因此受该行为影响的公务员应享有诉权。因年度考核结果是行政机关对公务员的奖惩辞退以及调整职务级别工资的依据，因此，如果公务员对于年度考核的结果以及对作为年度考核结果的平时考核结果有异议的，应该可提起行政诉讼。公务员对工资、保险、福利的确定，或给付有异议的，因其属于个人的财产权益，因而可就给付或确定行为不服提起行政诉讼。

（6）行政终局裁决行为

行政终局裁决行为是指法律规定由行政机关作出最终决定的行为，当事人不服，只能向作出最终裁决的机关或其上级机关申诉，而不能向人民法院起诉。[①] 从保护公民权的角度来看，行政终局裁决行为的存在违背了司法最终裁决原则，是法治原则的例外，限制了司法权对行政权的制约，实际上剥夺了当事人寻求司法救济的权利，不利于保障公民权，使得公民权在遭到行政终局裁决行为侵害时，无法寻求司法权的救济。

司法最终裁决原则是法治国家的一般原则，其含义一般包含以下内容：①一切因适用宪法和法律而引起的法律纠纷和相应的违宪违法行为由法院进行裁决；②一切法律纠纷，至少在原则上通过司法程序进行解决；③法院对于法律纠纷以及相应的法律问题有最终裁决权。[②] 司法最终裁决原则之所以在多数国家得到贯彻，是由于下列原因：首先，司法机关的职能与特征是司法最终原则确立的首要理由。司法机关是专职解决纠纷的机关，其活动的核心是适用法律。"为了发挥法的功能，司法机关在最可能正确的保证下，作出权威性的判断、法的宣告"[③]，法院具有中立性，"解决纠纷最基本的要求是将纠纷交由一个与双方均无利害关系的机关或组织裁决，惟此，纠纷才可能得到公正的裁决"[④]。因此，在为了纠纷的正确解决，必须保持司法的独立性，不受任何机关团体个人的干预。而行政机关就不同，在发生纠纷后，行政机关作为主动执行实施国家目的的机关，是从事积极追求利益的活动，

---

① 张树义主编：《寻求行政诉讼制度发展的良性循环》，中国政法大学出版社 2000 年版，第 54 页。

② 宋炉安：《司法最终权——行政诉讼引发的思考》，张步洪编著：《中国行政法学前沿问题报告》，中国法制出版社 1999 年版。

③ 翁岳生：《法治国家之司法与行政》，月旦出版社 1994 年版，第 332 页。

④ 张树义：《冲突与选择——行政诉讼法的理论与实践》，时事出版社 1992 年版，第 334 页。

在这种情况下，会受到自身利益的驱使，不能保障最大的裁决的正确性，也就是说，行政机关既作为裁决者，又作为一方的当事人，很容易为了维护自己的利益而歪曲法律。其次，司法的裁决是保障人民权益的最后一道防线，是使人们免受行政侵害的最后一道屏障。对于强大的行政机关来说，行政行为的相对人处于劣势的弱小地位，当其权益受到行政机关的侵害时，为了维护其合法的权益，不仅可以寻求行政上的救济，而且更重要的是可以向司法机关提起诉讼，以寻求司法救济。最后，设置司法最终裁决权是监督行政机关依法行使职权的需要。通过设置司法最终裁决权，可以使行政机关的职务行为置于法律的监督下，避免其滥用权力。而行政终局裁决权作为司法最终裁决的例外的出现，首先违背了"任何人不得为自己案件的法官"的自然公正原则，破坏了法治原理，不利于保护当事人的权益，而且也将司法最终裁决的原则排除在外，侵犯了当事人的合法权益。

正是由于看到了这种危险，《若干解释》明确规定了除全国人大及其常委会制定、通过的法律外，任何机关不得通过任何形式设定行政终局裁决权。从其发展趋势看，行政终局裁决权的范围也呈萎缩状态。但是为维护公共利益，确保行政机关的工作效率，允许行政机关在一定范围内享有终局裁决权，也有一定的合理性，其理由是：第一，某一类行政行为涉及国家重要机密，一旦进入行政诉讼，将会严重危害国家利益。第二，某一类行为不可能或者极小有可能侵犯公民的权益。第三，某一类行政行为专业性极强且非常复杂，以至于使法官的审查徒具形式。第四，某一类行为已有近乎司法程序的行政程序作保障，行政系统内已有充分的能确保公正的救济手段。第五，因不可抗力事件（如战争）使行政救济以外的司法救济成为不可能。[1]目前我国的法律规定中较为常见的是选择性终局，即相对人可以选择向行政机关申诉或者直接向法院提起诉讼，如果选择向行政机关申诉的，则行政机关作出的裁决为最终裁决。[2]

在这样的情况下，法律规定的两种救济途径本身就是并行的，因而不存在司法权不宜介入的可能。只是行政终局裁决行为都是由全国人大及其常委会制定、通过的法律规定的，按照我国的人民代表大会制度，司法机关目前也没有权力进行审查。因此，应该通过修改相关法律的方式，取消赋予公安

---

[1]　江必新：《行政诉讼问题研究》，中国人民公安大学出版社1989年版，第60页。

[2]　这类规定有《中华人民共和国外国人出境入境管理法》第29条、第15条以及《行政复议法》第14条、第30条等。

机关和省级人民政府的行政终局裁决权。对于国务院所拥有的行政终局裁决权，考虑到我国目前的国家权力结构，司法权实际上也无力对其进行审查，所以，可以继续保留，但是，必须限制在现有的范围内，另外还要设立公正的裁决程序，防止行政终局裁决权的滥用，以保护公民的权利。

（7）准行政行为

行政行为以法律效果的内容是"效果意思"还是"观念表示"为标准，可以分为行政行为和准行政行为。其中行政主体针对相对人运用行政权所为的、仅以"观念表示"为内容的行为称为准行政行为。这里所说的"观念表示"，是指行政主体的认识、判断和观念。准行政行为是介于法律行为和事实行为之间的一种行为，包括行政确认、行政鉴定、行政登记和行政受理。由于理论上对准行政行为缺乏比较准确的定性，我国司法实践中争议多集中于交通事故责任认定、医疗事故鉴定是否能纳入行政诉讼的范围方面。

以交通事故责任认定行为为例。随着公民、法人或者其他组织法律意识的增强，人们逐渐认识到道路交通事故责任认定行为给自身带来的法律责任后果。因此，目前公民、法人或者其他组织对道路交通事故责任认定行为不服，要求法院对道路交通事故责任认定行为的合法性进行审查的行政诉讼案件，也在逐年增多。主张交通事故责任认定行为不可诉的主要依据是1992年《最高人民法院、公安部关于处理道路交通事故案件有关问题的通知》第4条的规定："当事人仅就公安机关作出的道路交通事故责任认定和伤残评定不服，向人民法院提起诉讼或民事诉讼的，人民法院不予受理。"[①] 该通知将交通事故责任认定行为排除在可诉行政行为之外，对交通事故责任认定行为不服明确规定不能提起行政诉讼。但随后的司法实践中的做法一直比较混乱，一些基层人民法院以当时的《全国行政审判工作会议纪要》为依据，受理了交通事故当事人对公安机关认定的交通事故责任认定不服提起的行政诉讼。[②] 2004年5月1日施行的《道路交通安全法》沿袭了交通事故责任认定在处理交通事故中起的是证据作用的说法，第74条规定："对交通

---

① 事实上，最高人民法院和公安部联合发文的形式也受到了不少诟病，如有学者认为："最高人民法院和公安部联合发文的形式不可取。公安机关作为国家行政机关，在行政诉讼中是一方当事人，法院和一方当事人联合发布规定限制另一方当事人的诉权，很难给人一种信任和公正的印象。"参见甘文《行政诉讼法司法解释之评论》，中国法制出版社2000年版，第42页。

② 如2000年10月中央电视台《今日说法》报道：北京某区法院已受理一起对交通事故责任认定变更不服而提起行政诉讼的案件。黑龙江省目前有些地方法院，也已经正式受理对交通事故责任认定不服，而诉至法院的行政案件。

事故损害赔偿的争议，当事人可以请求公安机关交通管理部门调解，也可以直接向人民法院提起民事诉讼。"虽然此法实施后交通事故当事人对交通事故责任认定不服的，可以直接通过民事诉讼的方式由法院来裁决是否采纳原道路交通事故责任认定书的证明效力，但是，交通事故认定行为被法院作为行政诉讼的范围来审查还是作为民事诉讼中的证据来审查，无论是从审查程序还是从法律适用具体到举证责任都有很大的区别。本书认为，道路交通事故责任认定行为是道路交通事故处理的核心问题，它涉及当事人的人身权——《道路交通事故处理办法》第24条规定，根据交通肇事者的交通事故责任大小，给予相应的行政处罚，直至追究刑事责任，可见交通事故责任认定是对交通肇事者进行行政、刑事处罚的依据。同时，道路交通事故责任认定行为又涉及交通肇事者的财产权益——《道路交通事故处理办法》第35条规定，交通事故责任者应当按照其所负交通事故责任大小承担相应的损害赔偿责任，可见交通事故责任认定又是进行损害赔偿的依据。因此，道路交通事故责任认定行为在很大程度上已经远远超出了技术鉴定的范围，事实上已经对交通肇事者作了定性处理，对当事人权利义务产生了实际影响。单纯从交通事故责任认定的性质来看，它包含了行政行为的主体和效果要素，对交通事故责任大小的划分进行了确认和证实，对当事人此后的实体权利和义务间接产生了影响，是证明性质的准行政行为，故交通事故责任认定行为应该是可诉的行为。

（8）侵犯公共利益的行政行为

所谓公共利益是相对特定人的利益而言的，公共利益的"最大特别之处，在于其概念内容的不确定性"，主要原因在于"利益内容的不确定性"和"受益对象的不确定性"。《行政诉讼法》第2条规定："公民、法人或其他组织认为行政机关和行政机关工作人员的具体行政行为侵犯其合法权益，有权依照本法向人民法院提起诉讼"，在受案范围上体现了直接利害关系原则，但一般均被理解为损害的是私人的合法权益。就广义而言，各种诉讼制度都应当体现对社会公共利益的维护，都应当把公共利益组织纳入司法救济的范围，公共利益可以分为国家公共利益、社会公共利益、公众和群体的公共利益、公平竞争的公共秩序等，完整的行政诉讼受案范围既要包括对公民、法人和其他组织合法权益的救济，也应当包括对国家和社会公共利益的保护。行政公益诉讼最主要特征就是"原告不仅向司法机关主张自己的些许利益，而且主张同一事件受害的其他公民利益之维护"，即"原告申诉的基础并不单纯由于自己的权利受到侵害"。从法律角度承认和保护公共利益，是世界各国的通例，我国《宪法》的核心内容也体现了维护公共利益的精神，实践中也大量存在公共利益被损害的情况，如国有资产流失、环境污染、土地开发中的不合理利用，等等，这些问题仅靠行政机关内部监督是远远不够的。随着社会主义市场经济的深入发展，越来越强调充分的自由竞争、利益多元主义、资源的优化配置、价格开放等，政府行政行为会更多地触及公共利益。因此，在行政诉讼法律框架内，应扩大对利害关系当事人的解释，把对公共利益保护纳入行政诉讼受案范围，以求能为公益损害提供及时、有效、充分的司法救济。

综上分析，行政诉讼受案范围的具体排除应当限于两种情况：一是司法不能。即不属于法律问题，缺乏比较明确的法律界限，无法由司法依法作出裁判的问题，或者属于法律问题但司法缺乏足够的权威资源无力承担的问题。二是司法无效率。即由司法解决不具有优势，明显存在浪费司法资源的情况。具体来说，应当排除在司法审查之外的行为，主要应限于以下四个方面：①属于政治决策行为。政治问题往往具有很强的策略性和时段性，缺乏清晰的法律判断标准，主要应当依靠政治领导人的智慧和民主途径解决，不宜由司法解决。②属于军事行为。军队是保卫国家和地域侵略的一种特殊力量，军事行为具有特殊性、紧急性和临时性等特点，主要应当依靠政治领导人的智慧和军队的特殊管理机制和特殊法律救济制度来解决，不宜由司法解决。③属于内部纪律问题。纪律问题往往是一个机关、一个单位、一个组织内部的问题，具有内部性、自愿性的特点，也具有较强的灵活性和可变性，一般不宜由司法机关来处理。但纪律问题也不应被绝对排除在司法管辖范围之外，当纪律问题同时也是法律问题或者演变为法律问题时，则应当纳入司法解决范围。比如，开除、辞退处分，既是一种纪律处分行为，同时也是一种解除劳动合同关系的法律行为，所以既是纪律问题，也是法律问题，则可以成为司法解决的问题。再者，对纪律处分所依据的事实问题，具有客观性、确定性，如果对此发生争议，纪律问题就演变为依法办事的法律问题，也可以成为司法审查的范围。但对是否给予警告、记过、记大过处分，还是给予留职察看、降职降级等处分，则属于内部和不具有确定性判断标准的纪律问题，不宜由司法解决。④其他由司法解决或者诉讼解决不是最优途径的问题。除前面三个方面的问题不宜由司法解决外，还有一些问题虽然属于法律问题，但由于司法缺乏足够权威难以有效解决，或者采取诉讼途径解决缺乏效率，也不宜由司法解决或者不宜由司法采取诉讼的途径来解决。①

诚然，对于行政诉讼受案范围的讨论和设计会随着实践而一直演进。"法既非纯粹应然'伦理'命题，亦非纯粹实然'经验'命题，而是统合二者由应然过渡到实然之实践命题或其（自实然过渡到应然之）凡命题"，故而，必须同时考虑"规范和事实、理性与实践等二种不同认识或认知对象"，以期逐步"建立起二者之合理论证"并在实践中不断修正。②

---

① 比如，公安机关从事的刑事侦查行为，当然是行政行为，也应当受到司法审查，但如果采取诉讼的途径来解决刑事侦查过程中发生的争议，则显然缺乏效率，会降低公安机关的侦查能力。因此，对刑事侦查行为不宜通过行政诉讼的途径来解决，而应当通过其他途径来解决，比如通过《刑事诉讼法》规定违法获得的证据无效，通过《国家赔偿法》规定受害人可以请求国家赔偿等制度来解决。又如，抽象行政行为是否纳入诉讼范围，不在于抽象行政行为是否应该受司法审查，而在于司法是否有能力进行审查，是否比其他审查方式更有效。就目前我国司法机关的地位、权威和司法人员的素质而言，对规章和规章以下的抽象行政行为，由司法机关进行审查是可行的、有效的，应当纳入行政诉讼受案范围；但对行政法规和国务院的其他抽象行政行为，司法机关还不具备足够的权威进行审查，因此，目前还不宜将行政法规和国务院的其他抽象行政行为纳入行政诉讼受案范围。

② 赖恒盈：《行政法律关系论之研究——行政法学方法论评析》，元照出版公司2003年版，第19页。

第二章 机关诉讼问题研究

一 问题的源起

　　行政诉讼自产生以来，就一直是解决公民和国家之间法律争议的程序。"民告官"就是对这一认识的经典概括。这既合乎对国家和社会的传统区分，又合乎对——作为独立的自然人和法人之关系的——法律关系的理解。这就导致在很长时间内团体或其他法人内部的法律争议似乎被合乎逻辑地排除在行政诉讼之外。但是，现实告诉我们，在各种团体内部，在他们的不同机关之间，甚至在一个集体负责制机关内部，也可能会发生法律纠纷。①

　　事实上，在我国这些行政机关之间的纠纷已经是屡见不鲜了。例如，据《中国青年报》2004 年 1 月 12 日报道，2003 年 12 月由云南省质量技术监督局牵头的，针对生产经营伪劣"丰田"汽车配件而组织的一场打假行动，却引出了该省质量技术监督局和出入境检验检疫局之间的职权纠纷，双方都主张有权管辖。② 又如上海市政府和商务部之间关于私家车牌照拍卖是否合法的争议。2004 年 5 月底，关于上海市政府拍卖私家车牌照是否合法的一桩"公案"备受瞩目。先是 2004 年 5 月 24 日晚 8 点，央视整点新闻报道说，商务部部长助理黄海在接受有关全国汽车市场专项整治的采访时称：上海市私车牌照拍卖虽不属于此次汽车专项整治的范围，但这种行为违反了 2004 年 5 月 1 日开始实施的《中华人民共和国道路交通安全法》有关条款。迄今为止，这几乎是上海拍牌制度受到的来自最高层面的、最为严厉的批评和警告。面对商务部的质疑，上海市政府则显示了其一贯的硬朗风格。在 2004 年 5 月 25 日上海市政府的例行新闻发布会上，市府发言人焦扬称，上海现行拍牌政策是用市场化手段配置短缺资源，体现了公开、公平、公正的原则，目前没有得到改变现行做法的说法。她同时解释说，上海坚决执行国

---

　　① 参见［德］弗里德赫尔穆·胡芬《行政诉讼法》，莫光华译，法律出版社 2003 年版，第 367 页。

　　② 宋华琳：《部门行政职权冲突要理顺》，《新京报》2004 年 1 月 13 日。

家《交通安全法》等有关法律法规，包括上海市人大通过的各种法规。但上海采取私车牌照拍卖是一种阶段性的做法，目的是为了控制机动车数量增长过快，缓解道路交通拥堵状况。①

政府部门间权限冲突的存在是由公共事务的多种属性以及事权划分标准的相对性所决定的，由于目前政府部门的分工过细，行政组织法制化程度不高，导致行政机关之间的权限冲突层出不穷。如果不依法建立完善的裁决机制，大量的权限纠纷存在并且得不到及时解决，就容易影响行政机关的执法能力和效率。

通常，纠纷解决机制可以包括行政解决机制和司法解决机制两种。从我国的立法来看，目前只规定了行政解决机制这一种方式。例如，《行政诉讼法》第53条规定，人民法院审查行政案件，参照国务院部、委根据法律和国务院的行政法规、规定、命令制定、发布的规章以及省、自治区、直辖市和省、自治区的人民政府所在地的市和经国务院批准的较大的市的人民政府根据法律、国务院的行政法规制定发布的规章，人民法院认为地方人民政府制定、发布的规章与国务院部、委制定、发布的规章不一致的，以及国务院部、委制定、发布的规章之间不一致的，由最高人民法院送请国务院作出解决或者裁决。

而从域外经验的考察来看，各国各地区除了在立法上理顺职权关系，在行政系统内部建立高效的协调和裁决机制之外，也通过利用司法途径来解决可能出现的行政机关之间就权限争议的生产僵持不下的局面。例如，2007年4月美国最高法院所裁决的马塞诸塞州等诉联邦环保局（Massachusetts, et al. v. Environmental Protection Agency）案就是一起很有说服力的例子。

案件的来龙去脉是这样的：2003年10月，环保组织联合马塞诸塞州等29个原告，向华盛顿特区联邦巡回上诉法院提出诉讼。2005年7月，华盛顿特区联邦巡回上诉法院的三人合议庭判原告败诉。2006年3月，原告向美国最高法院提出调卷审理请求。同年6月，美国最高法院决定接受申请，调卷审理该案。2007年4月2日，美国最高法院就此案作出判决。

该案原告包括马塞诸塞州等州，被告是美国联邦政府的环境保护署。美国是联邦制国家，法律上各州都是所谓的主权实体，政府作为法律上的单独实体，可以作为法院的一方。所以各州之间、州与联邦政府之间，因为某些纠纷而成为诉讼的原被告。

----

① 聂辉华：《车牌拍卖，上海叫板商务部的背后》，《环球》2004年第13期。

马塞诸塞州等的联邦环保局案中原告，以马塞诸塞为首的 13 个州、3 家市政府以及若干非政府组织携手，结成了广泛的统一战线。要求法院命令环保署恪尽职守，按照《清洁空气法》管理新汽车所排放的二氧化碳。另一方面，被告环保署也并非孤家寡人，10 个州的政府跳出来，站在环保署一边，反对原告中的兄弟州。被告还包括汽车行业的利益集团：汽车制造商联盟、全国汽车经销商协会、卡车制造商协会和发动机制造商协会。

这次诉讼旷日持久，长达八年之久。1999 年，美国几家环保组织联手，向环保署提出申请，要求环保署制定标准，限制汽车排放温室效应气体。拖到 2003 年，环保署驳回原告申请，理由是环保署制定标准无法律授权；其次即便有法律授权，环保署也不会制定相关标准，因为其政策是鼓励各方自愿克制。

美国最高法院最终判原告胜诉。消息传来，全世界的环保积极分子无不欢欣鼓舞，庆祝自己的盛大节日。汽车制造商等反对派也不得不承认，他们的事业受到了重大挫折。此案的判决也给了布什总统一记响亮的耳光。布什一向反对和干扰环保运动，反对国际环保文书《京都议定书》，授意环保署拒不制定有关尾气的排放标准。美国环保斗争取得了阶段性的胜利，虽然胜利来之不易。①

除了美国的这一生动的案例之外，我国近年也出现了首例"镇政府状告市政府"②的案例，引发了人们对于"机关诉讼"的热烈讨论。

这一案例的出现，其意义在于推翻了人们过去对行政诉讼就是"民告官"的简单印象，似乎为这一经典概括平添了一缕"异调之音"。而在这之外，所引发人们对于上下级行政机关发生争议如何通过司法解决，它对于整个民主法制化进程的影响如何的思考则是更为深远的话题。

二　域外机关诉讼的实践

迄今为止，我国的行政诉讼相关立法并没有为行政机关权限冲突的司法解决提供明确的法律依据，相应的，在司法实践中也鲜有这样的案例。

---

① Massachusetts, et al. v. Environmental Protection Agency，该案资料可参见 http：//supreme. lp. findlaw. com/supreme_ court/docket/2006/november/05-1120-massachusetts-v-environmental-protection-agency. html。

② 蒋红珍：《"机关诉讼"的真实与假象之争——评我国首例镇政府状告市政府案》，《浙江人大》2006 年第 10 期。

面对国内外共同存在的行政机关权限争议的现实，考察各国各地区在建立行政权限争议司法解决机制，探索行政权限争议多元化解决模式方面的成功经验，从而为我国的相关制度设计提供可行的建议，其意义是不言而喻的。

（一）美国

美国联邦和州两级政府之间的权力范围和行动结果的冲突依赖于联邦制结构之外的因素——司法体制的调节。政府间权力范围和关系的调整，主要不是通过成文宪法的修正，而是通过司法判例。美国宪法关于联邦权力的列举，本身就是高度概括和伸缩性的。美国的普通法法院特别是最高法院，通过个案判决的方式，发展了政府间关系的普通法。[1]

在法制发达国家，主要由普通法院来裁决联邦与联邦主体或地方的权限争议，如1810年美国联邦最高法院通过审理"弗莱彻诉佩克案"确立了联邦最高法院对州法是否违反联邦宪法的审查权；在美国，联邦最高法院审查的宪法案件中，有的涉及的就是州或地方与联邦权限争议的重大宪法斗争。[2] 根据美国许多州的宪法，如果州法与地方自治宪章对全州性问题发生冲突，则州法优先；而对于地方性问题，不得制定州法。如发生权限争议，由州最高法院管辖。[3]

（二）日本

《日本行政案件诉讼法》中对"机关诉讼"下了这样的定义——关于国家或公共团体的机关相互之间权限存在与否及有关权限行使纷争的诉讼。[4]

日本机关诉讼是指关于国家或者公共团体机关相互间就权限之存在或者其他权限行使争议的诉讼。行政体的机关争议原则上应当通过行政体内部机制解决，但是为了确保各个行政机关客观合法正确地行使行政职权，法律有

---

① 刘海波：《中央与地方政府间关系的司法调节》，《法学研究》2004年第5期。

② ［美］杰罗姆·巴伦和托马斯·迪恩斯：《美国宪法概论》，刘瑞祥等译，中国社会科学出版社1995年版，第12页。

③ 美国各州政府一般不设主管地方政府的部门，但设立有关地方事务的专门部门，通常有以下方式：（1）约有26个州已经设立了州一级的政府间关系咨询委员会（advisory commission on inter-governmental relations），讨论研究包括地方政府在内的有关问题；（2）设立与地方政府有更密切联系的专门行政机构，如所有的州政府都设立了涉及地方政府活动的社区关系部门，如地方政府部（肯塔基州）、经济与社区关系部（俄亥俄州）等。

④ 《日本行政案件诉讼法》第6条。

必要在立法政策上确认机关诉讼，①在具体范围上可以根据立法时的实际情况而定。例如日本《行政案件诉讼法》第5条和第42条规定机关诉讼限于法律有规定者。

日本现行法律承认的机关诉讼，主要有：

（1）《地方自治法》第146条规定的职务执行命令诉讼，纠纷是主务大臣（知事）和知事（市町村长）之间的纠纷。即知事（市町村长）的机关委任事务的管理执行违反法令、处分时，或者知事（市町村长）怠慢于其管理执行时，主务大臣（对市町村长时，是知事）命令其应进行的事项，在知事（市町村长）不服从该命令的情况下，主务大臣（知事）方面便提起诉讼，经过裁判程序，以确保该事务执行的制度。

（2）《地方自治法》第176条规定的地方议会和地方公共团体首长的纠纷。

（3）《地方税法》第8条规定的"关于课税权的归属的地方公共团体的首长之间的争议"。

（4）《建筑基准法》第17条第4款规定的"前项的场合中都府道县知事没有执行应该执行的指示的时候，国土交通大臣能亲自做同项的指示"。第5款的"都府道县知事和市町村长，除非有正当的理由否则必须遵从国土交通大臣以及都道府县知事的指示作出的前几项的规定"。

（三）德国

德国的学理和实务承认所谓的"机构之诉"。饶有趣味的是，德国机关之诉的承认有一个曲折的过程。在很长一段时间里，人们认为，国家行政机关系统内部，就像是一个人的整体一样，不可能存在外部的法律关系。因此，即使有所谓的"内部诉讼"（Insichprozeβ），也应当被禁止。如今这种观点已经得到修正：在不同机关之间，甚至在一个集体负责制机关内部，也可能发生法律纠纷，并且这些冲突大都具有公法性质，需要得到法院的澄清。德国《行政法院法》第4条第1项规定："凡属宪法性质的公法争议，均得为行政法院提起之。"因此，机关诉讼在德国的《行政法院法》上并没有明文规定，现行的一套机关权限争议完全是在行政诉讼的实践基础上发展

---

① ［日］室井力：《日本现代行政法》，吴微等译，中国政法大学出版社1995年版，第236页。

出来的。可以说，正是通过"法的续造"[1]，德国行政法院已经承认机构之诉，尤其在涉及组织法争议的时候。[2]

（四）法国

法国虽然没有机关诉讼的名称，但是实际上机关诉讼被包含在越权之诉中。按照法国行政法院的判例，一个行政机关在其利益受到其他行政机关的决定的侵害，而其本身不能撤销或改变这个决定时，可以向行政法院提起越权之诉，请求撤销这个违法的决定。这种情况可以发生在同一行政主体的内部机关之间，也可以发生在不同的行政主体之间。[3]

（五）西班牙

西班牙运用司法机制处理行政权限争议，主要是由行政纠纷法庭和宪法法院来完成的。根据《西班牙公共行政机关及共同的行政程序法》第 8 条的规定，如果部门会议达成的协议以及协作协议在解释和履行中发生争议，原则上应由行政纠纷法庭管辖。如果超出行政纠纷法庭的管辖范围，则应由宪法法院解决。而且国家与自治区或自治区之间的职权纠纷也应由宪法法院解决。[4]

（六）我国台湾地区

我国台湾地区的行政诉讼类型中也没有明文规定机关诉讼。2000 年 7 月 1 日，台湾地区新修订的《诉愿法》和《行政诉讼法》增加了行政诉讼的功能，强化了行政法院对行政机关的司法审查，还通过《行政诉讼法》第 2 条 "公法上之争议，除法律特别规定外，得依本法提起行政诉讼" 的规定，已经将所有可能的公法争议全部纳入到行政诉讼范围之中了。[5]

---

　　① 弥补法律漏洞的一种方式，区别于狭义的法律解释和法律修改。参见［德］卡尔·拉伦茨《法学方法论》，陈爱娥译，五南图书出版公司 1996 年版，第 277 页以下。

　　② 蒋红珍：《 "机关诉讼" 的真实与假象之争—— 评我国首例镇政府状告市政府案》，《浙江人大》2006 年第 10 期。

　　③ 王名扬：《法国行政法》，中国政法大学出版社 1988 年版，第 681 页。

　　④ 其依据是《西班牙宪法》第 153 条的规定。

　　⑤ 这一规定是根据 "无漏洞的权利救济" 的法理，仿照德国行政法院法第 40 条的规定 "人民对于宪法争议以外所有公法上之争议，得提起行政诉讼，但联邦法律有明文规定属于其他法院管辖者，不在此限。属于邦法领域之公法上争讼，邦法律得指定其他法院审理"。参见陈清秀《行政诉讼法》，植根法律事务所丛书 1999 年版，第 52 页。

（七）我国澳门地区

《澳门行政程序法典》第 42 条规定，行政机关之间的管辖权冲突，由依法有权限的法院解决。如果权限冲突涉及不同法人之机关，则依司法上诉，由行政法院解决之。

三　域外机关诉讼的法理分析

（一）机关诉讼的性质

机关诉讼的性质是一种客观诉讼。[①] 机关诉讼基本上是旨在确保行政机关或者公法人内部之间的行政运作符合法律规定的秩序的一种机制，所以这种诉讼属于"内部法律争讼"。机关诉讼常常是将具有政治争议的事件予以法律化，所以这种诉讼本质上具有客观确认法律秩序的功能。机关诉讼制度的建立，基本上是"法政策上的需要"。F. Werner 称这一制度是"自治法的守护者"。诉讼法理的基础乃是个案的纠纷，可以通过程序的进行获得"正义确信"和"利益衡量"，机关争讼往往涉及机关权限上的政治争议，将政治争议法律化，可以使类似的问题通过法律逻辑的论证，获得更明确的结论。而不是仅仅寻求政治的妥协，从而法律的持续性和法的安定性也可以得到维系。[②]

也正是由于机关诉讼不同于传统的行政诉讼，即区别于主观诉讼的类型，其诉讼的法理也不再是单纯依据"权利主体原则"而进行。权利主体原则，是指行政诉讼是为了解决权利主体之间的法律纠纷而设置。但是，机关诉讼的存在，则更多的是对权利主体原则的一种延伸，更确切地说，在机关诉讼中，诉讼主体不再以权利主体为限，同时也包括了"功能主体"。

（二）作为诉讼主体的"机关"

正是因为机关诉讼的主体不单纯局限于权利主体，所以，这里的"机关"的含义也有必要加以更进一步的讨论。在德国，机关诉讼制度上的机关，是指在组织上具有独立性的单位，其不受机关管领者更迭的影响，而被

---

① 于安：《行政诉讼的公益诉讼和客观诉讼问题》，《法学》2001 年第 5 期。
② 李惠宗：《德国地方自治法上机关争讼制度之研究》，翁岳生教授祝寿论文编辑委员会编：《当代公法新论（下）》，元照出版社 2002 年版，第 218—219 页。

赋予管辖权及资格，能以自我责任实现组织的功能，特别是能形成该组织的意志与完成其任务，并为该组织而存在的单位。[1]

所谓"功能特征"，是指任何机关都具有特定的管辖权，而该机关必须在这一管辖权限内，完成组织的目标与任务。一个组织可以有数个机关，各机关的管辖权各有分配，并共同合作而构成组织任务的总体。

所谓"制度特征"，根据机关的管领者的机构可以区分为首长制（unitary）和多元制（plural）两种。多元制机关是指某一组织由数个机关构成，具体又可分为独任制和合议制两种形式。在多元制机关中，另有机关部分需要加以区分，机关部分不能视为机关本身，但如果地方自治法规中有明文规定其获得授权以替代机关的地位的，则该机关部分就具有机关的地位。[2]

（三）机关诉讼的种类

机关诉讼基本上是对机关决定的合理性，而不是其正确性产生争议。一般来说，大陆法系的行政诉讼的种类包括：撤销之诉、课予义务之诉、一般给付之诉、确认之诉和续行确认之诉。由于机关诉讼往往是仅涉及内部的措施，这些措施不具有对外效力，故不属于行政处分，所以一般认为，不能对之提起撤销诉讼及课予义务诉讼。所以机关诉讼程序只有给付诉讼、不作为诉讼和确认诉讼可以进行。

不过，在德国法上，如果各邦的法律容许，也可以进行规范审查之诉。如果另外涉及内部组织上的规范制度行为，则可以考虑一项特别的形成诉讼，以废弃该违法的决定。

（四）机关诉讼的实体条件

以德国为例，行政法院受理的机关诉讼必须满足一定的实体条件：

（1）地方组织法争议，但不是《行政法院法》第 40 条意义上的宪法上的争议。

（2）要有参与能力，即具有当事人资格。德国《行政法院法》第 61 条对当事人能力作了这样的规定："有当事人能力者：一、自然人及法人；二、享有权利的团体；三、机关，但以邦法有明文规定者为限。"机关诉讼

---

① 李惠宗：《德国地方自治法上机关争讼制度之研究》，翁岳生教授祝寿论文编辑委员会编：《当代公法新论（下）》，元照出版社 2002 年版，第 220 页。

② 同上。

在原告当事人能力方面，直接或类适用该条第二款的规定。

（3）适当的诉讼请求：只能采取确认之诉、不作为之诉和给付之诉。

（4）诉权，即机关必须主张，所争议的措施可能侵犯了它的机关权力。机关诉讼通常需要原告主张其成员权利受到侵害。

（5）有法律保护的需要，即机关必须被指示，应通过行政司法途径获得法律保护，而且此外没有别的更为便捷的权利维护途径可供采用。以法律保护的需要作为一项实体条件是为了防止作为客观诉讼的机关诉讼不致被滥用。例如，在其他法律中规定各项建设计划需要获得邻近乡镇同意的，如果某建设计划未获同意，乡镇则可以对其提起机关诉讼。另外，上级机关将乡镇就其自治事项所谓的决定予以废止，也属于对乡镇权利的侵害。

（6）期限，如果机关所接受的决定已经很久而在一个太迟的时间内提出意见，诉讼权利就可能丧失。"法律不保护躺在权利上睡觉的人"，这一原则也同样属于作为公权利主体的"机关"。①

四 我国行政机关权限争议解决模式现状分析

（一）我国行政机关间权限冲突的特点

职权法定是行政机关实施管理必须遵循的基本原则。行政机关只能行使法律明确赋予的职权，否则就是超越职权或者滥用权力。各行政机关之间只有权力清晰、职责明确、协作配合、相互协调，才有可能实现有效管理。否则，将严重妨碍政府管理的正常进行。行政机关之间权限不清、职权交叉重叠是当前我国行政管理体制面临的突出问题。

当前，行政机关之间的权限冲突具有以下特点：

1. 主体多元化。行政机关之间的权限冲突既出现在中央国家行政机关之间，也发生在地方一级政府各有关部门之间，也可能在不同层级的地方政府之间发生，或在中央政府与地方政府之间发生。中央与地方政府之间责权不明确，机构职能雷同的问题也比较突出。该由中央管理的或者负责的未能到位，该由地方和基层负责的，中央或者地方上级又介入过多。例如，同一个违法行为，上至国务院的各部门下至行为发生地的基层执法

---

① ［德］弗里德费尔穆·胡芬：《行政诉讼法》，莫光华译，法律出版社 2003 年版，第 367 页。亦可参见李惠宗《德国地方自治法上机关争讼制度之研究》，翁岳生教授祝寿论文编辑委员会编：《当代公法新论（下）》，元照出版社 2002 年版，第 225—230 页。

机关都可以查处，造成上下执法机关之间或相互打架，或相互推诿，或画地为牢。

2. 涉及事项广泛化。政府行政管理特别是经济管理领域的诸多事项都可能出现行政权限争议。农产品、食品安全、农药、汽车产业、自然保护区、水资源管理、房地产市场、旅游、互联网、公路、文化市场、城市规划、金融等领域，都或多或少存在不同行政机关之间权限重复、权力交叉或者多头管理等情况。

3. 种类多样化。行政权限争议的类型有纵向争议与横向争议，前者是有隶属关系的行政机关之间的权限争议，后者是没有隶属关系的行政机关之间的权限争议（如同一层级不同地域征税机关之间的争议、征税机关与非征税机关之间的争议）。此外，行政权限争议还可分为积极争议与消极争议，前者是争议主体都主张有行政管辖权，后者是争议主体都不主张有行政管辖权。从权限冲突的原因来看，行政机关间的权限冲突可能由于法律规定不明确，或者相关部门对法律理解不一致，或者法律出台后出现新问题等多种情况而发生。从权限冲突的表现形式来看，长期以来，行政机关间的权限冲突局限于内部而未公之于众，但现在行政机关间的冲突日益公开化，甚至打起了媒体战。

4. 结果非理想化。行政机关间权限冲突的大量出现，直接导致以下后果：第一，影响行政机关整体效能的发挥。由于主管机关不明，权限不清，各相关部门互相推诿、相互扯皮，有些领域出现管理漏洞。第二，影响行政相对人的合法权益。对于某些领域的同一社会经济事务，多个行政机关都有权管，这既增加了行政成本，也可能由于行政相对人被重复执法，而加重相对人负担，甚至使得相对人无所适从，苦不堪言。第三，影响法治政府建设及和谐社会构建。行政机关间权限冲突与法治政府的目标是严重背离的，意味着行政系统内部的不和谐，这种不和谐不仅有损政府的形象和权威，而且由于具有放大效应而直接影响和谐社会的构建。

5. 权限争议法律化。行政机关间的权限争议的实质是各有关部门之间的利益之争。在职权法定的原则下，每个部门的权限划分都应该有法律依据。因此，行政机关间的权限冲突在形式上通常表现为法律之争、文件之争。为了扩张权力，将本部门权力法律化，在立法过程中，各有关部门"寸土必争"。有些法律迟迟不能出台，主要原因就是涉及管理权力的个别条款不能在有关政府部门之间达成一致。为了尽快平息各相关部门之间的权限纷争而使立法尽快出台，立法机关在立法条文中通常采取如此表述方式：

"某部门主管某领域的全国监督管理工作，国务院有关部门在各自的职责范围内负责有关的监督管理工作"。法律是出台了，但"有关部门""负责有关工作"等模糊表述，不仅未从根本上解决权限争议，而且可能导致实践中政府部门权限冲突的"合法化"。此时的法律不仅不能解决矛盾，反而可能制造矛盾。

6. 原因复杂化。一是体制方面的原因。如行政管理体制改革滞后，中央与地方关系、党政关系未能理顺等。二是法制不健全的原因。行政机关间的权限划分未能在法律上得以明确，行政机关间的权限争议缺少制度化、程序化解决机制。三是转轨的现实原因。由于经济政治体制改革处于攻坚阶段、社会处于转型期的特殊性，在存在诸多不确定性因素的情况下，要科学有效配置行政机关权限以适应经济社会发展要求，还有相当大的难度。四是经济社会事务的复杂性和关联性。即使体制改革到位、法制健全，但由于经济社会生活的复杂性，在有些领域，行政机关之间的权限存在交叉重叠有其客观必然性。为了实现行政系统内部权力运作的和谐，必须针对导致行政权限冲突的各种原因，采取相应的解决措施。①

（二）我国行政机关间权限冲突的现行解决途径

我国关于行政权限冲突解决的立法很不完善，只是在少数几部法律中一般性地涉及。在我国现行立法中，涉及行政机关之间权限争议解决方法的规定主要有：（1）《宪法》第89条规定，国务院行使下列职权：……（十三）改变或者撤销各部、各委员会发布的不适当的命令、指令或者规章；（十四）改变或者撤销地方各级国家行政机关的不适当的决定和命令……（2）《宪法》第108条规定，县级以上的地方各级人民政府领导所属各工作部门和下级人民政府的工作，有权改变或者撤销所属各工作部门和下级人民政府的不适当的决定。（3）《立法法》第86条第1款第3项规定，部门规章之间、部门规章与地方规章之间对同一事项的规定不一致时，由国务院裁决。（4）《行政诉讼法》第53条规定，人民法院审查行政案件，参照国务院部、委根据法律和国务院的行政法规、规定、命令制定、发布的规章以及省、自治区、直辖市和省、自治区的人民政府所在地的市和经国务院批准的较大的市的人民政府根据法律、国务院的行政法规制定发布的规章，人民法

---

① 参见张忠军《行政机关间的权限冲突及其解决途径》，http://theory.people.com.cn/GB/49150/49152/5536094.html。

院认为地方人民政府制定、发布的规章与国务院部、委制定、发布的规章不一致的，以及国务院部、委制定、发布的规章之间不一致的，由最高人民法院送请国务院作出解决或者裁决。（5）《行政处罚法》第21条规定，对管辖权发生争议的，提请共同的上一级行政机关指定管辖。

综合上述相关法律的规定，我国处理行政机关权限冲突主要是通过上级机关裁决的方式加以解决，具体规则可以归纳为：一是对有共同管辖的，以最先受理的行政机关管辖。二是不能确定受理先后或是有其他争议的，由争议的行政机关之间协商解决。三是不能协商解决或是有统一管辖的必要时，由共同的上级机关指定管辖；没有共同的上级机关时，由各该上级机关协商决定。四是在不能通过上述方法确定管辖权或发生紧急情况时，应由有实施行政处理必要性即公务原因发生地的行政机关管辖，它应当立即采取措施，并及时通知其他负责的行政机关。

我国立法关于行政机关权限争议解决方式的规定尽管有其深刻的社会历史根源，但与前述相关国家和地区的实践相比，其缺陷显而易见：

第一，操作性不强。在解决行政机关权限冲突的规范中，不论是解决行政机关纵向的权限争议还是横向的权限争议，相关的法律均缺少对于启动程序的规定，即对哪些主体依照什么样的程序可以提请什么机关来解决行政机关之间的权限冲突，没有作出明确的规定。

第二，调整范围不全。我国现行立法上的这种制度设计并不能为实践中发生的行政机关之间权限争议提供全面的救济。因为在行政机关横向的权限冲突中，能够提请省级人民政府或国务院裁决的这类争议，只能是人民法院，即人民法院在对具体行政行为进行合法性审查的时候提出来，而作为权限争议当事人的行政机关并不能主动提请诉讼。这就是说，如果行政机关的权限争议与行政诉讼的受案范围无关，或者这种争议虽在行政诉讼受案范围之内，但公民、法人或者其他组织并没有诉诸司法救济，则这样的权限冲突不能通过上述途径获得解决。

第三，效率不高。例如，在相关行政案件中，法院要不要将这样的争议上报、何时上报，均具有很大的随意性，省级人民政府或国务院在多长的时间内应当作出裁决，法院并无规定，这就导致了实践中行政机关之间的纠纷根本不可能得到及时解决，从而极大影响了行政效率，同时使得某些时候它们的关系处于不确定状态，损害了公共利益。

五　我国引入机关诉讼的必要性与可能性

（一）我国引入机关诉讼的必要性

首先，我国的现行法律法规不可能完全对各个行政部门的管理权限规定穷尽。即使能够在立法上穷尽各个行政部门的职权，但在具体执法过程中，还会因为执法者理解上的偏差而使得一个机关可能会行使属于另一个机关的行政职权。加上当代国家日益具有恩斯特·荣格所谓的"总体国家"的性质，致使广泛的行政权造就了广泛的权力冲突，这一背景为机关诉讼在我国的应用提供了充分的可能性。①

其次，机关诉讼的存在与行政组织法的不完善密切相关，正是由于行政组织法没有，客观上也不可能对各种行政机关的职责权限作出事无巨细的规定，才催生了机关诉讼这一制度。因此，在当下中国建立机关诉讼，有助于及时发现和纠正行政组织运行中的各种问题，促进行政组织法的发展和完善，推动社会主义法治政府的建立。

最后，人民法院在行政诉讼过程中无法完全回避行政机关之间的权限争议。有时行政机关之间的权限争议往往成为解决其他类型的行政案件的前提性问题，如在取水许可引起的行政处罚诉讼中，原告认为被告国土资源部门以未经批准擅自取水对他进行处罚是超越职权的行为，理由是他已经在水利部门领取了取水许可证。被告国土资源部门则认为，颁发取水许可证是其职责所在，原告应当到国土资源部门申请领取。这一案件实际上就涉及水利部门和国土资源部门之间的权限争议问题。从我国相关立法来看，法院尽管不能受理这类权限争议问题，但是对于原告所提出的行政处罚争议，则是完全符合行政诉讼法有关行政诉讼受案范围的规定的。因此，我们可以发现，在这类案件中，法院解决行政处罚争议的过程中，也需要附带解决行政机关之间的权限争议。②

（二）我国引入机关诉讼制度的可能性

我国引入机关诉讼制度可能性的理由，首先是该制度可能发挥其以下积

---

① 于博：《略论中国行政机关权属争端的解决进路——以行政诉讼为主轴的多元主义视角》，《广西政法管理干部学院学报》2007 年第 4 期。

② 王太高：《论机关诉讼——完善我国行政组织法的一个思路》，《河北法学》2005 年第 9 期。

极作用：

（1）体现了司法最终原则。机关诉讼符合司法最终解决纠纷的法治原则要求，实质上是在行政权日益膨胀的治理压力下为维持公权平衡的秩序而进行的职能网络框架的微调。在功能上，机关诉讼可以阻却因机关争议而造成的相对人权利的不稳定状态及因此而受到的直接或间接的损害，属于一种符合行政诉讼法目的的路径。①

（2）可以提高行政效率。机关诉讼可以增加部门保护主义的成本与风险，强化机关寻求争端解决的利益驱动和制度驱动，维护公法秩序，提高行政效率。近年来，中央和地方各级政府为了促进政府部门之间的协调，设立了众多议事协调机构和临时机构。② 这些机构的设立，其根本原因在于政府机构职能划分不尽合理，存在职能交叉和互相扯皮的情形。但是，设置议事协调机构往往治标不治本，并不能实现部门间协调的功能。众多议事协调机构一年开不了几次会，部门之间扯皮现象依旧。当然，即便是在十七大提出推行大部门体制③之后，部门之间的协调问题只能是相对减少而不可能完全消失。出现部门之间管辖权的冲突时，通过司法途径及时划定界限，实现定纷止争的目的仍然有其突出的优势。

（3）体现了判例法的精细化优点。司法方式调整政府间的权力范围，除了避免政府单位之间的直接对抗的一切不利之外，较之制定详尽和精确的宪法还是更正确地划分权限的方式。即使将关注局限于一部成文宪法所要解决的问题，那么也要考虑：不要假定制宪会议可以完成不可能完成的任务。正如麦迪逊所说："标出全国政府和州政府的权力的适当界限，必然是一项同样艰巨的任务。每个人会根据他习惯于仔细考察和辨别性质广泛而复杂的事物的程度来体会这种困难。"④ 关于两级政府间的权力界限划在哪里，根据一位学者对《联邦党人文集》的解读，从《联邦党人文集》作者在不同的地方所说的话可以知道：回答是清楚的，划出任何坚硬稳固的界限是完全

---

① See Judicial Resolution of Inter-Agency Legal Disputes, *The Yale Law Journal* 89（1980），pp. 1595—1622；Judicial Resolution of Administrative Disputes between Federal Agencies, *Harvard Law Review* 62（1949），p. 1052.

② 例如，在国务院这一层级，议事协调机构和临时机构，据统计目前总数已经达到了三十多家，承担跨部门的重要业务工作的组织协调任务以及临时突发性事务。而且这一做法正面临着上行下效，在全国蔓延的趋势。

③ 党的十七大报告中提出："要加大机构整合力度，探索实行职能有机统一的大部门体制，健全部门间协调配合机制。"

④ ［法］托克维尔：《论美国的民主》，董果良译，商务印书馆1988年版，第181页。

不值得讨论的，是完全不可能的。必须寻找的是程序性的解决办法，不是界限问题，而是划界的办法。① 我们是要在混杂的领域里做到精细，但我们如果想直接获得这种精细，却可能得到非常武断和粗糙的结果。在立法和行政经验中所揭示的问题是，你越试图去详细说明，你会发现你实际上顾及得越少。司法过程的性质还保证地方政府合理的权限不容易受到侵犯，相对于中央政府，法院是超然的第三者，而且，判例法容易根据事物的性质而作细致的分类，不会像中央集中立法那样搞一刀切。②

其次，从我国的立法和司法实践来看，引入机关诉讼作为有效裁决机关权限争议也是一项现实的选择。根据我国的《行政诉讼法》规定，法人可以作为行政诉讼的原告，而这里的原告同样包括行政机关法人，而且我国的行政诉讼法学主流观点已经认为可以将行政机关纳入行政诉讼的原告，那么当机关之间发生权限争议，而这种争议又常常可以左右行政相对人的利益乃至公共利益时，将此类争议纳入司法审查的领域，在理论上并不显得唐突。同时，《行政诉讼法》第 11 条和第 12 条对行政诉讼受案范围的规定中也没有将机关权限争议之诉排除在外。

综合上述分析来看，引入机关诉讼对于我国现行的行政诉讼体制的冲击不大，制度变迁的成本较小，不需要对法律规范和法院系统大动干戈，仅仅需要法院能动的判决、司法解释的及时确认和在此基础上的适时适度修法即可实现目的。

六　我国机关诉讼制度构建的设想

我国如果要把建立机关诉讼制度作为行政机关权限冲突的一种解决方式，首先需要在立法上加以明确。机关诉讼的提起必须以法律明确规定为前提。基于行政权或司法权分离及彼此制衡的考虑，并非任何行政机关之间的争议都可以进入司法审查的范围。因此，在任何情况下行政机关之间的权限争议都要交由法院审查裁决，只能由法律明确规定。考虑到我国的行政权运作的具体情况和审批机关的地位和实际能力，我们认为在进行相关立法时应当考虑：（1）不由行政诉讼法作一般规定，而是在相关单行的法律法规中

---

① George W. Carey, *The Federalists*: *Design for a Constitutional Republic*, University of Illinois Press, 1989, p. 109.

② 刘海波：《中央与地方政府间关系的司法调节》，《法学研究》2004 年第 5 期。

加以规定。这样既可以绕开我国行政诉讼受案范围立法模式的纷争和困扰，同时也有助于司法实践中排除行政权的干预。（2）按照稳步推进的原则，当前我国机关诉讼的范围不宜过宽，立法宜规定行政执法过程中涉及行政机关的事务管辖权或地域管辖权适用机关诉讼。（3）尊重当事人的选择权，即由当事人选择是采取机关诉讼的方式还是原有的上级机关裁决的方式来解决权限冲突的问题。

　　在立法中可以对机关诉讼的审理规则进行细致的规定。例如以下几个方面的问题是需要认真加以考虑的。

1. 起诉与受理

　　权限争议根据其形态可以区分为积极争议和消极争议。所谓积极的权限争议，是指不同的行政机关之间争相行使对同一事项的行政职权，实践中不同行政机关出于对各种利益的追求，往往会出现争相行使行政权力的局面。而所谓消极的权限争议，是指行政机关出于各种动机如因经济上无利可图或者出于避让权势等而同时拒绝对某一事项行使管辖权。对于积极的权限争议，应当允许争议任何一方直接向法院提起机关诉讼。

　　对于消极的权限争议，除相关的行政机关可以提起诉讼外，还应当赋予利害关系人以诉权。只要起诉人的起诉有明确的法律依据，法院就应当受理。行政相对人认为行政机关超越管辖权对其实施行政行为的，或者向行政机关提出请求要求其履行义务而行政机关以不属于管辖范围予以拒绝的或告知其向其他机关申请的，行政相对人可以向人民法院提起行政诉讼，请求撤销超越权限的行政行为或责令其履行法定义务。在这样的诉讼中，人民法院首先要判断的是被告是否对被诉行为具有管辖权。在审理中，人民法院可以通知相关行政机关作为第三人参加诉讼，最后可以作出确认判决，确认主管机关。当管辖权出现争议时，人民法院应当提请发生管辖权争议的共同上级行政机关进行行政裁决。[①]

2. 审理

　　只要机关诉讼解决的行政机关之间的权限争议并不涉及行政机关执法的事实根据等问题，便不存在完整意义上的举证责任的问题，所以机关诉讼原则上可以采取书面审理的方式，即由人民法院依据组织法的相关规定进行书面审查时，可以依职权直接启动相应的机关诉讼程序，即不同的行政机关之

---

　　① 金国坤：《行政机关间的权限冲突解决机制研究》，http：//law. china. cn/thesis/txt/2006-08/02/content_ 149863. html。

间是否存在的权限争议，因为此问题能否得到及时的解决直接关系该具体行政行为争议的裁决。

3. 判决

从理想角度来看，各行政机关的权限应当互不交叉，各行政机关的权限之和等于整个行政权。因此，相关的权限争议一旦诉至法院，相应的行政职权就应当有一个明确的归属。这就是说，法院必须依据行政组织法的规定或者基本精神，对争议权限的归属作出明确的判决。[①]

---

① 参见王太高《论机关诉讼——完善我国行政组织法的一个思路》，《河北法学》2005 年第 9 期。

第三章 对行政诉讼案件起诉条件的审查——长江广场发展（武汉）有限公司诉武汉市汉阳区房产管理局纠纷案

一 案件的基本情况

1993 年 4 月 10 日，振华置业（武汉）有限公司（以下称"振华武汉公司"）与武汉市土地管理局签订了 WP-93-037 号国有土地使用权批租合同。同年 4 月 30 日武汉市土地管理局向振华武汉公司下发了 WP 国用（93 临）字第 039 号国有土地使用证，确定该土地坐落于武汉市汉阳区月湖新街，土地用途为商贸住宅，地号为 WP-93-037，总面积为 18994.00m²，并且特别注明未经武汉市土地管理局批准，其国有土地使用权不得转让、出租、抵押。振华武汉公司取得该土地后进行了第一期独家开发。

1994 年 5 月 10 日，中国农业银行武汉分行信贷部与振华武汉公司签订了《抵押担保借款合同》。在该合同中双方同意，振华武汉公司以 WP 国用（93 临）字第 039 号土地使用权证确认的土地使用权作为抵押，向中国农业银行武汉分行信贷部借款 2000 万元人民币。

1994 年 5 月 16 日，武汉市汉阳区房产管理局（以下称"汉阳区房产管理局"）根据中国农业银行武汉分行信贷部和振华武汉公司的申请，经过初审和复审后办理了相关的抵押登记手续，签发了阳抵字第 05-94014 号《房屋他项权证》，担保金额为 1300 万元人民币。担保金额是 1300 万元而不是 2000 万元的原因是，振华武汉公司同意将 2000 万元总额中的 700 万存入农业银行。所以，阳抵字第 05-94014 号《房屋他项权证》的担保金额为 1300 万元人民币。

1996 年 2 月 14 日，由于振华武汉公司将存入农业银行的 700 万元存款支取并已经使用，所以，汉阳区房产管理局根据受抵押人和抵押权人的申请，收回阳抵字第 05-94014 号《房屋他项权证》，将抵押金额增加到 2000 万元人民币，并签发阳抵字第 05-940014 号《房屋他项权证》。

1995 年 8 月 2 日，振华投资（新加坡）私人有限公司（以下简称"振华新家坡公司")独资设立长江广场发展(武汉)有限公司(以下称"长广武汉公司"),该公司注册资金为 2400 万美元。

1996 年 8 月 28 日,振华武汉公司、长广武汉公司、振华新加坡公司三方签订《土地使用权转让合同》,长广武汉公司有偿取得了振华武汉公司以 WP 国用(93 临)字第 039 号土地使用权证确认的位于汉阳月湖新街的土地的使用权。

1996 年 10 月 16 日,长广武汉公司取得武汉市土地管理局签发的盖有武汉市人民政府土地管理发证专用章的 WP 国用(93)字第 039-1 号国有土地使用权证。

2001 年 11 月,接收从中国农业银行武汉分行分离出来的贷给振华武汉公司的 2000 万贷款债权的中国长城资产管理公司武汉办事处(以下称"长城武汉办事处"),因振华武汉公司逾期未还贷款向湖北高级人民法院提起民事诉讼,振华武汉公司和长广武汉公司为共同被告。长城武汉办事处要求请求判令振华武汉公司偿还贷款本息并拍卖位于月湖新区的抵押登记的土地上的长广武汉公司的房产清偿债务。

2002 年 1 月 16 日,长城武汉办事处诉振华武汉公司的民事案件开庭。

2002 年 7 月 20 日,湖北高级人民法院对长城武汉办事处诉讼振华武汉公司案作出判决,认为振华武汉公司转让土地使用权的行为无效,长城武汉办事处可以行使抵押权,并判决以阳抵字第 05-940014 号《房屋他项权证》所作抵押登记的月湖新区土地使用权偿还抵押贷款。

2002 年 7 月 29 日,长广武汉公司认为汉阳区房产管理局 1996 年 2 月 14 日发出的记载了 WP 国用(93)字第 039 号国有使用权抵押内容的阳抵字第 05-940014 号《房屋他项权证》,侵犯了长广武汉公司取得的由 WP 国用(93)字第 039-1 号国有土地使用权证确认的土地使用权,向武汉市中级人民法院提起行政诉讼,请求法院确认汉阳区房产管理局对 WP 国用(93 临)字 039 号土地使用权证所作的阳抵字第 05-940014 号抵押登记行为无效。

2003 年 4 月 21 日,湖北省武汉市中级人民法院作出裁定,认为原告起诉超过法定起诉期限,而且没有经过行政复议,缺乏必经程序,驳回起诉。

2003 年 12 月 10 日,湖北高级人民法院裁定,驳回上诉,维持原裁定。

在一审中,长广武汉公司提出如下观点:(1)汉阳区房地管理局无权办理土地使用权抵押登记。理由是,根据《中华人民共和国担保法》第 42 条第 1 款的规定,以无地上定着物的土地使用权抵押的登记部门,为核发土地使用权证书的土地管理部门。在本案中原告持有的土地使用权证的发证机关是武汉市土地管理局，因此，本案所涉及的土地使用权的抵押登记部门应当是武汉市土地管理局。（2）长广武汉公司在受让 WP 国用（93 临）字第039 号土地使用权证确认的位于汉阳月湖新街的土地的使用权时，并不知道该土地使用权已被抵押。在受让该土地使用权前原告委托律师进行过调查，未发现有抵押登记的情况。（3）汉阳区房产管理局签发的房屋他项权证只能针对房屋，而本案中的房屋他项权证却是针对土地。本案所涉土地上并无房屋，抵押登记中也未注明抵押物为房屋。（4）被告没有收回阳抵字第 05-94014 号《房屋他项权证》，并且也没有在他项权证上注明"已办抵押"。

被告在答辩中认为：（1）汉阳区房产管理局对 WP 国用（93 临）字第039 号土地使用权证所做的抵押登记符合法定职权，且程序合法，手续齐全，是合法有效的行政行为。（2）长广武汉公司不具备原告的资格。本案争议的土地使用权抵押登记行为的相对人是抵押权人中国农业银行武汉市分行和抵押人振华武汉公司。原告与该抵押登记行为没有直接联系。（3）本案争议的土地使用权抵押登记行为完成于 1996 年，长广武汉公司完全应当知道这一行为的全部过程和后果。但是长广武汉公司在该抵押登记行为作出后 6 年才向人民法院提出异议，超出了行政诉讼法规定的起诉期限。

第三人振华武汉公司述称：（1）1993 年振华武汉公司取得（93 临）字第 039 号国有土地使用权证，并于 1994 年 5 月 16 日办理了土地使用权抵押登记手续，汉阳区房产管理局签发阳抵字第 05-94014 号《房屋他项权证》；（2）振华公司从未见过 1996 年 2 月 14 日汉阳房地产管理局签发的土地他项权证，对此证的来源有异议，请求法院判令 1996 年的抵押登记无效。

第三人长城武汉办事提出答辩意见：

（1）原告认为汉阳房地产管理局对 WP 国用（93 临）字 039 号土地使用权所作的抵押登记侵犯了其已经取得的土地使用权，请求确认汉阳区房产管理局的抵押登记行为无效，所以，本案是涉及土地使用权的行政争议。依照《中华人民共和国行政复议法》第 30 条第 1 款："公民、法人或者其他组织认为行政机关的具体行政行为侵犯其已经依法取得的土地、矿藏、水流、森林、山岭、草原、荒地、滩涂、海域等自然资源的所有权或者使用权的，应当先申请行政复议；对行政复议决定不服的，可以依法向人民法院提起行政诉讼"的规定，长广武汉公司应先提起行政复议。长广武汉公司未经过行政复议直接提起行政诉讼，违反法律规定，应当依法驳回起诉。

（2）原告长广武汉公司将 1996 年 2 月 14 日武汉市汉阳区房产管理局所

做抵押登记的行为作为一个新的、独立的具体行政行为提起诉讼，不符合事实和法律规定，应依法驳回诉讼请求。1996 年 2 月 14 日的抵押登记是 1994 年的抵押登记确立的抵押借贷法律关系的延续。

（3）原告起诉超过法定期限，应依法驳回。1994 年 5 月至今，杨帆一直担任振华武汉公司的法定代表人。1995 年 6 月 10 日至 2000 年 12 月 27 日杨帆担任长广武汉公司的唯一的投资开办方——振华新加坡公司的董事长、法定代表人；1995 年 8 月 2 日至 2000 年 12 月 27 日，杨帆一直担任长广武汉公司副董事长，董事局首席代表人，行使董事会主席职权。因此，原告应当知道 1994 年 5 月 6 日汉阳房产管理局签发阳抵字第 05-94014 号《房屋他项权证》的抵押登记行为和 1996 年 2 月 14 日换发 05-940014 号《房屋他项权证》的抵押登记行为的全部过程及后果。因此，原告在 2002 年 7 月 29 日提出本案诉讼时，已经超过了行政诉讼法规定的 3 个月的起诉期限。

（4）原告不具备原告资格。被告 1994 年 5 月 6 日作出抵押登记行为和 1996 年换发抵押登记证书时，原告尚未取得被抵押的土地使用权。签发抵押登记证书的行政行为不可能侵犯尚未存在的权利。被告的抵押登记行为的相对人是中国农业银行武汉分行和振华武汉公司而不是长广武汉公司。因此，长广武汉公司不具备原告资格。

（5）原告提起的诉讼受到人民法院生效裁定书的羁束，应当依法驳回起诉。2001 年 11 月，在长城资产管理公司诉振华武汉公司的民事诉讼案件中，长城武汉公司依据阳抵字第 05-940014 号《房屋他项权证》设定的抵押权申请湖北高级人民法院对已经登记在原告名下的月湖新区的土地使用权进行查封。湖北高级人民法院已下达（2001）鄂立民初字第 6 号《民事裁定书》，发出《协助执行通知书》，依法查封了原告名下的月湖新区的土地使用权。该《民事裁定书》已经送达原告，已经发生法律效力。原告对该裁定不服，申请复议，湖北高级人民法院复议后，以鄂立复字第 2 号《复议通知书》，驳回复议申请，裁定维持原裁定。根据《若干解释》第 44 条第 1 条第 10 项规定"诉讼标的为生效判决的效力所羁束的"不符合受理条件。

（6）被告的行政行为合法。被告根据抵押人和抵押权人的申请，根据 1992 年的《武汉市城镇国有土地使用权出让和转让实施办法》和 1992 年的《武汉市房地产抵押管理办法》，武汉市房产管理局有权办理城市规划范围内出让后的土地使用权抵押登记。

（7）第三人振华武汉公司以 WP（93 临）字第 039 号国有土地使用证上记注"1994.6.10 注销"为由，认为长城公司对月湖新街土地使用权的抵押已于 1994 年 6 月 10 日注销是不符合事实的。汉阳区房产管理局于 1994 年 5 月 16 日签发的阳抵字第 05-94014 号《房屋他项权证》一直在抵押权人手中，在 1996 年换发阳抵字第 05-940014 号《房屋他项权证》时，才将原证交回。被告提供的阳抵字第 05-94014《房屋他项权证》上由被告盖"注销"章，并注明"续办注销"和"续办期 96.12.31 止"。而第三人提出的 WP（93 临）字第 039 号国有土地使用证上的"注销"二字后面的内容和对象不明确，不能证明注销的是对月湖新街土地使用权的抵押权。抵押权证是确认抵押权的唯一合法凭证，《土地使用权证》是确认土地使用权的凭证，其代表的是土地使用权而不是抵押权，只要抵押权证不被注销，无论土地使用权证上作任何记载，均不表示抵押权的消灭。

武汉中级人民法院，经过审理于 2003 年 4 月 21 日作出裁定。（1）原告长广武汉公司的起诉不符合行政诉讼的受理条件，起诉超过了法定起诉期限。长广武汉公司属于振华新加坡公司的子公司，开办长广武汉公司时，振华新加坡公司董事会决定振华新加坡公司董事长杨帆担任长广武汉公司董事会主席代表人。汉阳区房产管理局签发土地抵押登记《房屋他项权证》的行为是依振华武汉公司和中国农业银行武汉分行的申请作出的。作为振华武汉公司法定代表人，杨帆在申请土地使用权抵押文件上的签名和印章，表明杨帆应当知道振华武汉公司出让所涉土地使用权已经被抵押的事实。上述事实足以证明，长广武汉公司从 1995 年 8 月 2 日成立之日起就知道本案所涉及的汉阳区房产管理局办理相关土地使用权抵押登记的具体行政行为。根据当时有效的《最高人民法院关于贯彻执行〈中华人民共和国行政诉讼法〉若干问题的意见》（以下称"《贯彻意见》"）规定，"行政机关作出具体行政行为时，未告知当事人诉权或者起诉期限，致使当事人逾期向人民法院起诉的，其起诉期限从当事人实际知道诉权或者起诉期限时计算，但逾期的期间最长不得超过 1 年"。从 1995 年 8 月 2 日到长广武汉公司于 2001 年 7 月 29 日提出行政诉讼时间长达 7 年，有效起诉期限在《最高人民法院关于执行〈中华人民共和国行政诉讼法〉若干问题的解释》（以下称"《若干解释》"）实施之前已届满。根据最高人民法院于 2000 年 4 月 19 日对江苏省高级人民法院作出法行（2000）7 号《最高人民法院对如何理解最高人民法院关于执行〈中华人民共和国行政诉讼法〉若干问题的解释第 41 条第 1 款规定的请示的答复》，"对发生在《最高人民法院关于执行〈中华人民共和国行政诉讼法〉若干问题的解释》实施之日即 2000 年 3 月 10 日之前已经届满的事项，其在起诉期限届满之后提起行政诉讼的，人民法院应决定不予受理。"（2）原告认为抵押登记行为侵犯其已经依法取得的土地使用权，因此，应当依据《行政复议法》第30条第1款规定先申请行政复议。经过法院审判委员会讨论决定，依照《若干解释》第44条第1款第（6）项、第（7）项的规定，起诉超过法定期限且无正当理由，法律、法规规定行政复议为提起诉讼必经程序而未申请复议，裁定驳回原告起诉。

长广武汉公司对武汉中级人民法院对本案的裁决不服，于2003年5月23日向湖北省高级人民法院提出上诉，请求撤销一审裁定。

理由为：

（1）原审法院认定事实错误。振华新加坡公司是由新加坡政府控股的利高新汉私人有限公司投资60%，杨帆任董事长的振华集团控股私人有限公司投资40%设立的。该公司没有董事长一职，只有董事会，董事会的主席随时变化，没有法定代表人，杨帆只任该公司董事。设立长广武汉公司时需要办理工商登记，必须提交公司章程，其中振华新加坡公司法定代表人一栏由于两国的公司制度不同，无法填报。后来为了完成工商登记，且认为这并不是原则问题，就在法定代表人一栏填上了"杨帆"、"董事长"。实际上杨帆从未当过振华新加坡公司的董事长。原审认定"杨帆任长广武汉公司董事会主席代表"错误。实际上杨帆是长广武汉公司的副董事长，所谓董事会主席代表人是对英文的翻译错误。因为杨帆并不是振华新加坡公司的董事长，所以即使杨帆所代表的振华武汉公司以及振华集团控股私人有限公司知道这两次土地使用权抵押的事实，也不能证明长广武汉公司和振华新加坡公司知道这两次土地使用权抵押的事实，不能推定原审原告知悉所涉抵押行为，导致原告起诉超过了起诉期限。

（2）原审法院在起诉法律期限上适用法律错误。上诉人认为本案的诉讼时效应当适用最高人民法院《若干解释》第42条规定："公民、法人或者其他组织不知道行政机关作出的具体行政行为内容的，其起诉期限从知道或者应当知道该具体行政行为内容之日起算。对涉及不动产的具体行政行为从作出之日起超过20年、其他具体行政行为从作出之日起超过5年提起诉讼的，人民法院不予受理"。在本案中，原告并不知道所涉及的两次土地使用权抵押登记的行政行为的内容，应当适用起诉期限从作出具体行政行为起不超过20年的规定，因此，在一审中，原告起诉没有超过法定期限。

（3）原审裁定本案未经行政复议，缺乏必经程序是适用法律错误。

被上诉人汉阳区房地产管理局答辩称：（1）一审法院认定事实清楚，上诉人改变知道被诉行政行为时间的目的是要规避法律；（2）一审裁定适用《行政复议法》第30条第1款驳回起诉正确；（3）长广武汉公司不是抵押权人，也不是抵押人，不具备本案的原告资格。

被上诉人长城公司武汉办事处在答辩中支持一审法院裁决，未提出新的理由。

原审第三人振华武汉公司未提交书面答辩意见。

二审法院湖北高级人民法院经过审理认为：（1）振华武汉公司、振华新加坡公司及长广武汉公司于1996年8月28日签订《土地使用权转让合同》时，振华武汉公司明知该合同约定转让的土地使用权已于2004年5月设定抵押担保，并明知因抵押取得的贷款尚未还清，该抵押担保形成的抵押关系继续存在。振华武汉公司的董事长杨帆同时任长广武汉公司的董事局主席代表，同时在三家企业中均担任重要职务。所以，长广武汉公司提出"不知道1996年抵押"和"不能证明长广武汉公司以及振华新加坡公司知道两次抵押"的上诉理由不能成立。一审法院根据抵押登记行为发生时有效司法解释中有关"起诉期限最长不得超过一年"的规定，裁定驳回起诉正确。（2）因长广武汉公司自始至终知道汉阳区房产管理局的两次土地使用权抵押登记行为，本案不适用《若干解释》中关于"不知道具体行政行为内容的"涉及不动产的具体行政行为起诉期限从作出具体行政行为起20年的规定。（3）一审法院认为本案适用行政复议前置的程序的观点不当，应予纠正。二审法院于2003年12月10作出裁定驳回上诉，维持原裁定。

二　法律分析

从上面的介绍可以看出，本案原告的诉讼请求是确认汉阳区房产管理局对WP国用（93临）字039号土地使用权证所作出的抵押登记无效。但是本案在一审和二审的过程中法院并没有对引起争议的具体行政行为的合法性进行审查，而是审查的程序问题，即起诉是否符合行政诉讼案件的起诉条件。一审法院和二审法院都认为起诉超过了法定期限，不符合法定的起诉条件，而裁定驳回起诉。

司法保护是权利救济最后的手段，这是现代法治的基本原则之一。之所以司法能够获得这样特殊的地位，就是因为司法是具有严格的程序限制的裁判过程。程序是诉讼制度的核心。一个完整的行政诉讼程序应当经过"起诉与受理——审理与裁决——裁决的执行"三个主要的阶段。而起诉与受理是行政诉讼程序的开始阶段，它决定了一个行政争议能否进入实质性的裁判程序，使实体权利得到司法的救济。因此，在司法审判实践中对行政诉讼的起诉条件的理解和掌握直接影响到公民、法人和其他组织能否获得司法正义的权利。这也是我们在此研究这个案例的意义所在。

在行政诉讼中，起诉是公民、法人或者其他组织认为行政机关的具体行政行为侵犯了其合法权益，依法请求人民法院审查具体行政行为的合法性并提供司法救济的诉讼行为。人民法院对原告的起诉行为必须进行审查，认为符合法定的起诉条件的在法定期限内决定立案，认为不符合起诉条件的决定不予受理。司法干预的特点是它的消极性，司法不能主动干预或者调整社会关系。司法的能动性也只是限于在争议进入司法程序后，法官在运用司法自由裁量权过程中体现出来的法官的意志。因此，在行政诉讼中，没有起诉就没有将争议的行政行为纳入司法程序的可能性，起诉是受理的前提，但是受理并不是起诉的必然结果。因为起诉是有条件的，只有符合起诉条件的，法院才能受理。

行政诉讼法中规定的起诉条件具有重要的意义。（1）符合司法裁判的基本要求。在行政诉讼中法院是作为中立的裁判者对原告和被告之间的争议作出裁决。因此，有原告、被告和诉讼请求法院才能作为一个中立者对争议进行裁决。相反，如果原告、被告或者诉讼请求缺少任何一项，或者有任何一项不清楚，法院是无法作审理，也无法作出裁决的。（2）避免司法资源的浪费。司法制度的存在和运作需要人力、财力和物力的支持。行政诉讼中，起诉是以原告获益为目的的。通过法律程序实现原告诉讼目的的过程是要发生费用的。对起诉条件的限制的理由之一就是限制滥诉，避免司法资源无意义的投入。（3）维护社会秩序的稳定。行政诉讼是对行政法律关系的调整，如果对起诉条件没有任何限制，就可能出现重新调整已经稳定的法律关系。（4）保障行政效率。行政诉讼审查的对象是行政行为，通过司法审查判断行政行为的合法性。如果对起诉条件不加任何限制，就有可能出现滥诉，影响行政效率。

世界各国不同的诉讼制度中的起诉条件是不同的。在日本行政法中的撤销诉讼的条件主要包括七个方面：行政行为的处分性、有诉的利益、有适格的被告、有管辖权的法院、与不服申诉的关系、起诉期限和起诉方式。① 在美国的司法审查中，法院在决定是否受理起诉时，通常考虑的因素包括：被诉行政行为是可审查的行政行为，没有被排除在司法审查的范围之外；有适

---

① 参见杨建顺《日本行政法通论》，中国法制出版社1998年版，第727页。

格的原告；有适格的被告；在法定的期限内；穷尽行政救济。① 我国《行政诉讼法》第41条规定的起诉条件包括：（一）原告是认为具体行政行为侵害其合法权益的公民、法人或者其他组织；（二）有明确的被告；（三）有具体的诉讼请求和事实根据；（四）属于人民法院受案范围和受诉人民法院管辖。　《若干解释》第44条对行政诉讼的起诉条件又作了补充规定：（一）请求事项不属于行政审判范围的；（二）起诉人无原告诉讼主体资格的；（三）起诉人错列被告且拒绝变更的；（四）法律规定必须由法定或者指定代理人、代表人为诉讼行为，未由法定或者指定代理人、代表人为诉讼行为的；　（五）由诉讼代理人代为起诉，其代理不符合法定要求的；（六）起诉超过法定期限且无正当理由的；（七）法律、法规规定行政复议为提起诉讼必经程序而未申请复议的；（八）起诉人重复起诉的；（九）已撤回起诉，无正当理由再行起诉的；（十）诉讼标的为生效判决的效力所羁束的；（十一）起诉不具备其他法定条件的。

在本案中，因为原告的起诉超过法定期限，且无正当理由，没有满足起诉条件而被驳回，所以本案关于汉阳区房地产管理局所作的土地使用权抵押登记的行政行为的合法性问题并没有进入实质审查阶段。但是，在本案件审理过程中，涉及的起诉条件并不仅限于起诉期限，还涉及原告资格、复议前置、受已经生效判决羁束等问题，下面对这些问题逐个进行分析。

（一）原告资格问题

在一审和二审阶段，争论的一个重要问题是原告的资格问题。一审被告汉阳区房产管理局在答辩中认为长广武汉公司不具备原告资格。理由是被告在1994年5月16日就本案争议的土地使用权作抵押登记并签发了阳抵字第05-94014号《房屋他项权证》，1996年2月14日根据受抵押人和抵押权人的申请，换发阳抵字第05-940014号《房屋他项权证》的行政行为的相对方是抵押权人中国农业银行武汉市分行和抵押人振华武汉公司。原告长广武汉公司与该抵押登记行为没有直接联系，不具备原告资格。一审法院武汉中级人民法院没有支持被告的观点。在二审阶段，被上诉人汉阳区房地产管理局坚持认为上诉人长广武汉公司不具备原告资格，二审法院武汉高级人民法院没有支持被上诉人的这一主张。

原告资格是为获得行政诉讼的起诉权利而必须具备的法律规定的条件。

---

①　参见王名扬《美国行政法》，中国法制出版社1995年版，第602—651页。

因此，原告资格与原告的概念关系极为密切。按照我国《行政诉讼法》第41条第1项的规定，行政诉讼的原告是认为具体行政行为侵犯其合法权益的公民、法人和其他组织。依此概念，我国行政诉讼法规定的原告资格有两条：1. 原告必须是公民、法人和其他组织；2. 认为合法权益受到损害。我们从这两个方面对长广（武汉）的原告资格进行分析。

在本案中，第三人长城武汉办事处认为原告不是行政行为的直接对象，因此不具有原告资格的理解是不正确的。我国行政诉讼法规定行政诉讼的原告必须是公民、法人和其他组织。这一条件是从公民、法人和其他组织与行政主体之间的关系来界定的。行政诉讼要解决的争议不是行政主体与行政主体之间，公民、法人和其他组织之间的争议，而是行政主体与公民、法人和其他组织之间的争议。这一条实质上是排除了行政主体在行政诉讼中具有原告资格，限定行政诉讼的原告只能是公民、法人和其他组织。这里的公民、法人和其他组织不仅仅是具体的行政行为所直接指向的对象，只要公民、法人和其他组织与行政行为有法律上的利害关系就符合行政诉讼法的规定。法律上的利害关系可以是直接的也可以是间接的。只要个人和组织受到行政行为的不利影响就构成了法律上的利害关系。

本案被告汉阳区房地产管理局认为原告长广武汉公司不是其在签发本案所涉及的房地产抵押证书时的抵押人或者抵押权人中的任何一方，所以不具备原告资格的认识，是将原告资格仅仅限定为行政行为的直接对象。这显然与我国行政诉讼法的有关规定不符。一审法院和二审法院都没有支持被告的这一主张是正确的。

另外，在本案中，一审第三人长城公司武汉办事处认为被告于1994年5月6日作出抵押登记行为和1996年2月14日换发抵押登记证书时，原告尚未取得被抵押土地的使用权，签发抵押登记证书的行政行为不可能侵犯尚未存在的权利；原告取得该土地使用权之前，该土地使用权已经被抵押，因而原告取得的土地使用权非法，不应受到保护。

我国《行政诉讼法》第2条规定，行政诉讼法是保护公民、法人和其他组织的"合法权益"。行政诉讼作为私权利的救济手段，原告必须有诉的利益。但是什么是合法权益并不是一个简单的问题，对合法权益的界定直接影响到某些起诉人能否获得原告资格。根据我国的《行政诉讼法》第11条的规定，我国行政诉讼法在确定原告资格时采用的实际上是"法律权利"标准，是指公民、法人和其他组织的受法律保护的人身权和财产权。"合法"中的"法"应当是宪法、法律和法规。这里的损害是当事人主观的判断，只要当事人诉讼请求是保护人身权或者是财产权，并且主观上认为对其权利或者利益造成了损害或者有潜在的损害就可以满足这一条件。在分析本案中长广武汉公司的原告资格时，并不需要判断长广武汉公司受让的土地使用权是否合法，以及该权利事实上是否受到了损害，只要原告认为他的权利受到了损害或者有可能受到损害，并且所主张的权利是行政诉讼法所保护的人身权和财产权，就满足了我国行政诉讼法规定的合法权益受到损害的要件。长广武汉公司对本案中所涉及的土地使用权是否是合法的权利以及该权利是否受到了损害是事实问题，只有经过法院的实质审查才能作出判断，而不是关于原告资格的程序问题。一审和二审法院都没有触及这个问题是正确的。

美国在 1940 年以前曾采用"法律权利"标准作为申请司法审查的原告资格，只有当事人受法律保护的权利受到侵害才能申请司法审查。但是在 1940 年后，随着行政权力的扩大，严格的法律权利的限制已经不能适应对行政权力控制的需要，司法审查原告资格也放宽了。现在，美国最高法院判断原告资格适用两项标准。一是宪法的标准，即事实损害标准。美国宪法规定联邦法院的管辖权限于"案件和争端"（cases and controversies）。构成案件和争端的前提是有事实上的损害，而且损害必须是具体的和特定的，损害要与被诉讼的违法行政行为有因果联系，损害还必须是可救济的。二是法律的标准。法律的标准是由法律规定的。它要求当事人申请保护的利益必须有可能属于法律或者宪法保护或调整的利益范围之内。[1] 在法律标准中引入了利益范围的概念，而且受损害的利益只要是可能属于宪法或者法律调整的范围就可以，这样就使得原告的资格放宽了。

目前我国行政诉讼法确定原告资格适用的标准过于狭窄，不利于保护公民、法人和其他组织的权益。

世界各国都对原告资格有一定的规定，在一个国家内的不同时期，原告的资格也是不同的。原告资格的变化反映了行政诉讼法价值定位的变化。行政诉讼法具有监督行政、保护权利的价值，但是同时作为国家整个司法制度的一部分，也具有维护社会公共利益，维护社会秩序的价值。对这些价值的认识程度以及对某些价值的重视的程度会影响对原告资格的规定。如果某一

---

① Stephen G. Breyer , Richard B. Stewart, Cass R. Suntein, Matthew L. Spizer, *Administrative Law and Regulatory Policy*, pp. 1023—1049, CITIC Publishing House, 2003, 参见王名扬《美国行政法》，中国法制出版社 1995 年版，第 616—634 页。

行政诉讼制度的价值倾向越偏向于保护权利，则原告资格的范围就会相对更加宽泛，反之则原告的资格就会受到更多的限制。无论如何，原告资格是一个不断变化的标准。随着法制的发展，保护人权成为法律的最基本价值，原告资格逐渐放宽是发展的趋势。

（二）复议前置问题

本案第三人长城武汉办事处认为，长广武汉公司应先提起行政复议，长广武汉公司未经过行政复议直接提起行政诉讼，违反法律规定，应当依法驳回起诉。长城武汉办事处提出的这一观点涉及了行政复议和行政诉讼的关系。行政复议与行政诉讼的关系可以分为两种情况。第一种情况称为选择复议，即公民、法人和其组织对具体行政行为不服从可以选择提起行政复议，对复议结果不服，再向法院提出行政复议，或者不经过复议直接向法院提出行政诉讼。第二种情况称为复议前置。公民、法人和其他组织对具体行政行为不服的只能先申请行政复议，对复议决定不服再向人民法院提出行政诉讼。行政复议与行政诉讼绝大多数情况下是选择复议的关系，少数情况下是复议前置。

法律规定复议前置的意义在于：

1. 提高纠纷解决效率。法律规定行政复议前置的行政争议一般是技术性或者专业性较强的问题，对于这样的问题行政机关解决有技术和专业上的优势。过早地将争议置于司法程序之中，复杂的技术问题和专业问题会延长司法解决的过程。

2. 经济节约。经济节约可以从两个方面来理解，一方面是国家节约司法资源。司法是依靠国家财政支持的解决纠纷的机制，争议一旦进入司法程序，就要有大量司法资源投入，如果能够以较低廉、经济的行政复议机制解决问题，就可以节约司法资源。从法治的理念来说，任何一项权利都应当有获得司法救济的途径，但是，司法并不是解决争议的唯一的途径。司法程序因为有更为严格的司法程序和独立的法官，所以在公正性上，司法途径优于其他解决纠纷的途径。但是司法程序的缺点是程序复杂，时间长。行政复议则是设置于是行政系统内部的纠纷解决机制，因此行政复议机关对争议的问题比较熟悉，而且由于行政复议程序相对于司法程序比较简单，又不收取费用，所以，行政复议有它特殊的作用。但是，也正是由于行政复议机构是设置在行政系统内部的，因此它的公正性就要受到一定的限制。这样看来，如果能够通过行政复议解决争议，对当事人也是比较经济的。替代性纠纷解决机制也是近年来法学界讨论的一个重要问题。人们开始反思运用非司法手段解决争议在法制发展过程中的作用，应该说，运用非司法手段解决争议，是法制建设的重要内容。法治的目的是实现和谐的社会秩序，司法是塑造社会关系的一种手段，但不是唯一的手段。

对某些领域的行政行为的司法审查适用穷尽行政救济也是许多国家司法审查的一项原则。美国在 1946 年通过《联邦行政程序法》前，最高法院确立的原则是只有在个人对有争议的行政行为穷尽行政救济后，法院才能审查该行政行为，直到 1993 年美国最高法院在 Darby v. Cisneros 案中改变了这一原则。在 Darby v. Cisneros 案中最高法院认为，只有在两种情况下需要穷尽行政救济，即只有在法律明确规定和行政机关法规要求的情况下，而在其他情况下则不需要穷尽行政救济。①

本案中第三人长城武汉办事处提出，根据《中华人民共和国行政复议法》第 30 条第 1 款规定："公民、法人或者其他组织认为行政机关的具体行政行为侵犯其已经依法取得的土地、矿藏、水流、森林、山岭、草原、荒地、滩涂、海域等自然资源的所有权或者使用权的，应当先申请行政复议；对行政复议决定不服的，可以依法向人民法院提起行政诉讼"，原告的诉讼请求是涉及土地使用权的，必须先申请行政复议，而原告没有经过行政复议程序，因此不符合行政诉讼案件的起诉条件。

那么，本案是否适用《行政复议法》第 30 条第 1 款规定呢？适用《行政复议法》第 30 条第 1 款必须同时具备两个条件：一是公民、法人或者其他组织认为行政机关的具体行政行为侵犯其已经依法取得的土地等自然资源的所有权和使用权的。这里的"认为"包括两层含义：第一，认为行政机关的具体行政行为违法；第二，认为自己已经依法取得了土地等自然资源的所有权和使用权，而不是已经取得完备的相关所有权和使用权的手续。二是行政机关作出的具体行政行为必须是对有关土地等自然资源的所有权或者使用权的确权决定，不包括行政处罚等其他具体行政行为。② 本案中，原告认为汉阳区房产管理局签发土地使用权抵押登记证书的具体行政行为违法，自己已经依法取得的有争议的土地使用权，并且已经取得了完备的相关所有权和使用权的手续。但是，本案件所诉的具体行政行为不是对土地使用权的确

---

① ［美］威廉·F. 芬克、理查德·H. 西蒙：《行政法——案例与解析》，中信出版社 2003 年版，第 237 页。

② 蔡小雪：《行政复议与行政诉讼的衔接》，中国法制出版社 2003 年版，第 52 页。

权决定，而是关于土地使用权的抵押登记行为。本案满足适用《行政复议法》第 30 条第 1 款的第 1 个条件，但没有满足第 2 个条件，因此本案不能适用《行政复议法》第 30 条第 1 款，不能采用行政复议前置程序。在本案中一审法院武汉中级人民法院依据《行政复议法》第 30 条第 1 款规定认为本案应先申请行政复议是适用法律不当。二审法院在裁决中纠正了这一错误，认为被上诉人汉阳区房产管理局的土地使用权抵押登记行为以设定抵押权为目的，不属于确认土地等自然资源所有权或者使用权的确权行为，一审裁定认为对土地使用权抵押登记行为的起诉适用行政复议前置程序的观点不当。

（三）受已经生效判决效力羁束问题

本案涉及的另一个起诉条件是起诉标的为生效裁定羁束的问题。《若干解释》第 44 条第 1 条第 10 项规定"诉讼标的为生效判决的效力所羁束的"不符合受理条件。本案中一审的第三人长城武汉公司提出，2001 年 11 月，在长城资产管理公司诉振华武汉公司的民事诉讼案件中，长城武汉公司依据阳抵字第 05-940014 号《房屋他项权证》设定的抵押权申请湖北高级人民法院对已经登记在原告名下的月湖新区的土地使用权进行查封。湖北高级人民法院已下达（2001）鄂立民初字第 6 号《民事裁定书》，发出《协助执行通知书》，依法查封了原告名下的月湖新区的土地使用权。该《民事裁定书》已经送达原告，已经发生法律效力。原告对该裁定不服从，申请复议，湖北高级人民法院复议后，以鄂立复字第 2 号《复议通知书》，驳回复议申请，维持原裁定。因此，长城武汉公司认为原告的诉讼标的已经为生效的裁定书所羁束，不应当受理，应当依法驳回起诉。

《若干解释》第 44 条第 1 款第 10 项的规定的含义是，如果一个行政行为的合法性在已经直接或者间接地在先前的行政判决或者民事判决中作出了确认，当事人对该行政行为不服，法院则不能受理。因为，法院受理后如果作出的判决与先前的判决是一致的，新的诉讼就没有实际意义，如果与先前的判决不一致，则会出现对于同一事实在法院内部出现了相互矛盾的判决。[①]

在本案一审中，第三人长城武汉公司向湖北高级法院提出查封已经登记

---

① 江必新：《中国行政诉讼制度之发展——行政诉讼司法解释解读》，金城出版社 2001 年版，第 174 页。

在原告名下的月湖新区的土地使用权，是诉讼中的财产措施。诉讼中的财产保全是在诉讼过程中，为了保证人民法院的判决能够顺利实施，人民法院根据当事人的申请，或在必要的时候依职权决定对有关财产采取保护措施。诉讼保全适用的实质条件是，存在因各种主客观原因可能使人民法院作出的判决难以或者不能实现的情况。由此可见，本案中法院根据长城武汉公司的申请裁定对月湖新区的土地使用权采取保全措施是使用土地使用权处于安全的状态。是否最后要执行所查封的财产，取决于该民事案件的最终的生效判决。因此，法院对长城武汉公司申请财产保全的裁定，并没有直接或者间接地对长城武汉公司作为提出保全措施的依据的抵押登记证书的合法性作出判断，所以，长城武汉公司提出的原告诉讼标的为已经生效的行政或者民事判决所确认，不能适用《若干解释》第44条第1款第10项的规定。

　　在本案中，一审法院和二审法院都没有支持本案第三人长城武汉公司提出的这一观点是正确的。

（四）起诉期限问题

　　本案涉及的第四个起诉条件是起诉期限问题。起诉期限是当事人请求人民法院保护其权利的法定期间，超过起诉期限便不能提起诉讼。在法定期限内不行使权利即丧失请求人民法院予以保护的权利。

　　起诉期限的规定是对权利的保障也是对权利的限制。从保障的角度来看，有了起诉期限的规定，在起诉期限内公民、法人或者其他组织认为具体行政行为侵害了自己的权益起诉到法院，如满足其他起诉条件，法院必须受理，必须提供司法救济。从限制的角度来看，如果公民、法人或者其他组织在法律规定的期限内不行使提起行政诉讼的权利，那么，就不再享有这种权利。因为以原来的行政法律关系为基础就会建立起新的法律关系，超过一定的期限再提起诉讼，已经稳定的法律关系又要重新调整，就会在一定范围内造成社会关系的不稳定。另外，经过一定的时间，证据也会渐渐湮灭，突然提出诉讼法院也很难查清事实。特别是行政诉讼针对的是行政机关在行政管理过程中的积极的和消极的具体行政行为，为了保障行政管理秩序的稳定，保障行政效率，就不能使行政行为的结果长时间处于不确定的状态。因此，从这个意义上来说起诉期限也是对诉权的限制。

　　我国《行政诉讼法》第39条规定："公民、法人或者其他组织直接向人民法院提起诉讼的，应当在知道作出具体行政行为之日起3个月内提出。"《若干解释》第41条规定："行政机关作出具体行政行为时，未告知公民、法人或者其他组织诉权的或者起诉期限的，起诉期限从公民、法人或者其他组织知道或者应当知道诉权或者起诉期限之日起计算，但从知道或者应当知道具体行政行为内容之日起最长不得超过 2 年。"《若干解释》第 42 条规定："公民、法人或者其他组织不知道行政机关作出具体行政行为内容的，其起诉期限从知道或者应当知道具体行政行为内容之日起计算。对涉及不动产的具体行政行为从作出之日起超过 20 年、其他具体行政行为从作出之日起超过 5 年提起诉讼的，人民法院不予受理。"

在一审中被告认为本案争议的土地使用权抵押登记行为完成于 1996 年，长广武汉公司完全应当知道这一行为的全部过程和后果。但是长广武汉公司在该抵押登记行为作出后 6 年才向人民法院提出异议，超出了行政诉讼法规定的诉讼时效。一审第三人长城武汉公司也认为原告应当知道 1994 年 5 月 6 日汉阳区房产管理局签发了 05-94014 号《房屋他项权证》的抵押登记行为和 1996 年 2 月 14 日换发 05-940014 号《房屋他项权证》抵押登记行为的全部过程及后果。因此，2002 年 7 月 29 日，原告提出本案诉讼时超过了行政诉讼法规定的 3 个月。

原告提出，1996 年 8 月 28 日，振华武汉公司、长广武汉公司、振华新加坡公司三方签订《土地使用权转让合同》，长广武汉公司有偿取得了振华武汉公司位于汉阳月湖新街的土地的使用权前，委托律师进行过调查，未发现有抵押的情况。原告不知道汉阳区房地产管理局于 1994 年 5 月 6 日签发 05-94014 号《房屋他项权证》的抵押登记行为和 1996 年 2 月 14 日换发 05-940014 号《房屋他项权证》抵押登记行为，直到 2002 年 1 月 16 日，在长城武汉公司诉振华武汉公司逾期未还贷款案开庭时，长广武汉公司作为共同被告，才知道所涉土地已经被抵押的事实并看到相关文件。因此，本案应当适用《若干解释》第 42 条的规定，起诉期限应当是 20 年。原告于 2002 年 7 月 29 日提起行政诉讼并未超过起诉期限。

在本案中，关于原告的起诉是否超过了起诉期限的关键有两个问题：（1）在汉阳区房地产管理局作出两次所涉土地使用权抵押登记行为时，原告长广武汉公司是否知道或者应该知道该抵押登记行为；（2）如何理解《若干解释》第 42 条规定的 20 年的起诉期限。

第三人长城武汉公司提供的证据表明：（1）1994 年 5 月 10 日，振华武汉公司与中国农业银行武汉分行信贷部门以所涉土地使用权作为抵押签订《抵押担保借款合同》时，振华武汉公司的法定代表人杨帆，从 1994 年 5 月 10 日到法院审理本案时一直是振华武汉公司的法定代表人。（2）1995 年

6月10日至2000年12月27日杨帆还担任长广武汉公司的唯一的投资开办方——振华新加坡公司的董事长、法定代表人。（3）1995年8月2日至2000年12月27日一直担任长广武汉公司副董事长，董事局首席代表人，行使董事会主席职权。2000年12月27日，长广武汉公司董事和董事长的任免书都是杨帆授权长广武汉公司董事曾贵明签署的。

一审原告对杨帆在振华新加坡公司和长广武汉公司的任职在二审中辩称，振华新加坡公司在新加坡设立，该公司没有董事长一职，只有董事会，董事会主席随时变化，实行的是董事会集体议事的管理制度，没有法定代表人，当初在工商登记时填表时将杨帆作为董事长是为了完成工商登记手续；一审认定"杨帆任长广武汉公司董事会主席代表"错误，杨帆是长广武汉公司的副董事长，一审认定杨帆为董事会主席代表人是英文翻译错误。

在本案中，原告提出杨帆在振华新加坡公司任董事长的工商登记记录不真实的理由显然不能成立。因为振华投资（新加坡）私人有限公司在工商登记填报相关内容时，振华投资（新加坡）私人有限公司是自愿填报杨帆为董事长的，至于该公司内部实际管理制度如何对工商登记的内容的有效性和真实性没有影响。被告认为一审认定杨帆在长广武汉公司的任董事会主席代表是英文翻译错误也没有说服力，而第三人长城武汉公司有证据证明杨帆授权董事曾贵明签署董事和董事长任免书。因此，一审和二审法院采信长城武汉公司提供的证据，确认杨帆为振华新加坡公司董事长，长广武汉公司副董事长、董事会主席代表。

从杨帆在这三个相关联的公司的任职情况来看，本案所涉及的两次抵押登记行为均是在杨帆任振华武汉公司董事长期间发生的，所以，杨帆本人知道两次抵押登记行为。此后，杨帆任董事长的振华投资（新加坡）私人有限公司投资设立了长广武汉公司，杨帆任长广武汉公司任董事会首席代表，行使董事会主席职权。因为杨帆本人知道两次抵押登记行为，而杨帆又是长广武汉公司的董事会首席代表，行使董事会主席的职权，因此，可以推定长广武汉公司应当知道两次抵押登记行为。

因此，1996年8月28日，长广武汉公司与振华武汉公司签订所涉土地使用权转让合同时，应当推定其知道汉阳区房地产管理局此前作出的抵押登记行为。当时有效的《最高人民法院关于贯彻执行〈中华人民共和国行政诉讼法〉若干问题的意见》规定："行政机关作出具体行政行为时，未告知当事人诉权或者起诉期限，致使当事人逾期向人民法院起诉的，其起诉期限从当事人实际知道诉权或者起诉期限时计算，但逾期的期间最长不得超过1

年。"从 1995 年 8 月 2 日到长广武汉公司于 2001 年 7 月 29 日提出行政诉讼,时间长达 7 年。长广武汉公司有效起诉期限在 2000 年 3 月 10 日《若干解释》实施之前已届满。根据最高人民法院于 2000 年 4 月 19 日对江苏省高级人民法院作出法行（2000）7 号《最高人民法院对如何理解最高人民法院关于执行〈中华人民共和国行政诉讼法〉若干问题的解释第 41 条第 1 款规定的请示的答复》,对发生在《最高人民法院关于执行〈中华人民共和国行政诉讼法〉若干问题的解释》实施之前,即 2000 年 3 月 10 日之前已经届满的事项,其在起诉期限届满之后提起行政诉讼的,人民法院不予受理。

原告提出,根据《若干解释》第 42 条规定,公民、法人或者其他组织不知道行政机关作出的具体行政行为内容的,其起诉期限从知道或者应当知道该具体行政行为内容之日起计算。对涉及不动产的具体行政行为从作出之日起超过 20 年,其他具体行政行为从作出之日起超过 5 年提起诉讼的,人民法院不予受理;而本案中,从抵押登记行为发生之日到原告提起行政诉讼尚未超过 20 年,所以,原告的起诉并未超过起诉期限。原告对于《若干解释》第 42 条的这种理解是不正确的。根据《行政诉讼法》公民、法人或者其他组织应当在知道作出具体行政行为之日起三个月内提出行政诉讼,这是行政诉讼的起诉期限的一般性规定,是行政诉讼的法定起诉期限。《若干解释》又规定了三种特殊情况:一是行政机关作出行政行为时未告知公民、法人或者其他组织诉权和起诉期限的,起诉期限从公民、法人或者其他组织知道或者应当知道诉权或者起诉期限之日起计算,但从知道或者应当知道具体行政行为内容之日起最长不得超过 2 年。在这种情况下,公民、法人在知道诉权或者起诉期限之日起 3 个月内必须起诉,也就是说起诉的期限仍然是 3 个月,只是计算点不是从知道具体行政行为之日起计算,这里的"最长不超过 2 年"中的 2 年,是权利的存续期间,而不是起诉期限,超过 2 年了就不能提出诉讼了。二是在公民、法人或者其他组织不知道行政机关作出的具体行政行为内容的,起诉期限从知道或者应当知道具体行政行为内容之日起计算。对涉及不动产的具体行政行为从具体行政行为作出之日起超过 20 年、其他具体行政行为从作出之日起超过 5 年的,人民法院不予受理。在这种情况下,如果公民、法人或者其他组织不知道具体行政行为的内容,公民、法人或者其他组织从知道或者应当知道具体行政行为内容之日起 3 个月内必须起诉,而且如果起诉时,对涉及不动产的具体行政行为,从具体行政行为实际作出之日算已经超过了 20 年,其他具体行政行为从实际作出日起已经超过 5 年,法院也不再受理。这里的 5 年和 20 年,也是权利的存续期间。另外，行政诉讼的诉讼期限与民事诉讼的诉讼期限的法律意义是不同的，在行政诉讼中，如果公民、法人或者其他组织超过法定的诉讼期限起诉，法院就不再受理，公民、法人或者其他组织就丧失了起诉的权利，实体权利也不可能通过行政诉讼得到救济。而在民事诉讼中，当事人如果超过起诉期限起诉，法院不得以超过起诉期限拒绝受理，当事人丧失的是胜诉权，而不是起诉权，而且，只要对方愿意承担责任，当事人的实体权利仍然可以获得救济。

在本案中，原告将 20 年理解成了起诉期限，是错误的。而且，长广武汉公司是应当知道具体行政行为的内容的也不适用这《若干解释》的有关规定。即便假定长广武汉公司不知道具体行政行为的内容，从 2002 年 1 月 16 日原告在先前的民事诉讼中知道相关的抵押登记行为到原告于 2002 年 7 月 29 日提出行政诉讼也已经超过了 3 个月的法定起诉期限。因此，原告起诉超过了法定的起诉期限，法院应当驳回起诉。

三　案例指导原则

综合上面分析，可以得出这样的结论，如果企业法人的主要负责人在企业法人成立之前知道或者应当知道具体行政行为的内容，则可以推定企业法人应当知道该具体行政行为的内容。

第四章　行政诉讼举证责任之分配初论

一　引言——对举证责任概念的一个简单交代

举证责任是诉讼法中的一个重要概念。在罗马法时代，人们主要从当事人举证活动的角度来观察和表述举证责任，认为举证责任是当事人提出主张后，必须向法院提供证据的义务或者负担，这种举证责任后来被表述为主观的举证责任。后来，法国学者尤里乌斯·格尔查在其专著《刑事诉讼导论》中提出了客观举证责任概念。客观举证责任是指在案件审理终结后，对争议事实的真伪仍然无法判断时，而法院又不能拒绝裁判的情况下由谁来承担不利的后果。因此，在大陆法系国家（例如德国、法国）举证责任的传统分类是客观举证责任（实质意义上的举证责任、结果意义上的举证责任）和主观举证责任（形式意义上的举证责任、行为意义上的举证责任）。[①]

在英国，无论是司法实践还是证据法学理论界一般认为，举证责任分为推进责任和说服责任。推进责任是指当事人提供证据证明其主张构成法律争端从而值得或者应当由法院进行审理的举证责任；说服责任则是指当事人提出证据使法官或者陪审团确信其实体主张成立的义务，否则必然遭受不利的裁判。美国的举证责任包含两方面的内容，即提出证据的责任和说服责任。美国诉讼实践和理论均认为，这是彼此独立的两个概念，不仅内涵不同，而且承担责任的情形、证明程度的标准乃至法律后果都是不同的。例如，提出证据的责任需要对自己的主张提供证据；说服责任是指须对自己所提供的证据进行解释和阐明，使证据具有说服力，表明证据与待证事实之间的关联性。提供证据的责任在最初阶段是由肯定某项事实的当事人提出证据，支持自己的主张，即肯定某项事实的人首先提出证据的责任。只要当事人提供的

---

① 关于客观举证责任与主观举证责任的联系和区别，参见江伟主编《证据法学》，法律出版社 1999 年版，第 83 页以下及何家弘主编《新编证据法学》，法律出版社 2000 年版，第 351 页以下。

证据具有表面的证明力量，即可假定其成立，这时，提供证据的责任移转给对方当事人。对方当事人应提出反证，支持自己所主张的事实，证明他方当事人所提出的主张不能成立。如果对方当事人所提反证具有表面的证明力量，原来提供证据的人有义务继续提供证据，反驳对方当事人的证据。因此，提供证据这种举证责任，在双方当事人之间可以有多次移转。应当指出，英美法上的这两对概念（推进责任或提出证据责任与说服责任）与大陆法上的主观举证责任和客观举证责任的划分是一致的。

二　行政诉讼中客观举证责任(说服责任)的分配

客观举证责任是在案件审理终结后，对争议事实的真伪仍然无法判断时，而法院又不能拒绝裁判的情况下，确定由谁来承担不利的后果。任何形式或种类的诉讼，都存在争议事实真伪不明状况，因此都存在客观举证责任的分配问题，充其量只是术语的不同。[1]

(一) 学说与实践

行政诉讼中的客观举证责任如何分配，在各国实践与理论中都存在较大的争议。

1. 法律要件分类说。对于行政诉讼中客观举证责任的分配，德国通说认为，应与民事诉讼一样采法律要件分类说。[2] 民事诉讼中的法律要件分类说为德国学者罗森贝格所倡，其将民法上的法律规范分为权利产生规范、权利妨害规范、权利消灭规范和权利排除规范。第一种规范又称为基础规范，后三种规范又称为对立规范，此因其与基础规范处于对立地位而得名。凡主张权利存在之人，应对权利发生规范中构成要件事实的存在承担举证责任；反之，主张权利不存在者，应就对立规范中任何一种构成要件事实的存在承担举证责任。例如原告以消费借贷诉请被告返还借款，原告应就民法中有关成立消费借贷的要件事实举证证明；被告如欲免除返还义务，则应就已经清

---

① 一些刑事诉讼法学者否定（客观）举证责任概念在刑事诉讼中领域的适用，"罪疑惟轻"（或无罪推定原则）的实质即是刑事举证规则。参见吴东都《行政诉讼之举证责任——以德国法为中心》，学林文化事业有限公司2001年版，第134页以下。另可参见蔡圣伟《论罪疑惟轻原则之本质及其适用》，陈泽宪主编：《刑事法前沿》（第二卷），中国人民公安大学出版社2005年版，第234页，注释4。

② 吴东都：《行政诉讼之举证责任——以德国法为中心》，第141页以下。

偿（权利消灭规范），或被告未成年（权利妨害规范），或已经时效完成（权利排除规范）承担举证责任。① 与此相似，在行政诉讼法上，该说认为，在事实不明的情形下，其不利益原则上归属于能从该项事实导出有利法律效果的诉讼当事人负担（B Verw G NJW 1994，468）。换言之，主张权利或权限的人，在有疑义时，除法另有规定外，原则上应就权利（权限）发生事实负举证责任，而否认权利（权限）之人，或主张相反权利（权限）之人，对于权利的妨害、消灭或排除的事实，负举证责任。根据法律要件分类说，当私人请求行政机关对其作出授益性的行政处理时，必须就请求权发生的事实承担客观举证责任，而行政机关则应就阻碍权利的事实承担客观举证责任。如果案件所涉及的是附许可保留的禁止，则行政机关应对拒绝理由的存在承担客观举证责任。② 而在附解除保留的禁止则由申请者承担举证责任。在干预性行政处理中，如禁止、下令或同意的撤销等，由行政机关就相关授权法规所规定的构成要件该当负担客观举证责任；如果私人主张有例外事项存在，则由其对此负担举证责任。③ 例如在税捐诉讼中，对于税捐发生与增加的事实，由税捐债权人（行政机关）承担举证责任，而对于税捐免除或减免等优惠的事实，由税捐债务人承担举证责任。

2. 权利限制、扩张区别说。此说对于法律要件分类说提出批评，认为不应根据要件事实分类，而是从宪法秩序最大限度尊重个人自由权利的基本原理出发，归纳出妥当分配举证责任的一般规则。日本的高林克己法官认为，"在行政诉讼的各领域，当自由权的侵害成为问题时，也同样受刑事诉讼上相同原则（即疑罪从无原则）的支配。……要言之，在请求撤销限制国民自由、课予国民义务的行政处理的诉讼上，通常行政机关就其行为的适法性负担举证责任；在国民对于国家请求扩张自己的权利、利益领域的情形，原告就其请求权的基础事实，负担举证责任"。④ 学者宫崎良夫也认为："在决定撤销诉讼上举证责任的分配原则时，应构成基本观点者，乃是应重视基本人权的保障及法治主义之宪法上原则……准此以解：（1）在限制国民权利、自由，课予国民义务之侵害的行政处理，原则上，行政机关应对于

① 参见吴庚《行政争讼法》，1999 年初版，自印，第 162 页以下；江伟主编：《证据法学》，法律出版社 1998 年版，第 102 页。

② 因为此处所涉及的是对公民原本就具有的自由权与财产权的回复，例如在建筑执照的申请与核发时，行政机关拒绝公民的申请，形式上是拒绝作出授益处理，实质上是作出一种干预处理。

③ 《德国行政法院法逐条释义》，陈敏等译，2002 年"司法院"印行，第 86 页。

④ 参见陈清秀《行政诉讼法》，（台北）翰芦图书出版有限公司 2001 年版，第 385 页以下。

包含手续的要件、实体法的要件之行政处分的适法性的根据事实，负担举证责任。从而在科税处分……被告行政机关对于处分适法的要件事实负有举证责任……原告主张非科税规定或税捐免除的事由时，或依通常的经济交易所不能预测，且行政机关也不能调查的事由，而主张税额的减少时，例外的，原告就其主张的根据的事实，得有负担举证责任的情形。（2）国民根据委请立法者之政策选择之法律，请求扩张自己之权利领域或利益领域之情形，宜解释为原则上，主张之人应举证其根据之事实。"①

根据英国的行政法理论，任何行政机关及其工作人员无权干涉英国公民的自由与财产，除非他能在法院证明其合法性，因此行政机关对于干预公民权益的行为如果不能提出充分的证据证明其合法性，则属越权的行为，要被撤销；但是如果相对人主张行政机关出于恶意的滥用权力，相对人承担说服责任。此外，如果相对人申请授予利益，则由其对符合法定的条件承担说服责任。②

3. 依事件的性质说。日本学者雄川一郎认为，民事实体法是以调整私人间的利害关系为目的，是法院的裁判规范，立法者在立法时已注意到基于正义与衡平理念的举证责任的分配。反之，行政法规范所规范的是国家的行政活动，是行政机关的行为规范，在立法时，未必已经充分设想到发生法律纠纷时的举证责任的衡平分配。二者在构造原理上既存在显著差别，则显然不能照搬民事诉讼上的法律要件分类说。因此，雄川一郎认为，撤销诉讼上的举证责任，应依当事人的公平、案件的性质、关于事实的举证责任的难易等，在具体案件中决定举证责任的归属。

田中二郎也认为，行政诉讼举证责任的分配，应从最符合公平正义的要求来考量，在撤销诉讼上的举证责任，应谋求公益与私益的调整，斟酌以实现公平正义为目的的行政法规范以及其所调整的行政关系的特殊性，顾及行政处理乃行政法规范之具体实现之性质，合并考虑行政诉讼上举证的难易程度，找出符合公平正义要求的举证责任，在这一思想的指导下，就行政法各领域的具体案件考量举证责任的问题。③

对于这种根据各个具体案件决定举证责任分配的见解，批评者认为如果否定行政诉讼上一般的分配标准，则举证责任分配所具有的诉讼上的意义也

---

① 参见陈清秀《行政诉讼法》，（台北）翰芦图书出版有限公司2001年版，第385页以下。

② Wade and Forsyth, *Administrative Law*, 8th edition, Oxford University Press, 2000, pp. 297—298.

③ 参见陈清秀《行政诉讼法》，（台北）翰芦图书出版有限公司2001年版，第383页以下。

将消失，而且这种个别具体说，也有加以类型化的整理以明确其具体内容的必要。

4. 原告承担举证责任说。该说认为，行政行为（行政处理决定）具有公定力，受合法性的推定，所以应由提出撤销诉讼的原告方证明被诉行为的违法性。此说的批评者认为，行政行为的公定力作为实体法效力，与诉讼上的举证责任之间不存在内在的关联，此说也显然违背诉讼中当事人对等性与公平性。

5. 折中说。折中说有不同的形态，比较有代表性的折中说有两种，一种是室井力教授的主张，其认为应将法律要件分类说与依事件的性质说相结合，从而既可以避免前者过分形式化的弊端，又可以避免后者否定一般规则存在的极端性。① 另一种为盐野宏教授所主张的折中说则认为，应将依事件的性质说与权利限制、扩张区别说相结合，前者指出了举证责任的指导理念，而后者弥补了前者未能提出一般规则的缺陷。从而，对于侵害处分而言，原则上应由行政机关承担举证责任，而对申请拒绝处分，则应该在考虑申请制度中原告地位的基础上加以判断：该申请制度的目的如果是在于自由的恢复、社会保障请求权的充实，则由被告行政机关承担，如果是资金交付请求权，则由原告承担。②

6. 被告行政机关恒定承担说。该说认为，在法治行政下，行政机关应确保行政行为的合法性，所以在撤销诉讼中，作为被告的行政机关应当对行政处理决定的合法性恒定地承担举证责任。这一学说也受到当事人对等性与公平性要求的批评。我国《行政诉讼法》第 32 条规定："被告对作出的具体行政行为负有举证责任，应当提供作出具体行政行为的证据和所依据的规范性文件。"在我国，《行政诉讼法》颁布以后，通说认为，在行政诉讼过程中所有的举证责任都应当由被告来承担，被告负举证责任是一项基本原则，也是行政诉讼不同于民事诉讼、刑事诉讼的重大区别点所在，有的学者甚至将其提升到证明中国行政诉讼制度优越于国外相关制度的高度来理解。第一，行政程序的一个基本规则是先取证后裁决，即行政机关在应当充分调查搜集证据的基础上，根据所查清的事实，依据相关法律作出具体行政行为。因此，当行政机关作出的具体行政行为被诉至法院时，应当能够有充分

---

① ［日］室井力主编：《日本现代行政法》，中国政法大学出版社 1995 年版，第 252 页（该部分为室井力本人所撰）。

② ［日］盐野宏著：《行政法》，杨建顺译，法律出版社 1999 年版，第 360 页。

的事实材料证明其行政行为的合法性。这是被告承担说服责任的基础。第二，在行政法律关系中，行政机关居于主动地位，其实施行为时无须征得公民、法人或其他组织的同意。而公民、法人或其他组织则处于被动地位。为了体现在诉讼中双方当事人地位的平等性，就应当要求被告证明其行为的合法性，否则应当承担败诉的后果。而不能要求处于被动地位的原告承担举证责任，否则将对原告不利。事实上，由于行政法律关系中双方当事人处于不同的法律地位，原告无法或很难收集到证据。即使收集到，也可能难以保全。当原告不能举证证明自己的主张时，由原告承担败诉后果是有失公允的。第三，行政机关的举证能力要比原告强。在一些特定的情况下，原告几乎没有举证能力。有的案件的证据需要一定的知识、技术手段、资料乃至设备才能取得，而这些往往又是原告所不具备的。如对环境是否造成污染，污染的程度多大；某项独创是否获得发明专利；药品管理中伪劣药品的认定等，这些都是原告无法搜集保全的，因而要求原告举证是超出其能力的。我国行政法理论与实务界一般认为，要求被告承担说服责任体现了行政诉讼的目的：第一，有利于促进行政机关依法行政，严格遵守先取证后裁决的原则，从而防止其实施违法行为和滥用职权。第二，有利于保护原告的合法权益。当被告不能证明其具体行政行为合法时，法院不能放弃审判，应当作出有利于原告的判决，防止公民、法人或其他组织的合法权益遭受不法行政行为的侵害。

（二）本书观点

结合以上诸说，我们可以总结出科学合理地解决（客观）举证责任分配问题需要考虑的几个因素，并对我国行政诉讼举证责任的配置进行相应的反思。

1. 关于客观举证责任的承担主体。诉讼作为解决平等主体之间对事实与法律争议的途径，必须注意两造的对等性与公平性，将举证责任恒定由某一方主体来承担显然是不公平的，也是不科学的。我国行政诉讼理论重视从行政法治原则出发，强调被告行政机关的举证责任，立意固然值得赞许，但在科学性上与公平性上则值得商榷。因为种种原因，行政实践中某些事实在行政诉讼过程中无法查清，此时是作出有利于相对人的判决还是有利于行政机关的判决则不能一概而论，因为行政法治不仅要保障相对人的合法权益，同样也要保障（由行政机关所代表的）公共利益。在这一点上，无论是规范要件分类说还是权利限制、扩张区别说，显然都要比确定被告行政机关恒定承担举证责任更为科学，也能更好地平衡个人权益与公共利益。将先举证后裁决的行政程序原理作为被告行政机关恒定承担行政诉讼客观举证的论证也是有问题的，因为尽管行政机关确实有义务在查清必要事实的基础上作出行政处理决定，而且根据行政程序的"职权调查原则"，行政机关有义务依职权调查事实真相，而不受当事人陈述的拘束，① 但是这并不意味着，在相关事实经过行政机关职权调查后仍未获得证明时，其不利后果一律应由行政机关来承担（而由私人承担所有有利的后果），例如，当事人对行政机关请求行政机关作出某一授益行政行为（例如申请建筑执照），如果行政机关经调查，仍无法获得能够证明相关事实的有说服力的证据，则行政机关不应支持该请求。行政程序中这一举证责任的配置要求，在进入行政诉讼中应当同样适用。

2. 关于客观举证责任配置的一般原则。为了法律安定性的需要，探求适合于行政诉讼特性的一般规则是必需的。客观举证责任分配之所以众说纷纭，亦肇因于各国学者莫不希望建立各种普遍的规则。法律要件分类说乃是建立在"维持现状"（Erhaltung des Status quo）原则基础之上，即从保护法律和平状态目的出发，谁要求法律所确保的现存状态发生变更，即应负担关于相关构成要件事实存在的"查明危险"（Auflkaerungsrisiko）。② 法律要件分类说在一定程度上反映了各类诉讼的一般规律，③ 在原则上也应适用于行政诉讼，但其纯粹从法律规定的形式出发的思考方式并不适合于缺乏统一法典的行政法领域的法律争议，因此对其加以适当的调整。尤其在判断某一事实属于权利发生的原则事项还是权利妨害等例外事项时，不应专注于拟适用的实体法所规定的文义，而应依据规范目的、现行法整个体系以及宪法所认可的基本法律价值与正义理念出发，加以判断。④ 既然行政诉讼法所关切之重点为公民权利的保障，在进行这一判断时，必须将相关行政行为对公民权利的影响予以足够的重视。在这一意义上，权利限制、扩张区别说有其合

---

① 参见林锡尧《行政程序上职权调查主义》，《当代公法理论——翁岳生教授六轶诞辰祝寿论文集》，月旦出版公司 1993 年版，第 323 页以下。

② 吴东都：《行政诉讼之举证责任——以德国法为中心》，（台北）学林文化事业有限公司 2001 年版，第 153 页。

③ 最高法院《关于民事诉讼证据的若干规定》已经明确将法律要件分类说作为民事诉讼举证责任配置的一般原则。这是基于这种理论符合我国作为成文法国家的思维方式，具有可操作性和可预测性强等优点，并且很多审判人员在审判实践中已经自觉或不自觉地运用这种理论分配举证责任。

④ 参见陈清秀《行政诉讼法》，（台北）翰芦图书出版有限公司 2001 年版，第 382 页以下。

理性。

3. 关于客观举证责任配置中的特殊性。客观举证责任分配有形式分配标准和实质分配标准之分。形式分配标准是依据法律和司法解释的规定分配举证责任，前述的规范要件分类说与权利限制、扩张说等举证责任分配的一般原则即是形式分配标准。实质分配标准是由法官根据具体案件的情况，自由裁量举证责任的分配。成文法国家一般以形式分配标准为基础，以实质分配标准为补充。[①] 考虑到行政案件的复杂性，在承认规范要件分类说或权利限制、扩张区别说的同时，应当为实质分配标准留下空间，也即在根据一般规则无法确定举证责任的承担主体，或者会导致显失公平的后果时，应允许法官根据衡平原则、案件的性质（特别是所涉及的公民权利的性质）、关于事实的举证责任的难易等，就具体案件决定举证责任的归属，此时可以借鉴依事件的性质说的一些研究成果。

三　行政诉讼中主观举证责任（推进责任）的配置

（一）　主观举证责任与辩论原则或职权调查原则

诉讼中证据的调查有辩论原则和职权调查原则之分。辩论原则（Verhandlungsgrundsatz）也称为当事人提出原则（Beibringungsgrungsatz），是当事人主义在诉讼资料收集（具体事实主张和举证）上的体现，它包括三个方面的含义：第一，由当事人提出并加以主张的事实，法院才能予以认定；也就是说，作为法院判决基础的诉讼资料只能由当事人提供，法院不得随意改变或补充当事人的主张。第二，对双方当事人都没有争议的事实，法院必须照此予以认定。这种事实被称为自白事实，法院受自白事实的拘束。第三，法院原则上只能就当事人提出的证据进行调查。职权调查原则（Untersuchungsgrundsatz）亦称为职权探知原则（Amtsermittlungsgrundsatz）、纠问主义（Inquisitionsmaxime），是职权主义在诉讼资料收集这一层次上的体现，其内容包括：即使是双方当事人都未主张的事实，法院也能予以认定；法院

---

① 最高法院《关于民事诉讼证据的若干规定》考虑到实践中举证责任问题的复杂性，在特殊情况下存在不属于法律和司法解释规定的举证责任倒置，而依照法律和举证责任分配的一般规则又无法确定举证责任承担的情形，规定在这种情况下，由审判人员根据公平原则和诚实信用原则，综合当事人举证能力、证据距离等因素，确定举证责任的承担。

的行为不受当事人主张的拘束；法院可以依职权广泛地调查证据。①

英美法系由于不强调公私法的划分，司法审查程序基本上适用普通民事诉讼的规则，因此与民事诉讼一样适用辩论原则。大陆法系国家，如法国和德国等均采用职权调查原则。大陆法系国家认为，行政诉讼由于事关公共利益，法院应当依职权调查事实关系，不受当事人主张的拘束，"撤销诉讼的当事人，一为公权力主体之政府机关，一为人民，两造不仅有不对等之权力关系，且因政府机关之行政行为恒具专门性、复杂性及科技性，殊难为人民所了解。又政府机关之行政行为，每涉及公务机密，人民取得有关资料亦属不易，为免人民因无从举证而负担不利之效果，爰规定行政法院于撤销诉讼应依职权调查证据，以资解决。又行政诉讼以保障人民权益及确保行政权之合法行使为主要目的，故遇与公益有关之事项，行政法院亦应依职权调查取证，期得实质之真实"②。日本在第二次世界大战前采取职权调查原则，第二次世界大战后受美国的影响改采辩论原则。日本《行政案件诉讼法》第24条规定："法院在认为必要时，可以依据职权进行调查。"也就是说，由于当事人举证的不充分，法院无法得到有关争讼中事实部分公正的心证时，可以依据职权传唤证人，督促提出物证，以自己的职权进行证据调查。但通说认为，对于当事人之间无争议的事实，仍不允许法院扩大自己纷争的范围进行审理。日本行政法学界有很多学者对现行行政诉讼制度进行批判，认为应借鉴以德国为代表的大陆法系国家的规定。

在辩论原则下，主要事实在当事人未在言辞辩论中陈述者，不得采为判决的基础，因此当事人对于有利于己的主要事实须提出证据，这种行为责任即是主观上的举证责任，也称主观责任，其范围与客观举证责任的范围一致。在职权探知原则下，法院应依职权探知事实，不待当事人的主张，因此一般认为并不存在主观举证责任。

（二）我国行政诉讼在资料收集上应当采取的原则

由于我国目前行政诉讼程序（主要是审判程序）的运作过程还存在很多问题，例如法官与当事人的责任混淆，法官的角色过于积极，甚至代替行

---

① 参见［日］谷口安平《程序的正义与诉讼》，王亚新等译，中国政法大学出版社1994年版，第101页以下；张卫平：《民事诉讼基本模式：转换与选择之根据》，《现代法学》1996年第6期，第4页以下。

② 引自我国台湾地区行政诉讼法立法理由书，其针对的是该法第133条的规定："行政诉讼于撤销诉讼，应依职权调查证据；于其他诉讼，为维护公益者，亦同。"

政机关举证，与行政机关一起审被告；法官庭外活动过多，庭审职能淡化，庭前调查取证并进行实体审查等。对此，很多法官和学者都将其归结为我国行政诉讼所采取的职权原则构造模式，并希望参考民事诉讼领域进行的当事人原则的改革来转换我国的行政诉讼模式，其中主要的一个方面就是要在诉讼资料收集上以辩论原则取代职权探知原则。笔者认为，首先应当明确，不能把目前行政实践中的问题都归结到职权探知原则上，这其中很大一部分问题是在于法院不遵守法律规定以及法院内部结构上的缺陷。我们或许可以说，我国行政诉讼实践中最大的特征是欠缺规范和缺乏理性，如果硬要将其纳入一个模式的话，那就是"超职权原则"的模式。因此，中国行政诉讼的实践并不能证伪职权原则，讨论中国实践中的行政审判是职权原则还是当事人原则，根本就是一个伪问题。"原则可拿来，问题须土产，理论应自立。"（秦晖语）在行政诉讼中实行职权原则还是当事人原则，必须借鉴他国经验，结合中国国情，探讨针对本土问题的解决方案。基于这种考虑，我们认为，我国行政诉讼应当以借鉴大陆法系职权原则模式为基础，同时注意明确职权原则的界限，并结合中国的实际对其加以一定的限制，以弱化我国目前行政诉讼实践中的"超职权原则"色彩。

　　1. 我国行政诉讼仍应以职权探知原则为基础。这主要是因为辩论原则的正常运行建立在双方当事人参与能力大体对等的前提下。但在我国行政机关拥有强大的行政权，并且常以保密等各种理由拒绝公民、法人获得证据，公民、法人调查事实、搜集证据以及对法律掌握的能力都无法与行政机关相抗衡，而且由于大多数行政诉讼的代理费用较少，并且阻力和压力大，不能吸引更多的律师（特别是优秀律师）作为代理人参与诉讼；因此，如果实行辩论原则，必将严重影响行政审判的实体公正，不利于对相对人权益的有力保护。以职权探知原则为基础应当体现在下列方面：（1）法院对行政行为合法性的审查，不以原告所主张事实为限，而应当从行政行为合法性的要件出发对其进行全面审查。（2）法院对于有助于查明被诉行政行为违法的证据，应当依职权进行积极全面的调查。（3）当事人的自认对于法院没有拘束力。在当事人原则（辩论原则）下，自认具有排除事实提出者举证责任的效果；而在职权原则（职权探知原则）下，法院仍应当调查必要的证据。

　　2. 应明确职权探知原则的界限。首先应当充分调动原告主张和举证的积极性。法院在原告因为正当原因不能提供证据时可以进行调查取证，但不应完全取代原告的取证，否则既影响诉讼效率，也不利于原告积极性的发挥；因此，应当通过设定原告的协力义务，来减轻法院的负担。职权探知原则也未免除当事人依法提出证明及证据的责任，当事人的行为在实际上构成了法院调查的界限。因为法院不可能漫无目标地探知事实关系和调查取证，法院调查的强度和界限范围在很大程度上取决于当事人的陈述主张。特别是该项必须查明的事实属于原告所了解的领域更是如此。如果原告对于行政机关的意见未予答辩，则法院仅依照卷宗资料审查行政行为在事实与法律上有无瑕疵，即已尽其调查义务。其次，人民法院在职权调查中的证据应当经当庭出示，听取当事人的意见，其目的在于保证证据的客观合法，防止法院滥用职权。

　　3. 彻底的职权探知原则有其弊端，应当加以必要的修正和限制。行政诉讼中采取职权探知原则的主要目的，是保障作为弱者的原告能够与行政机关形成有效的对抗。如果法院在行政审判活动中为行政行为合法性提供事实和证据加以支持，则将造成相对人更大的困难，并使其对提起行政诉讼视为畏途，这在我国行政案件偏少、相对人诉讼意识淡薄的情形下是应当加以克服的。为此，应当明确行政诉讼中职权探知原则的单方性，即法院调查的事实和证据只能用以证明行政行为的违法性，而不能用来证明行政行为的合法性。这与典型的职权探知原则存在很大的区别。在典型的职权探知原则下，法院对判断行政行为合法性的所有事实和证据，无论是对原告有利还是对被告有利，都应当进行调查，而不限于对被告不利的证据。不仅如此，法院还可以依职权对被诉行政行为的理由（包括事实认定和法律适用）进行替换，通过用合法的理由对非法理由的代替来治愈被诉行政行为的瑕疵并作出驳回诉讼判决。① 笔者认为，这一规定的主要优点在于保证行政行为，但弊病在于不能达到有效全面控制行政行为的目的②，并且容易给公民、法人留下法院和行政机关共同对付自己的印象。规定职权探知的单方性则没有这方面的弊病，这似乎对保护公共利益不利（大陆法系国家在行政诉讼中采取职权

---

　　① 如德国通说认为，行政法院在判断行政行为是否合法时，应当斟酌被诉行政行为的一切法律上的理由和事实，而不以被告在作出行政行为时所依据的事实和理由为限。但也有少数学者对此持不同意见，如 Kopp 认为，在法院已经确认行政行为是通过足以影响其决定的瑕疵程序作出，或作为行政机关决定基础的事实和法律上的考虑错误有瑕疵时，即应撤销该行政行为，而不许考虑行政行为是否可以根据其他的事实与理由合法做成。参见陈清秀《行政诉讼法》，（台北）翰芦图书出版有限公司 2001 年版，第 392 页以下。

　　② 我国对行政行为合法性的判定，不仅在于最后的处理结果（例如处罚的数额，是否予以许可等），还包括其事实认定和法律适用，而德国法则认为审查的对象即是最后的处理结果，如果处理结果正确而事实认定和法律适用有瑕疵，行政机关或法院变更或追加理由后该瑕疵即可弥补。

探知原则的主要理由之一即在于公共利益的维护），但是笔者认为，行政机关的能力已经足够收集到其所作的证据，法院不协助被告举证，对实体真实的发现一般并无影响。在单方面的职权探知原则下，仅被告行政机关承担主观的举证责任，原告不承担举证责任。

（三）对我国相关规定的解释

我国《行政诉讼法》第34条规定："人民法院有权要求当事人提供或者补充证据。人民法院有权向有关行政机关以及其他组织、公民调取证据"，这其中蕴涵的精神应是职权探知主义。从行政诉讼实践来看，对于事实认定不限于当事人主张的范围，即使当事人未提出的事实法院也可以认定；法院为了查清案件事实，可以积极主动地调查取证；当事人的自认对于法院没有拘束力。这都反映了职权探知主义的精神。

最高人民法院《关于执行〈中华人民共和国行政诉讼法若干问题的解释〉》第29条曾规定："有下列情形之一的，人民法院有权调取证据：（一）原告或者第三人及其诉讼代理人提供了证据线索，但无法自行收集而申请人民法院调取的；（二）当事人应当提供而无法提供原件或者原物的。"这一规定体现了对法院调取证据的限制，但是若将所列两点作为法院能够调取证据情形的穷尽列举则是不恰当的，与职权主义的精神不合，是否与行政诉讼法规定契合也令人怀疑。[①]

《关于行政诉讼证据若干问题的规定》第22条规定："根据行政诉讼法第34条第2款的规定，有下列情形之一的，人民法院有权向有关行政机关以及其他组织、公民调取证据：（一）涉及国家利益、公共利益或者他人合法权益的事实认定的；（二）涉及依职权追加当事人、中止诉讼、终结诉讼、回避等程序性事项的。"由于行政诉讼绝大多数均涉及国家利益、公共利益或者他人合法权益的事实认定等，这一规定可以认为是对行政诉讼法所规定的职权调查主义的再次确认。第9条还规定："根据行政诉讼法第三十四条第一款的规定，人民法院有权要求当事人提供或者补充证据。对当事人无争议，但涉及国家利益、公共利益或者他人合法权益的事实，人民法院可以责令当事人提供或者补充有关证据。"此外，第65条规定："在庭审中一

---

① 我国《民事诉讼法》第64条第2款规定："当事人及其诉讼代理人因客观原因不能自行收集的证据，或者人民法院认定审理案件需要的证据，人民法院应当调查收集。"这一规定适用于民事诉讼虽然受到诟病，适用于行政诉讼倒是合适的。

方当事人或者其代理人在代理权限范围内对另一方当事人陈述的案件事实明确表示认可的，人民法院可以对该事实予以认定。但有相反证据足以推翻的除外。"该条运用的"可以"一词，表明当事人的自认对于人民法院并无拘束力，也是职权探知主义的体现。此外，关于职权探知的界限以及单方性问题，在该司法解释中也得到一定程度的承认。该司法解释第23条第2款规定："人民法院不得为证明被诉具体行政行为的合法性，调取被告在作出具体行政行为时未收集的证据。"第38条第2款规定："人民法院依职权调取的证据，由法庭出示，并可就调取该证据的情况进行说明，听取当事人意见。"当然这方面的规定还很不明确和完善。

　　由上可见，对我国行政诉讼法和相关司法解释的相关规定，我们可以将其解释为采取了单方的职权探知主义，从而原告在行政诉讼过程中不存在主观意义上的举证责任（但要承担一定的协力义务），但被告行政机关承担主观意义上举证责任。在这一背景下，我们再来阅读《行政诉讼法》第32条规定，就可以根据系统解释原则，将其中的"举证责任"合理地解释为主观意义上而非客观意义上的举证责任。

第五章 行政诉讼中的法律问题

一 行政诉讼中法律问题的意义

（一）概述

每一个行政决定都是将法律所赋予的职权适用于具体的事实，因此，法律规则应该是行政决定过程的（唯一）决定因素。然而，由于法律授权往往比较原则和抽象，而客观现实却千差万别，完全由规则所决定的羁束行政决定因此只是很少一部分。在大量的行政管理活动中，行政机关在将法律规则适用于具体的事实之前，必须根据法律、政策、习惯、有意识、无意识等的考虑，对自身职权的范围、行使条件、程序以及法律规则之间的关系等作出判断，然后进行选择。行政诉讼中，法院对行政机关这些判断的审查，就构成了法律问题，或称为法律适用问题。可以看出，行政诉讼中的法律适用是法院对于行政机关最初法律适用的审查，是第二次适用。

行政决定必须合法、合理和科学，是当代行政法对行政权的基本要求。[①] 在行政诉讼中，法院对被控行政行为合法性、合理性和科学性的判断，通常被称为对法律问题、政策问题和事实问题进行司法审查。事实问题、政策问题与法律问题的区分对于理解行政权与司法权在国家生活中的作用以及完善行政诉讼制度有着决定性的意义。

法院对于法律问题的判断，主要是依据有关的法律规定，审查行政机关是否遵循法定程序，按照有关的授权法律行使职权。但是，由于在行政法律关系中，行政行为以相对人的服从为基本特征，具有强制性和不平等性，公民总是处于弱的一方，加上行政管理领域庞杂且多变化，具体的法律规定（实体的和程序的）往往不敷需要，或者会随情势变迁而难以及时修改，相互之间出现矛盾，有的时候法院适用的法律甚至会是行政机关自己拟定、制

---

① 全面论述可见周汉华《论行政诉讼中的司法能动性——完善我国行政诉讼制度的理论思考》，《法学研究》1993 年第 2 期。

定的。这样，法院在进行法律问题的审查时，仅凭有关的法律规定显然是不够的。换言之，法院除了根据具体的法律规定对行政行为进行审查以外，在某些情况下还要根据宪法和法律的一般原则，对行政行为进行监督。行政行为如果不符合有关的法律原则，如公平、公开、公正、平等、人权、听取意见、先取证后裁决等，即使没有具体的法律规定，也构成违法，法院可以予以撤销。法院对法律问题所进行的审查，是一种严格的审查，是一种双重监督。法律问题的决定权基本上掌握在法院手中。

与法律问题相对，法院对政策问题虽有一定的审查权，但在行政诉讼中，法院只审查行政行为的合法性，不论其是否妥当，这几乎是各国的通例。对政策问题拥有最后发言权的机关主要是建立在代议制民主之上的代议机关。政策问题在行政诉讼中有两类：一是相对人对行政行为的合理性提起诉讼，法院一般均不予受理；二是在较为复杂的案件中，政策问题构成案件的一个有机组成部分，这时，法院应首先求诸代议机关的意图，如果代议机关的意图不明，法院应保持克制，在最大限度上尊重行政机关的政策选择。

对于行政行为科学性的判断，实际上是对行政机关认定的事实的可靠性的审查，法院既不能像对法律问题那样严格审查，也不能像对政策问题那么高度尊重，而要保持一种相对中立的态度。一方面，由于行政机关熟悉其业务范围内的工作，并且有众多的专家和充足的时间和财力，在作出行政决定前大多经过了较为充分的调查和论证。法院由于人力、财力和诉讼时限等方面的原因，基本上只能坐堂问案，不可能对一切事实都进行详细的查证。因此，在某些情况下，法院对行政机关认定的事实应相对尊重，不能轻易以自己对事实的判断代替行政机关对事实的判断，这在技术性强的行政管理领域尤其明显，如确立环境保护标准、认定产品质量等。另一方面，必须明确，法院对行政行为所进行的司法审查，无非是在查清事实的基础上，正确地适用法律的活动，如果将对事实问题的决定权完全委诸行政机关，不但会削弱法院对公民权利的保护功能，还会使整个司法审查流于形式，名存实亡。因此，在某些案件中，法院必须对主要事实进行详细的查证，以尽量接近客观真实。显而易见，在对事实问题的判断上，不变的只是法院相对中立的审查态度，至于什么情况下需要以法院对事实问题的判断代替行政机关对事实问题的判断，什么情况下应尊重行政机关的认定，对行政机关的判断应审查到何种程度等，只有在具体的案件中，根据具体的情况，作出具体的选择。

行政诉讼中法院对法律问题、事实问题、政策问题审查力度从严格审查、相对中立到高度尊重的递减，是行政诉讼的特有规律，是行政诉讼司法能动性的基本表现之一。一般来讲，法院对于事实问题有否决权但无直接的决定权，它可以以证据不足为由否定行政机关的事实判断。只有在极少数情况下，司法权才可会积极地查证事实问题。这是各国通例，也是我国司法制度的改革方向。与之相反，对于法律问题，行政机关与司法机关承担着适用与解释的共同责任，并且，司法机关可以超越行政机关的判断，自主地决定法律问题。①

当然，对审查力度的递减不能机械地理解，而要根据具体情况灵活地加以运用。法院对政策问题的高度尊重，并不排斥法院以合理性原则审查行政自由裁量权的行使（政治问题的法律化正成为各国的一个普遍发展趋势），并以不合理或武断等理由撤销行政行为；同样，法院对法律问题的严格审查在许多情况下也要充分考虑行政机关的意见和看法，不能轻易以法院对法律规定的认识代替行政机关对法律规定的认识，应保持法律问题作为第二次适用的基本特征。

（二）法律问题、政策问题与事实问题的区分

根据我国行政诉讼法第 52 条的规定，在行政诉讼中，"法律"是指可以作为人民法院审判依据的法律、行政法规和地方性法规。因此，从狭义上讲，所谓的法律问题仅仅是指与这些法律渊源的适用有关的问题，或者说是指人民法院的审判依据问题。但是，由于行政机关执行法律的活动不能局限于法院的审判依据，因此，从广义上讲，法律问题的范围更广，包括对所有法律规范的理解、解释与适用。也就是说，除了作为行政诉讼审判依据的法律、行政法规和地方性法规以外，包括作为"参照"的规章以及规章以下的其他规范性文件，都属于法律问题的范畴，并且，对于所有这些法律与规范性文件的理解、解释与适用，也属于法律问题。这种广义的理解，既是各国的普遍经验，也是我国行政执法实践的真实反映。对于这些问题，法院要进行严格审查，并握有最后的决定权。

行政诉讼中的事实问题，是人们对某一现象已经发生或将要发生的客观真实性的判断，它独立于或先于对该现象所要引起的法律后果的判断。事实问题主要有两类：特定（裁决）事实和一般（立法）事实。特定事实是指

① 对于行政机关与司法机关在法律问题上的关系，最精辟的表述源于一位美国学者。他指出，"他们是合伙关系……而法院是高级合伙人"。见 Louis Jaffe, Judicial Review: Question of Law, *Harvard Law Review.* p. 239。

在具体的行政决定中，与特定相对人的权利和义务密切相关的事实判断，即那些可以由证据"证明"的事实。一般事实则是指行政机关根据有关的资料和知识，对于法律规定的事实要件的总的判断，即可以进行科学"评估"的事实。对于这两类不同的事实问题，法院应区分不同的行政管理部门、不同的案件，进行具体的处理。例如，对于特定事实，一方面，由于它与相对人的权利密切相关，法院要亲自进行调查取证，以求真实。另一方面，由于行政机关对特定事实的判断是其日常工作，其数量巨大，如果法院都深入重新查证，势必影响法院其他重要职能的行使和整个社会的利益，不符合成本效益原则。因此，法院应在一定程度上允许存在合理的事实错误，以法律真实而非客观真实作为裁判的根据。再如，对于一般事实，由于它的影响面广，势必需要法院的严格监督，但是，行政程序和行政机关工作人员的知识结构决定了行政机关对于一般事实的判断（尤其是专业领域）可能比法院的判断更为合理。因此，法院也应本着科学的态度，做到恰如其分，尊重行政机关的选择。

行政机关在利益综合和协调的基础上，不是为了某个个别的目标，也不是为了解决个别的问题，而是为促进或保护公共利益作出决定，构成行政诉讼中的政策问题。行政机关的政策决定主要是以抽象行政行为的形式体现在有关的规范性文件之中，但在具体的行政决定中，也不时留有政策影响的痕迹，如对法律的解释和适用，对一般事实的确认，行政处罚的实施等。

以上区分只是法律问题、事实问题与政策问题在理论上的界限和各自的本质特点，至于行政诉讼实践中，情况则要复杂得多。

首先，法律问题和事实问题有时并没有截然的界限。例如，《行政诉讼法》第11条第1款第2项规定，"对限制人身自由或者对财产的查封、扣押、冻结等行政强制措施不服的"，可以提起诉讼。一段时期里，人们对收容审查是否属于"行政强制措施"产生过比较大的争议。如果从法律解释的角度分析，这是一个法律问题，在没有立法解释的情况下，法院应有最后的决定权；如果从收容审查的性质本身分析，这是一个一般事实的判断问题，行政机关的意见应有一定的权威性。这个例证虽然因为发布《最高人民法院关于贯彻执行〈行政诉讼法〉若干问题的意见（试行）》和最终废止收容审查措施而失去现实意义，但类似的将法律规定适用于特定对象所产生的问题却举不胜举（如报童是否属于法律规定的"雇员"，脚腕是否属于"足"等）。国外学者对于这种情况有两种不同的观点，一种认为这类问题属于法律和事实的混合问题，另一种则主张将法律问题从事实问题中分离出来。①

其次，法律问题和政策问题在许多情况下并不容易区分。例如，1981年6月10日全国人大常委会《关于加强法律解释工作的决议》规定，凡属法律条文本身需要进一步"明确界限"的，由全国人大常委会进行解释；凡属法律的"具体应用"问题，由国务院及主管部门进行解释。众所周知，在日常的行政管理工作中，行政机关一般是按照自己对法律的理解来适用法律，这时，行政机关如果是对"条文本身"的理解或解释，显然构成一个法律问题，法院应进行严格审查，并可宣布其适用法律错误；但是，行政机关如果是对"具体应用"的理解或解释，则属于法律赋予其职权范围内的工作，构成一个政策问题，除非这种理解或解释不合理，法院应保持高度的尊重。质言之，法律解释（适用）虽然在一般情况下属于法律问题，但并不是一成不变的，在某些情况下，它有可能成为政策问题（或事实问题）。可能是基于类似的分析，美国学者西顿菲尔德对于一位著名学者提出的除非有国会的明确授权，否则法院不应尊重行政机关对法律的解释的看法，提出了自己的反对意见，认为行政机关的法律解释性质各异，法院只应否定行政机关扩大职权的解释。②

最后，从形式上看，事实问题和政策问题比较容易区分，一个是对客观事实的判断，一个是进行利益综合和平衡，但在复杂的行政案件中，它们的界限往往也会变得比较模糊。例如，行政机关在确立某一卫生标准或防污标准的时候，除了从纯科学的角度进行客观的论证以外，必然还要考虑确立标准将会对某地区或某行业社会经济发展所产生的各种影响，这样，最终确立的标准必然受到政策的制约。这时的一般事实问题，实际上已经渗有政策的因素。再如，在许多案件中，某些特定事实根本证明不了或难以证明（如土地是否经过"四固定"，一直是土地权属争议中的难点），这种情况下，行政机关有时不得不考虑社会影响，作出带有政策性的特定事实判断。显然，这时的特定事实判断已不是单纯的事实问题，至少是事实与政策交织的混合问题。

---

① See note, An Issue-Driven Strategy for Review of Agency Decisions, *Admin Law Review.* 43 (1991), p. 534.

② See note, A Civic Republican Justification for the Bureaucratic State, *Harvard Law Review.* 105 (1992), p. 1565.

显而易见，法律问题、政策问题和事实问题三者之间的界限既是清晰的，又是相对、动态的，有时候会你中有我，我中有你，形成一个开放的区间。法院在确定争议的性质时，必须发挥主动性和创造性，从相互交织的链条中，最终确定争议的问题的性质。

二　对法律问题的司法审查

（一）法律问题与司法审查的力度

法律规范通常可以分为禁止性规范、义务性规范和授权性规范。禁止性规范是规定不得为某种行为的法律规范，对行政机关而言，它要求行政机关在决定过程中，不得考虑某些因素。例如，行政机关录用公务员，不得将性别、家庭出身、民族、社会关系、身高等因素作为决定录用与否的标准。义务性规范是规定必须作出一定行为的法律规范，对行政机关而言，它要求行政机关将某些因素当做决定过程的决定性因素。例如，行政机关录用公务员，必须给所有通过书面考试者复试的机会。显然，不论是禁止性规范还是义务性规范，行政机关都只能严格地依照法律规范的规定行为，没有自由裁量权。

授权性规范是规定有权作出某种行为的法律规范，法律既不禁止作出一定的行为，又不要求必须作出一定的行为，而是授权可以作出一定的行为。授权性规范要求行政机关在决定过程中，可以考虑某些因素，然而，这些因素又不是决定性的。例如，行政机关录用公务员，复试阶段应该考察应试者的思想觉悟、工作经验、知识结构、理论水平、领导水平、口头与书面表达能力等多项素质。应试者的每一项素质都与其是否能够被录用有关，然而，每一项素质本身都不能直接决定最后的结果。行政机关必须综合考虑当前的干部政策、具体职位的要求、应试者的综合能力及较其他应试者的相对优势等因素以后，才能作出决定。因此，授权性规范允许，甚至要求行政机关行使自由裁量权，根据法律、政策、习惯、有意识、无意识的考虑等多重因素，作出选择。

对于行政机关来讲，授权性规范是其日常工作中最为常见的规范，除了少数受义务性规范制约的决定以外，行政机关的大多数决定必须经过一定的选择。行政执法的这种内在特点表明，法律在授权给行政机关时，就已经包含了自由裁量权的考虑，要求行政机关在理解、解释和适用法律规则时，进行必要的政策选择。只要行政机关对法律问题的判断在法律规定的范围之内，法院就应该予以尊重，不得以司法权代替行政权，随意否定行政机关依法享有的自由裁量权。

　　一种意见认为，当行政争议诉诸法院以后，司法应独立地对所有的法律规范形成自己的判断，并且，只要行政机关对法律问题的判断与法院对法律问题的判断不一样，就应该否定行政机关的看法，推翻行政决定。这种看法不正确，根源在于对行政执法与司法审查的认识错误。行政机关是国家的执法机关，必须对法律规范作出自己的判断并加以实施。日常生活中，绝大部分执法活动并不会诉诸法院，因此，行政机关对法律问题的判断往往是具有最终法律效力的判断。当行政争议诉诸法院以后，法院并不是对法律规范进行政策选择或初次判断，而是对行政机关对法律规范的判断进行合法性审查，合法则加以维护，否则予以撤销，由行政机关重新作出判断。对法律规范进行政策选择或初次判断（这是法律赋予行政机关的自由裁量权）与对行政机关的选择的合法性进行审查或第二次适用（这是法律赋予法院的司法审查权），是截然不同的两个过程。要求法院对所有的法律规范形成自己的判断，丝毫不尊重行政机关的政策选择，实际上是让法院承担行政执法的职能，这在理论上不合理，在实践中不可行。正因为如此，尽管我国行政诉讼理论一直未能对司法审查中的法律问题给予足够的重视，司法实践中却自发地进行着大量的创造性工作。诸如卫生部门将流行病学调查结论作为判断食物中毒的依据，[1] 环境保护部门根据《工业企业厂界噪声标准》对文化娱乐场所噪声污染征收排污费，[2] 环保部门根据人群嗅觉感官判断是否存在"恶臭"，[3] 行政机关将没收物"返卖"给被没收者的做法，[4] 在司法实践中都得到了人民法院的认可和赞同。

　　当然，尽管行政机关对法律问题判断经常会受到法院的尊重，但这并不说明行政机关就是法律问题的最终权威，其意见不可被推翻。恰恰相反，只有法院才是法律问题的最终决定者，只要法院认为必要，它可以以自己的意见代替行政机关的意见。这是因为，第一，行政机关是国家权力机关的执行机关，它不但必须执行国家权力机关的决定，还必须执行上级国家行政机关

----

① 　最高人民法院中国应用法学研究所编：《人民法院案例选》总第 12 辑，第 184 页。
② 　同上书，第 175 页。
③ 　最高人民法院中国应用法学研究所编：《人民法院案例选》总第 10 辑，第 175 页。
④ 　最高人民法院中国应用法学研究所编：《人民法院案例选》总第 11 辑，第 174 页。

的决定和命令。具体到我国，行政机关不但执行法律、行政法规、地方性法规，还要执行部门规章、地方政府规章以及其他规范性文件。对于这些规范性文件，行政机关没有选择适用权，更不能拒绝适用，必须不折不扣地予以贯彻。并且，由于行政管理实行层级领导和首长负责制，直接上一级领导者的命令往往具有最大的相关性，必须执行。这样，如果规范性文件之间出现不一致，行政执法部门本身根本无法解决。对于法院而言，适用法律意味着以宪法为最高权威，以法律、行政法规、地方性法规为依据，以规章为参照，适当考虑其他规范性文件，在一般法律原则的指导下进行适用。对于诸规范性文件之间的不一致，法院可以通过有关途径解决，也可以选择适用效力等级更高的规则。因此，只有在司法审查过程中，通过法院对法律问题的判断，才能保证实现法制的统一，维护宪法和法律的权威。第二，尽管法律授权给行政机关时，就已经包含有自由裁量权的考虑，要求行政机关对法律问题进行一定的政策选择，但是，行政机关对法律问题的自由裁量权只能在法律规定的范围内行使，只能在法律规则"具体应用"范围内进行选择。如果行政机关的自由裁量权超出法定范围，变成对"条文本身"的变更，则自由裁量权实际上变成了立法权，这时，就需要法院直接推翻行政机关的决定或通过有关渠道解决问题，保证行政机关在法律范围内行使职权。第三，即使法院在许多情况下尊重行政机关对法律问题的判断，也并不表明法院放弃了对法律问题的最终决定权，它只意味着法院认可行政机关对法律问题的判断，最终决定权仍由法院掌握。

司法实践中，人民法院否定行政机关对法律问题的看法的案例不胜枚举，诸如水利行政部门认为有权独自对河道采砂进行审批并发证，[1] 公安部门认为其限制人身自由、扣押财产的行为属刑事侦查行为而非具体行政行为，[2] 盐务行政部门将对盐产品的封存、扣押解释为应予没收，[3] 工商行政部门认为相对人在未取得准许的情况下对农药进行生产、销售属"无证生产、销售农药"[4] 的判断，都遭到人民法院的否定。

---

[1]　最高人民法院中国应用法学研究所编：《人民法院案例选》总第 2 辑，第 190 页。

[2]　最高人民法院中国应用法学研究所编：《人民法院案例选》总第 12 辑，第 171 页。

[3]　最高人民法院中国应用法学研究所编：《人民法院案例选》总第 7 辑，第 193 页。

[4]　最高人民法院中国应用法学研究所编：《人民法院案例选》总第 11 辑，第 162 页。

案例分析：

基本案情介绍

泉州市宝岛卡拉 OK 音乐厅因向外界排放噪声超标
被泉州市环境保护局予以行政处罚案

位于泉州市鲤城区的宝岛音乐厅（原告）于 1989 年建立。1993 年 7 月 8 日，泉州市环境保护局（被告）对宝岛音乐厅向外界排放噪声进行监测，监测点设在宝岛音乐厅大门外 1 米处，监测结果为向外界排放值为 65.8 分贝。1993 年 11 月 25 日，市环保局根据《中华人民共和国环境噪声污染防治条例》第十三条、《福建省征收排污费实施办法》第二条的规定，决定对原告征收环境噪声超标排污费。原告未予理睬。被告又于 1994 年 1 月 18 日，根据《中华人民共和国环境噪声污染防治条例》第十三条、《福建省征收排污费实施办法》第二条、第八条的规定，对原告处以罚款 3000 元，并追缴 1993 年 10 月份起的超标排污费 3200 元。

原告不服，向鲤城区人民法院提起行政诉讼。原告诉称，音乐厅属于文化娱乐活动场所，按照《中华人民共和国环境噪声污染防治条例》的规定，应属于社会生活噪声，不存在征收超标排污费的问题；再者，对歌舞厅的噪声的监督管理应由公安部门实施，市环保局对原告的处罚属于超越职权，请求法院依法撤销被告的处罚决定，以维护原告的合法权益。

被告辩称，原告因防治环境噪声污染设施不完善，噪声超标排放，污染环境，依法对其征收环境噪声超标排污费是完全正确的，并未超越职权，请求法院维持其作出的处罚决定。

在法院审理期间，被告就社会生活噪声是否征收超标排污费，其标准的适用应由何机关主管等问题向国家环保局请示。国家环保局函复市环保局，根据《环境保护法》第二十八条、《中华人民共和国环境噪声污染防治条例》第十三条，国务院发布的《征收排污费暂行办法》、《工业企业厂界噪声标准》等有关规定，对歌舞娱乐厅等文化娱乐场所向外界排放噪声超过标准的应当征收排污费，其排污情况应当向当地环保部门申报，并在限定时间内缴纳排污费。

原告在被告提供了国家环保局的解释后，于判决前以服从被告的处罚决定为由，向法院申请撤回起诉。

由于在《中华人民共和国环境噪声污染防治条例》中，只对工业噪声、建筑施工噪声规定应当符合国家规定的噪声排放标准，对文化娱乐场所没有明确规定其排放标准。因此，本案是一个法律依据并不太明确的案件，类似的情况在许多案件中也存在。对于这类案件，如果简单地以法律依据错误为由，撤销行政决定，就会使实际上造成了社会损害的行为无法得到追究，也无法保护第三人的合法权益（第三人还可以以不作为为由，不断要求行政机关制止侵权行为）。法院在审理本案时认为，《工业企业厂界噪声标准》适用于"其他也有可能造成噪声污染的企事业单位"。据此，在目前国家没有明确规定娱乐文化场所噪声排放标准的情况下，对在营业过程中向周围环境排放噪声，造成噪声污染的歌舞厅等娱乐场所征收噪声排污费，其噪声标准可以参照适用《工业企业厂界噪声标准》。因此，被告根据《工业企业厂界噪声标准》等的规定对原告征收排污费是正确的。

本案看起来是一个简单的法律适用问题，法院可以根本不考虑行政机关的看法，直接以依据不足为由推翻行政决定。但是，由于本案涉及法律不完备时的政策判断，法院应该对行政机关的判断给予充分的尊重。可以说，法院在审理当中所形成的认识是非常正确的。

（二）外国的经验

各国法律（成文法或判例法）虽都确立了法定审查根据，如程序不合法、越权、滥用职权等，但它们并不能解决司法审查的核心问题，尤其在复杂的行政案件中，诸如司法审查究竟应深入到什么程度，行政自由裁量权的界限应如何掌握等问题，法定审查根据往往显得无能为力。因此，在各国的司法审查理论和实践中，在表层的法定审查根据之下，都有一套指导法院进行司法审查的系统的或不系统的理论和原则。后者的完善程度，实际上标志着一国司法审查制度的发展水平。

在法国，行政法院基本上将行政案件分为三类，并对不同种类的案件采用不同的审查方法：①（1）行政机关没有任何自由裁量权，法院进行严格的审查。（2）行政机关拥有"绝对的"自由裁量权，行政法院几乎不能控制行政行为。（3）行政机关拥有一定的自由裁量权，但行政法院可以有效地控制政策的界限。

在英国，有限审查理论认为，一旦法律赋予行政机关对某些事项的管辖权，行政决定是对是错，都是最后的决定，法院无权进行审查。广泛审查理论则针锋相对，认为行政机关在行使管辖权之前，必须先由法院确定有关法

---

① L. Neville Brown, J. F. Garner, *French Administrative Law* (1983), pp. 153—161.

律规则的含义，以确认是否存在这种管辖权，因此，只有法院的决定才是最后的决定。处于这两种理论之间的则是所谓的管辖权事实原则，它认为行政机关在被授予权力的同时一定伴有某些条件，这些条件可以是法律的、事实的，也可以是管辖权的，它们构成行使权力的先决问题或"管辖权事实"。行政机关行使权力的时候必然会对这些问题作出最初的判断，但其决定不是最终决定。如果法院认定法律规定的先决条件不存在，那么行政机关的结论无效。[①]

在美国，根据问题的性质具体适用法律，源于新政时期。[②] 目前，"法院经常对属于其特殊权限范围内的法律问题作出判断，而对于其他问题，则实行自我限制，仅只确定合理性；而且，法院并不一般性地阐明合理性的含义，只是在每个具体的案件中，保持充分的能动性，可以向任何一个方向展开"[③]。

（三）我国的实践

尽管人民法院在实际审判中进行了大量探索，为立法和理论的进一步发展提供了宝贵的素材，但是，由于行政诉讼法对于司法审查的力度和范围几乎没有什么规定，加上司法环境尚不尽如人意，使得司法实践在许多方面多少带有一些被动性、不系统性及相互矛盾。主要表现在：

第一，根据《行政诉讼法》第 54 条第 2 款，人民法院合法性审查的法定审查根据有五项，分别是证据不足，适用法律、法规错误，违反法定程序，超越职权，滥用职权。然而，由于我国行政法学理论的落后，对这五项法定审查根据的内涵和外延至今仍无明确的界说，结果导致司法实践中适用混乱。对于本应归于适用法律、法规错误项下的法律问题，实践中时常以事实不清、证据不足代替，或以超越职权、滥用职权定性。并且，行政法学界对适用法律、法规错误的表现形式限定过窄，[④] 无法包括行政机关对法律规范的理解、解释与适用三位一体所构成的法律问题判断过程。所有这些，必然影响法定审查根据的包容性，使其无法适用于不同的环境。反观司法审查制度比较完备的国家，其合法性审查根据早已超出规则层面，成为全社会共同

---

① P. P. Craig, *Administrative Law* (1983), pp. 301—310.

② Bruce A. Ackerman, *Reconstructing American Law* (1984), pp. 10—19.

③ K. C. Davis, *Administrative Law Treatise* (1984), p. 332.

④ 可见罗豪才主编《中国的司法审查制度》，北京大学出版社 1993 年版，第 354—363 页及相关注解。

认同的价值和象征，法院可以据以应付各种情况，加强对行政行为的监督。

第二，人民法院审理行政案件，只对其合法性进行审查，至于行政行为的合理性或科学性，通常并不在法院的审查权限之内。因此，法院在根据法定审查根据对行政行为的合法性进行审查时，必须根据具体情况，合理地确定审查的力度或范围，既保证司法审查权的充分实现，又不干预行政权的正常行使。合理地确定司法审查的力度和范围，是高度艺术性的政策选择过程，是对法官素质的全面考验，是司法权获得社会尊重与认同的最终力量来源。然而，由于我国行政法理论对司法审查的力度或范围问题并未给予足够的重视，致使法院在法律问题的判断上缺少可以操作的原则和理论，很难确定应在何种情况下尊重行政机关的意见，在何种情况下应该以自己的判断代替行政机关的判断。结果，必然会出现该肯定的而否定，该否定的而肯定，或者进退两难，难以选择。这就使整个司法审查过程充满了不可预测性，难以为行政机关和相对人提供明确的行为指引。

第三，由于法院缺少对法律问题的判断标准，使得司法权究竟应该在社会生活中起多大作用处于一种极度的模糊状态，并使实际生活中出现了一些明显的矛盾现象。例如，陈乃信等诉渔政管理站案与黎德胜诉土管局案都涉及对法规所增加的处罚是否予以适用的问题（一个重要的背景是，两个案例均发生于行政处罚法制定之前）。① 黎案中，法院从土地管理法的立法宗旨出发，认定行政法规与法律相符；陈案中，法院从渔业法的字面规定出发，认定地方性法规与法律抵触。抛开两案的法律技术问题，不难发现同样的问题结果正好相反。这种矛盾现象的出现，一方面表明法院在判断法律问题时缺少成熟一贯的判断标准，另一方面则表明法院还不知道如何合理地界定司法权在社会生活中的地位和作用。陈案中，法院采用字面标准判断法律问题似乎维护了渔业法的权威，但问题却远非这么简单。由于本案经过层层上报，并由最高人民法院作出司法解释，因此，本案的意义远远超出了个案，而成为具有指导意义的规则。它意味着：凡上位法律规范没有规定的罚则，下位法律规范不能设定；凡下位法律规范创设的罚则，则不具有司法效力。这一规则实际上是对立法权限的划分规定了一条标准（后来制定的行政处罚法就是如此规定的），其不合理性在于：（1）在有关立法机关对中央与地方的立法

---

① 黎案中，行政法规将没收的范围由房屋扩张至房屋"与其他设施"；陈案中，地方性法规将没收的范围由渔具扩张至渔具"与渔船"。两案分别载《人民法院案例选》总第4辑第196页及总第11辑第184页。

权限进行明确的划分以前，地方立法权的范围显然不能由司法权确定，更不能由一个判决宣示。（2）在行政处罚法制定以前，当时的法律并未禁止地方性法规设定罚则，理论界对罚则设定权问题仍在争论之中，这种情况下，由法院判决禁止地方性法规的罚则设定权，显然过于轻率。（3）司法权永远只能对具体的争议行使，任何情况下，司法权都应该避免对超出具体争议范围的一般问题发表意见。陈案判决最后成为划分立法权限的标准，表明它已经超出了司法权的正常作用范围，代行了立法机关的职能。

三　我国行政诉讼中的法律适用问题

（一）我国行政诉讼中的法律适用规则

根据《行政诉讼法》第 52 条的规定，人民法院审理行政案件，以法律和行政法规、地方性法规为依据。地方性法规适用于本行政区域内发生的行政案件。人民法院审理民族自治地方的行政案件，并以该民族自治地方的自治条例和单行条例为依据。第 53 条规定，人民法院审理行政案件，参照国务院部、委根据法律和国务院的行政法规、决定、命令制定、发布的规章以及省、自治区、直辖市和省、自治区的人民政府所在地的市和经国务院批准的较大的市的人民政府根据法律和国务院的行政法规制定、发布的规章。

根据《最高人民法院关于执行〈中华人民共和国行政诉讼法〉若干问题的解释》第 62 条的规定，人民法院审理行政案件，适用最高人民法院司法解释的，应当在裁判文书中援引。人民法院审理行政案件，可以在裁判文书中引用合法有效的规章及其他规范性文件。

由此可见，只要法律规则不冲突（或者法院认为规则之间并不存在"不一致"的情况），不论是作为"依据"的法律、行政法规、地方性法规、自治条例和单行条例，还是作为"参照"的规章，抑或普通的司法解释和规章以下的其他规范性文件，都可以为人民法院审判案件所适用，作为裁判行政行为是否合法的基础。并且，如何援引或选择适用法律规则，也完全是人民法院的职权。① 人民法院选择适用的法律规则，应该是与案件事实最为

---

① 当然，对于不同的法律渊源，人民法院选择适用时的权重考虑是不一样的。

相关的规则，而不一定是效力等级最高的法律渊源。① 在具体案件中，法院选择适用效力等级低的法律渊源而非效力等级更高的法律渊源，或者作相反的选择，都是再正常不过的事情。当然，法院对于这样的选择结果应该在其判决中通过司法推理加以说明，并且，法院的选择结果只对个案起作用，并不能因此否定没有被选择的法律渊源的有效性。如果法院超出个案的范围，在选择适用以外宣称或判断未被选择的法律渊源无效或与现行有效法律"不一致"，则超出了司法权的作用范围，行使了应该由其他机关行使的职权。

如何判断法律规则之间是否存在"不一致"，要由法院根据宪法及法律的具体规定，尤其是《立法法》第五章的规定，参诸争议案件的事实，作出独立的判断。如果案件当事人认为法院的判断不合法，可以通过上诉机制或申诉机制提出异议，要求更正。如果国家权力机关或其他机关认为法院的判断不合理或者不合法，可以通过法定监督渠道加以纠正。无论如何，法律规则是否"不一致"的最初判断权只能由人民法院行使，否则，如果每一个案件都要先报送其他部门进行判断法律问题，则行政诉讼几乎无法进行下去。

《立法法》第五章对于法律的适用规则作了比较全面的规定，是人民法院判断法律规则之间是否存在"不一致"的重要依据。第78条规定，宪法具有最高的法律效力，一切法律、行政法规、地方性法规、自治条例和单行条例、规章都不得同宪法相抵触。第79条规定，法律的效力高于行政法规、地方性法规、规章。行政法规的效力高于地方性法规、规章。第80条规定，地方性法规的效力高于本级和下级地方政府规章。省、自治区的人民政府制定的规章的效力高于本行政区域内的较大的市的人民政府制定的规章。第81条规定，自治条例和单行条例依法对法律、行政法规、地方性法规作变通规定的，在本自治地方适用自治条例和单行条例的规定。经济特区法规根据授权对法律、行政法规、地方性法规作变通规定的，在本经济特区适用经济特区法规的规定。第82条规定，部门规章之间、部门规章与地方政府规章之间具有同等效力，在各自的权限范围内施行。第83条规定，同一机关制定的法律、行政法规、地方性法规、自治条例和单行条例、规章，特别规定与一般规定不一致的，适用特别规定；新的规定与旧的规定不一致的，适用新的规定。

---

① 一般案件中，法院没必要援引宪法裁判案件。

　　对于法律规则之间"不一致"的处理机关与程序,《宪法》、《立法法》与《行政诉讼法》等作了明确的规定:

　　在我国,监督宪法实施的权力属于全国人大及其常委会,发现法律同宪法相抵触的,应由全国人大及其常委会纠正。《立法法》第85条规定,法律之间对同一事项的新的一般规定与旧的特别规定不一致,不能确定如何适用时,由全国人民代表大会常务委员会裁决。

　　根据宪法的规定,全国人大常委会有权撤销同宪法、法律相抵触的行政法规。根据《立法法》第85条的规定,行政法规之间对同一事项的新的一般规定与旧的特别规定不一致,不能确定如何适用时,由国务院裁决。

　　根据《宪法》和《立法法》的规定,全国人大常委会有权撤销同宪法、法律、行政法规相抵触的地方性法规。地方性法规与部门规章之间对同一事项的规定不一致,不能确定如何适用时,由国务院提出意见,国务院认为应当适用地方性法规的,应当决定在该地方适用地方性法规的规定;认为应当适用部门规章的,应当提请全国人民代表大会常务委员会裁决。省、自治区、直辖市的人民代表大会有权改变或者撤销它的常务委员会制定的和批准的不适当的地方性法规。

　　根据《立法法》的规定,根据授权制定的法规与法律规定不一致,不能确定如何适用时,由全国人民代表大会常务委员会裁决。授权机关有权撤销被授权机关制定的超越授权范围或者违背授权目的的法规,必要时可以撤销授权。

　　根据《立法法》的规定,全国人民代表大会有权撤销全国人民代表大会常务委员会批准的违背宪法和《立法法》第66条第2款规定的自治条例和单行条例;全国人大常委会有权撤销省、自治区、直辖市的人民代表大会常务委员会批准的违背宪法和《立法法》第66条第2款规定的自治条例和单行条例。

　　根据《行政诉讼法》第53条的规定,人民法院认为地方人民政府制定、发布的规章与国务院部、委制定、发布的规章不一致的,以及国务院部、委制定、发布的规章之间不一致的,由最高人民法院送请国务院作出解释或者裁决。根据《立法法》第86条的规定,部门规章之间、部门规章与地方政府规章之间对同一事项的规定不一致时,由国务院裁决。国务院有权改变或者撤销不适当的部门规章和地方政府规章;地方人民代表大会常务委员会有权撤销本级人民政府制定的不适当的规章;省、自治区的人民政府有权改变或者撤销下一级人民政府制定的不适当的规章。

　　对于规章以下的规范性文件，根据我国宪法、地方人民代表大会与地方人民政府组织法等一系列法律的规定，上级人民政府可以加以撤销，本级人民代表大会常务委员会也有权予以撤销。

　　可见，法院在决定法律问题时，基本上可以分为两个步骤，首先要确定法律规则之间是否存在"不一致"，然后再根据判断的结果决定法院的行为方式。如果不存在不一致，法院可以广泛地行使其选择适用权（但不能不超出个案范围）；如果存在不一致，则要严格地依照我国的政体和宪法、法律的规定，中止案件的审理，将法律问题报请有权机关作出裁决，待裁决作出后才能继续审理案件。司法实践中，因为种种原因，① 一些地方的人民法院未能正确地处理好上述两个步骤之间的关系，或者超出个案范围之外判断某些法律渊源与现行法律"不一致"，导致司法权与立法权、行政权的关系紧张，加大了司法审查的难度，也使得司法权的性质发生了变异。

（二）　建立科学的法律问题判断标准

　　我国司法实践中的成功经验与种种问题，客观地要求从理论上对法律问题的判断标准加以理论化、系统化，为审理疑难案件提供可以操作的原则。下面，根据我国的实际，并借鉴其他国家的经验，归纳如下几条操作标准：

　　1. 立法目的标准

　　考察各国司法实践，不难发现立法目的标准是法院判断法律问题的最重要标准。法院究竟是否应该尊重行政机关对法律问题的判断，常常必须求诸具体法律的立法目的。这一标准的客观价值在于：（1）法律规范的有限性与现实世界的无限性决定了成文法永远不可能为所有的问题罗列所有的答案，对于成文法的漏洞与法律文件之间的冲突，只有通过对立法目的的探求才能加以弥合。在此意义上，求诸立法目的是法律规范得以有效实现的必要前提。（2）司法机关和行政机关都必须依法履行各自的职责，当两者对法律问题产生不同意见而法律规范本身无法提供答案时，求诸立法目的可以保证法院判决的客观性，防止司法机关超出法律之上，随意否定行政机关的工作。（3）由于法律授权给行政机关时通常包含有自由裁量权的考虑，因此，只有从立法目的出发才能真正有效地界定自由裁量权的范围，并遏制自由裁量权的滥用。

　　我国的司法审查中，许多法院经常非常有效地实践着这一标准。黎德胜

---

① 包括法律规定的裁决机制不起作用。

诉土管局案中，法院从立法目的出发，维护了行政机关对法律问题的判断。另外，福建省电子所诉福建省标准计量局案中法院对行政机关法律问题判断的支持，[①] 惠州市华盟公司诉惠州市技术监督局案中法院对地方性法规有关"应该接受检查而拒绝检查的产品视为不合格产品"的支持，[②] 都可以从立法目的标准中找到有力的根据。相反，郑州矿务局诉密县林业局案中，[③] 有关法律的立法目的非常明确，谁使用林木，谁承担缴纳育林基金的义务。因此，在确认谁应该缴纳育林基金时，只能以这一立法目的为标准，首先确认谁是"用户"。再审中，法院不是从立法目的，而是从谁是第一直接买方入手，认定缴纳育林基金的义务人，显然欠妥。

尽管立法目的标准是法院判断法律问题的最重要标准，但在立法目的不明确或呈现多样性的情况下，则不宜单独依据立法目的判断法律问题。此时，或者应依据其他标准来帮助确定立法目的，或者应独立运用其他标准解决问题。

2. 行政专业化标准

行政专业化标准既是一个独立的判断标准，又是立法目的标准的一个有机组成部分。由于法律授权给行政机关时通常包含有自由裁量权的考虑，因此，法院如果认为某一问题的解决有赖于行政专业化，则更容易尊重行政机关所采取的措施，并认定其与立法目的相符。在此意义上，行政专业化标准是保证行政机关有效地履行其自由裁量权的必要前提。

路达公司诉厦门市环保局案中，[④] 涉及如何确定大气污染防治法中所规定的"恶臭气体"的标准问题。相对人认为自己采取了有效的污染防治措施，并没有排放恶臭气体，行政机关仅根据某些人反映强烈，就认定相对人排放了恶臭气体，没有科学根据和法律法规依据。行政机关认为，由于国家尚未颁布恶臭物质监测规范和标准，在国内有关的环境管理实践中并借鉴国外办法，恶臭污染是根据人群嗅觉感官判断进行鉴别和确定的。行政诉讼中，法院认可了行政机关对法律问题的判断，这种尊重和认可，显然可以在行政专业化标准中找到根据。

然而，由于行政决定往往受多重因素的制约，除了行政专业化考虑以

---

① 最高人民法院中国应用法院研究所编：《人民法院案例选》总第 1 辑，第 191 页。
② 最高人民法院中国应用法院研究所编：《人民法院案例选》总第 13 辑，第 179 页。
③ 最高人民法院中国应用法院研究所编：《人民法院案例选》总第 8 辑，第 193 页。
④ 最高人民法院中国应用法院研究所编：《人民法院案例选》总第 10 辑，第 175 页。

外，事实、政策、习惯、机关工作作风、执法者个人素质等因素，都会对行政决定产生影响，加之不同的行政机关对行政专业化的要求不一样，不同的行政决定对行政专业化的要求也不一样，因此，对行政专业化标准显然不能机械地加以适用，必须由法院对专业化因素进行衡量。惠州市华盟公司诉惠州市技术监督局案中，尽管技术监督部门是一个对专业化要求很高的部门，但技术监督局将"违法所得"解释为"全部经营额"显然超出了其专业化范围，这种判断理应遭到法院的否定。

3. 司法职能标准

在绝大部分国家，法院的职能限于在具体的争议或案件中对争议的合法性作出裁判。对于无法以合法性标准加以判断的一般性问题（或称"非法律问题"、"政治性问题"），法院不能表达任何意见。对于司法职能的这一要求，在行政诉讼中尤其具有显著的意义，它不但可以理顺司法权、立法权、行政权三者之间的关系，使司法权在法律规定的范围内活动，并且可以在社会关系发育成熟以前，使司法机关获得一个"安全区"或"缓冲带"，不必对一般性问题作出判断，由此保持司法权的统一。美国著名宪法学者贝克尔指出，司法权通过"选择不选择"（choosing not to choose），可以保持其统一、尊严和地位，并等待显示力量的更好机会，这在很大程度上构成了司法权的最重要力量来源。[①]

我国《行政诉讼法》第 5 条关于人民法院"对具体行政行为是否合法进行审查"的规定，实际上确立的是同一原则，表明人民法院应在其职权范围内行使职权，不得介入一般性问题。浦城县交通工程队诉县水利局案中，[②] 争议的焦点是行政机关的颁证权。如果按照后法优于前法的原则判断法律问题，河道部门有权独自审批并颁证；如果不按照该原则判断法律问题，河道部门和地矿部门都有权颁证。本案中，有关的法律、法规及规章都未明确规定是否应适用该原则，最后法院未采用该原则。就法理根据而言，法院的裁判是正确的，因为如果法院在法律无明确规定的情况下采用该原则，实际上意味着由法院判决剥夺了一个部门的行政职权，宣示法律文件之间的关系，这显然超出了司法职能的范围。

当然，合法性标准的界限是相对的、变化的，随着时间、地点以及其他条件的改变，原来不宜由法院决定的一般性问题完全有可能成为司法职能范

① Grag J. Aichele, *Legal Realism and Twentieth-century American Jurispruder.ce*, 87 (1990).
② 最高人民法院中国应用法学研究所编：《人民法院案例选》总第 2 辑，第 190 页。

围内的问题。这就需要法院在确立司法权在社会生活中的作用时，准确地把握住变革的契机与时代的脉搏，随时加以调整。

4. 法制统一标准

司法权的最终目的在于维护法制的统一与尊严，保证个人权利的充分实现。因此，法院行使职权，不是简单地照搬法律规则，而是在公平、正义等宪法和法律原则的指导下辩证地加以运用。① 著名学者鲍曼在研究西方法律史的专著中曾深刻地指出，"法律是一种过程，而不单是规则，它是一种将规则适用于不同情况的辩证的过程"。② 在这个过程中，综合了逻辑、道德和政治等因素的系统的法律原则起着不可替代的重大作用，它们可以"判断、改正甚至消除某些现成的法律规定"，因此，在法律原则指导之下的辩证的法律过程，"与教条式地适用法律规则大异其趣"③。

南京状元酒店诉外汇管理局南京分局案中，④ 尽管有关法律文件并未明确规定外汇调剂能否委托投资公司进行，但法院依据基本民事权利只能由明确的法律规定才能加以限制这一原则，否定了行政机关对法律问题的判断，本案可以说是运用法律原则来确定法律问题的非常成功的案例。桐梓县农资公司诉县标准计量局案中，⑤ 在认定是否存在重复查处这一法律问题时，法院似乎未能将法律原则置于应有的地位之上。该案中，尽管工商局和标准计量局按照有关法律规则都有权处理倒卖骗卖劣质商品的行为，并且，生产流通领域中有关产品质量责任问题应由标准计量局处理，但是，在适用这些法律规则时，必须将它们与一事不再罚和不得重复查处的原则结合起来。工商局和标准计量局前后两次查处似乎都有法律规则支持，但这两次查处对于相对人而言实际上产生了重复处理的后果。因此，尽管标准计量局的后一次处理没有违反法律规则，但它却违背了法律原则，应被定性为重复查处。该案争议的问题不大，但反映的却是法律原则的地位这样的宏大问题。法院判断法律问题时仅从法律规则出发，不能不说失去了一次树立法律原则地位的绝好机会。

最后，需要指出的是，上述四项判断标准并不是孤立的、静止的，在某

---

① 对于法律原则与法律规则关系的一般论述，可参见 Ronald Dworkin, *Taking Rights Seriously*, (1977) p. 22。

② Harold J. Berman, *Law and Revolution*, (1983) pp. 253—254.

③ Ibid.

④ 最高人民法院中国应用法学研究所编：《人民法院案例选》总第 5 辑，第 175 页。

⑤ 最高人民法院中国应用法院研究所编：《人民法院案例选》总第 10 辑，第 181 页。

些案件中，不同的法官可能会选择适用不同的标准；某些案件中，适用不同的标准可以得出同样的结果；某些案件中，适用不同的标准可能得出不同的结果；某些案件中，可能必须对并存的多项标准进行平衡以后才能得出合理的结论。并且，除这四项判断标准以外，行政机关的声誉，行政机关判断法律问题的程序、时机、法律形式的区别都应该在法院判断法律问题的考虑之列。①

---

① 例如，法院应该区别对待行政机关在具体决定作出前对法律问题的判断和在诉讼开始后对法律问题的判断。

第六章　对行政裁量权的司法审查——英国法与德国法的比较

一　行政裁量的概念

在英国，行政裁量权（administrative discretional power）意指行政机关拥有在一定范围内选择是否行使行政权力和怎样行使权力的自由。根据普通法世界行政法学者的认识，裁量权的中心含义就是官员在运用权力作出决定时，对决定的理由和标准的确定拥有较大的自由空间。[1] 牛津大学著名行政法教授克雷格认为，所有对行政机关授予权力的规定，都可以分为两个部分：如果 X 存在，则行政机关可以或者应当做 Y，在这两个部分都可能存在行政裁量权。在前一部分中，法律经常会运用一些具有开放结构的不确定法律概念，例如"公共利益"，或者使用一些主观性的语言，例如"大臣认为必要时"等；在后一部分，当法律规定的是"可以"时，行政机关经常就会拥是否采取某种行为的选择权，而对于具体采取措施的范围与方式等，法律也往往留给行政机关自己一定的判断空间。[2] 在前者，法院审查的唯一方式是要求行政机关提供一定的证据正当化其判断，只要行政机关能够证明其判断具有合理的基础，法院就应当尊重；在后者，法院应当审查行政机关是否怠于行使裁量权、行使裁量权的过程是否适当以及是否存在滥用权力的情形等。[3]

从概念上来说，英国行政法行政裁量权所包括的范围要比德国行政法宽，在德国，行政裁量（Ermessen der Verwaltung）是指行政机关经由法律的授权，在法律规定的构成要件实现时，可以决定是否使相应的法律效果发生，或者

---

[1]　Galligan, *Discretionary Power: A Legal Study of Official Discretion* (1986); J. Beatson M. H. Matthews, *Administrative Law: Cases and Materials*, 2nd edition, Clarendon Press, Oxford, 1989, p. 165.

[2]　Paul Craig, *Administrative Law*, 3nd edition, Sweet&Maxwell, 1994, p. 384.

[3]　Paul Craig, *Administrative Law*, p. 368.

选择产生何种法律效果。① 可见德国法不承认行政机关在解释与适用法律时具有裁量权，行政法规范中所运用不确定法律概念并不意味着其授予行政机关裁量权。之所以不承认行政机关对不确定法律概念的解释和适用具有裁量权，是因为在德国法背景下，行政机关如果拥有裁量权意味着其拥有一定的裁量空间，从而法院的审查受到很大的限制，也即其仅能针对合法性而不针对合目的性（适当性）；而行政机关对不确定法律概念的解释与涵摄原则上要受法院的全面审查，只有在少数专业领域在不确定法律概念（而不包括涵摄）上才例外地承认存在仅受法院有限度审查的"判断余地"。②

在英国传统法治（rule of law）概念中，裁量权被认为是有悖于法治原则的，在戴雪对法治的经典界定中，裁量权的不存在被认为是英国法治的一大要素③，许多学者都曾针对行政机关享有裁量权进行抨击，将裁量权与专断权力相等同。但是，在现代行政国家中，由于行政的广泛性和复杂性，行政机关为了有效地行使职能，必须拥有较大程度的自主活动的空间，从而行政裁量权已经被普遍认为是保证行政机关实现公共利益的一个有价值的工具。④ 行政裁量权对于保证个案的正义也具有积极意义。英国实行责任内阁制，内阁为权力行使的便利，会尽可能提出一些使行政机关享有广泛裁量权的法案。因此，否认行政裁量权的存在已经是不可能的了，关键在于建立有效的机制对行政滥用裁量权的行为加以控制。对于行政裁量权的控制有不同的途径，从主体上看有议会（包括监督专员）的控制、上级行政机关的控制、行政裁判所的控制以及法院的控制；从方式上看有事先的程序要求和事后的监督救济。但在英国行政法上占据中心地位的还是法院的事后控制。在德国法治国（Rechtsstaat）概念中，行政裁量权的地位同样也经历了一个从否定到肯定的过程。19 世纪前后流行的自由法治国和形式法治国理念，强调国家权力的可

---

① 参见［德］哈特穆特·毛雷儿《行政法学总论》，高家伟译，法律出版社 2000 年版，第 124 页以下。

② Wolff, Bachof, Stober, Verwaltungsrecht, Band 1, C. H. Beck'sche Verlagsbuchhandlung, 1999, §31, Rdnr. 31；翁岳生：《论"不确定法律概念"与行政裁量之关系》，《行政法与现代法治国家》，台湾大学法学丛书编辑委员会 1989 年版，第 37 页以下。这是德国的主流学说，但对于不确定法律概念与行政裁量的区别是质的区别还是只是量的区别，则存在争议，另外也有少数学者否认行政裁量与不确定法律概念区分的实益。这方面的最新中文著作参见吴庚《行政法之理论与适用》，2001 年增订 7 版，第 122 页以下。

③ ［英］戴雪（戴西）：《英宪精义》，雷宾南译，中国法制出版社 2001 年版，第 232 页以下。

④ Rainer Grote, Judicail Review and Control of Legitimacy of Government Action, 国际宪法协会年会（北京，2002）论文。

预测性，认为国家公权力要受法律规则的严格拘束，对于行政机关拥有裁量权持坚决排斥的态度，当然在德国行政权强大的现实背景下，这种思潮并未发生实际的重要影响；进入 20 世纪后，德国法治国理念也发生了转向，① 占主导地位的实质法治国与社会法治国理念正视行政国家和社会国家中行政权膨胀的事实，在承认行政裁量权必要性的前提下，重视建构对行政裁量权的法律控制机制，行政法院在其中也同样扮演着最为重要的角色。②

二　对行政裁量权进行司法审查的宪法基础与类型

在奉行分权理念的英国，法院行政裁量权的控制需要进行正当性论证。英国法院和学界的论证，从传统上看一直是求助于越权原则（ultra vires）。英国主流行政法理论认为，越权原则是英国行政法的核心原则。"越权"一词意指"超越法律的授权"，根据越权原则，对行政行为（包括行政裁量行为）的司法审查权的正当基础在于法院在此过程中所做的正是贯彻议会意图。议会在通过法律将一定的行政权授予部长、独立机构和地方当局等时，一般都要设定一定的权力行使的条件。法院的职能是保障议会所确立的界限不被行政机关所突破。可见越权原则是英国议会主权原则在行政法中的体现。越权原则以两个相互联系的方法来实现这个目标。从狭义上来看，它要求行政机关必须遵守法定的权限（legal capacity），也即严格意义上的管辖权（jurisdiction in the strict sense）：例如一个机构如果仅被授予了对雇用关系问题的管辖权限则其不能管辖无关雇用关系问题的事项。从广义来看，越权原则被用来作为对行政机关权力行使行为进行控制的一系列要求的基础，例如遵守公平程序，为正当目的行使裁量权，不能不合理地行使权力等。③

---

① 关于德国法治国理念的变迁，参见郑永流《德国"法治国"思想和制度的起源与变迁》，于夏勇编《公法》（第 2 卷），第 37 页以下；陈新民：《国家的法治主义——英国的法治（The Rule of Law）与德国法治国（Der Rechtsstaat）之概念》，《德国公法学基础理论》（上册），山东人民出版社 2001 年版，第 71 页以下。

② 参见 [德] 罗兰德·弗里茨（德国法兰克福行政法院副院长）《保护公民免受违法行政决定之侵害》，行政法律制度国际研讨会（北京，2001）论文。

③ Paul Craig, Ultra Vires and the Foundations of Judicial Review, *Cambridge Law Journal* 57（1），p. 65. Mark Elliott, The Demise of Parliamentary Sovereignty? The Implications for Justifying Judicial Review, *The Law Quarterly Review* 115，p. 119. 对于越权原则的捍卫，可参见 Forsyth, Of Fig Leaves and Fairy Tales: the Ultra Vires Doctrine, the Sovereignty of Parliament and Judicial Review, *Cambridge Law Journal* 55（1），pp. 120—140.

从而越权原则就为司法审查既提供了基础又构成了限制。司法审查的基础在
于法院通过这种手段保证行政机关的行为遵守议会所确定的界限，而如果行
政行为在法律所规定的界限之内，则法院就不能干预。对于行政裁量的司法
审查，也要放在这个框架内加以讨论。一方面法院不能用自己的判断代替行
政机关的判断，但另一方面，法院可以以议会在授权时绝不会允许行政机关
将自己的决定建立在不相关的考虑或不正当的目的基础上为理由，对行政裁
量权加以控制。

在传统主流观点看来，越权原则构成了司法审查的一个充分且必要的理
据（rationale）。其必要性体现在司法干预的任何理由要能被接受都必须与
越权原则保持一致，其充分性体现在司法干预的任何理由只要与越权原则保
持一致，就不再需要对其正当性进行进一步的考察。目前在英国有许多学者
从不同的角度对越权原则的合理性进行批判。① 限于篇幅和主题，本书仅介
绍与对行政裁量权的司法审查相关的批评，这主要涉及越权原则的不确定性
和不现实性两个方面。

对越权原则的一个批评是其所导致的不确定性，这种批评认为，越权原
则不能为采纳何种司法审查标准提供指导，因为当法院决定审查到任何一个
程度时，都可以说诉诸议会的意图。这导致有学者将越权原则称之为法院的
一块"遮羞布"（fig leaf）②，它使得法院可以对行政行为干预到其认为适当
的任何程度，而又避免对行政权威的公开挑战。对越权原则的另一种批评意
见认为，越权原则不符合现实。法院对行政裁量进行控制的传统理据是贯彻
议会立法意图，但这有两个问题。首先，相关立法经常并未为法院提供采取
这些控制手段的具体指示。在立法中经常也难以发现哪些是行政机关应当考
虑的因素哪些是不应考虑的因素。通过立法过程去探求这些问题也是不现实
的。在立法的语言高度宽泛和开放时就更是如此。这时法院必然要运用自己
的判断。其次，通过回顾对行政裁量权的控制形式的历史发展过程，更可以

---

① Paul Craig, Ultra Vires and the Foundations of Judicial Review, *Cambridge Law Journal* 57（1），
pp. 63—90. 应当注意的是虽然这些学者对越权原则进行批判，但其一，他们并不是认为议会的意图
在决定司法审查的范围和程度时总是不相关的，因为在决定行政机关的权力范围时要考虑议会的意
图是不证自明的，他们所要反对的是将所有司法干预的理由都归结于议会的意图；其二，越权原则
的批评者也同样关注确保行政机关在一定的范围内行使权力，他们所争论的是相关的法律规则及其
含义在何种程度上能够通过援引议会意图得到解释。

② 这一比喻在出版物中的首次出现是在 John Laws 勋爵的 "*Illegality: the Problem of jurisdiction*"
一文中，该文载于 Supperstone & Goudie(eds). *Judicial Review*（1992）p. 67. 此后该比喻即经常被引
用。

发现诉诸议会意图方法的不现实性：这些控制形式不是静止不变而是处在不停的变动之中的，基本权利、正当期待和比例原则只是其中比较明显的几个例子，而这些发展是无法通过援引议会意图来加以解释的，它们都是基于法院的创造。法院经常声称，议会在立法时必然遵循被普遍接受的公平和正义的观念授予行政机关权力，不会授予行政机关不受法律约束的裁量权，法律不承认任何不受任何约束的裁量权，从授权性规范的目的来看，不合理行使裁量权便构成越权。厄普约翰（Upjohn）勋爵在 Padfield 案中认为，即使法律中明确规定授予决策者"不受约束的裁量权"，法院仍然可以进行干预，"议会法中即使运用了该形容词（即'不受拘束'的），也不能阻碍法院对行政机关裁量权的行使进行控制，也就是说，行政机关必须合法行使其权力，具有决定意义的是看法律规定以及其授予大臣裁量权的范围和目标，而不是其所用的那个形容词"。克雷格对此总结说，法院虽然往往声称其力图寻求议会立法的所谓真实意图，从而确保政府的权力必须限制在法律明确授权的范围内行使，但这往往是法院运用普通法的原则以及其他公平正义的一般原理来对行政权进行限制的一种修辞和借口，或者说是一种司法寻求正当性的一种技术和技巧，往往与真正的议会意图无关，更准确地说，对行政裁量权的司法干预不仅是司法对议会意图的执行（implement）而且更是一种补充（supplement）。司法在此的作用是执行与贯彻与法治原则所要求的公平行政原则（principles of fair administration）。①

　　虽然越权原则受到越来越多的批评，尤其是随着欧洲一体化进程的加剧，英国传统的议会主权原则也受到越来越多的限制，建立在议会主权原则基础之上的越权原则也同样遭到抨击，但由于历史的惯性以及尚未出现得到普遍承认的、对司法审查基础的解释能力超过越权原则的新原则，目前英国行政法理论与实务仍建立在越权原则的基础上。

　　但既然越权原则在法院的实际司法审查活动中并没有传统理论所宣称的那种拘束力，英国法院在确定司法审查的标准和密度（强度，intensity）时实际上受到哪些因素的影响呢？从宏观上来说，这往往要受当时占优势地位的关于法院的正当作用的看法的司法思潮的影响。如果一个时期强调司法对行政权的控制，则审查密度就较高，也就是说，行政机关更易于因行政权力行使不合理而被判定越权，从而行政机关的判断余地（margins of appreciation）就较小，相反，如果当时的司法思潮更为强调行政权的独立性及行政

---

　　① Paul Craig, *Administrative Law*, 3rd edition, Sweet & Maxwell, 1994, p. 385.

效率，法院则会采取较小的审查密度，从而使得行政机关获得更大的判断余地。在第二次世界大战期间，英国法院对于行政裁量权的控制曾表现为一种软弱的态度，但 20 世纪 60 年代司法能动主义有了新的发展，法院通过扩大越权原则的解释审查裁量权。从微观上来说，对裁量权审查的密度受到相关行政体制的影响，例如是否存在内部的行政审查，是否存在法定的上诉，行政机关的专业知识等。这一审查密度还特别地受到行政行为的内容的影响，这其中存在两个极端：其一是社会经济方面的政策性决定，在此法院审查的密度一般较低，其二是干预基本人权的行政决定，在此法院审查的密度一般较高。①

在英国法院对行政裁量权的司法控制方法中，可以区分出两个不同的层次。② 在第一个层次中，法院审查的对象是行政机关对裁量权的行使是否符合制定法所授予其权力的条件、是否符合制定法的目的以及是否考虑了不相关的因素、未考虑相关的因素，现在还包括是否侵犯了人权法所规定的基本人权，等等。法院在这一层次上的任务主要是查明行政行为是否在法律所规定的四角（框框，four corners）之内，司法干预的理据相对而言也可以比较容易地通过法律解释和探求议会法的规定和目的来获得③；在第二个层次中，法院可能认为尽管行政机关有权追求某一目的，但其为达到该目的所采取的方式是不合理的、不理性的或者是不成比例的。在这一层次中，法院的角色不可避免地转移到对公平行政原则的保障上来。迪普洛克勋爵在 G. C. H. Q. 案④中将司法审查的基础划分为不合法与不理性两类，正与这两个层次相对应。这两个层次在英国行政法学上一般称之为权力滥用，而行政机关怠于行使裁量权则一般被看做独立于权力滥用之外的一种法院控制行政裁量权的手段。

德国同样是奉行分权原则的国家，如何寻求法院对行政权（包括裁量权）进行控制的理据、如何划定司法权与行政权的界限，也是其行政法学

---

① 前者的代表性案件是 R. v. Seceretary of State for the Home Department, ex p. Brind [1991] 1 A. C. 696，在该案中 Bridge 勋爵认为，对于行政机关的经济政策，尽管法院可以对其违法性进行干预，但如果法院以不合理为理由进行干预，则必须是行政机关具有明显的荒谬或恶意；R. v. Seceretary of State for the Environment, ex p. Hammersmith and Fulham London Borough Council [1991] 1A. C. 521，多位法官在此案中指出，如果裁量权的行使干预了公民的基本权利，则法院应要求行政机关能够证明存在重大的公共利益。Paul Craig, Administrative Law, pp. 403—404. 3rd edition, Sweet&Maxwell, 1994, p. 403.

② Paul Craig, Administrative Law, p. 403.

③ Smith, Woolf & Jowell, Principles of Judicial Review, Sweet & Maxwell, 1999, p. 151.

④ [1985] A. C. 374.

理论所要解决的问题。但德国与英国不同的是，德国有一部成文宪法，在德国，对行政权的司法审查是宪法的明确要求，它是宪法所规定的个人权利得到有效落实的重要保证。根据《基本法》第 19 条第 4 段，任何人在认为自己的权利受到公共当局侵犯时都可以诉诸法院。这个宪法保障被认为是《基本法》第 1 条第 3 段的联结规定，后者规定基本法所保障的基本权利对于政府三个分支部门——立法、执行与司法都就具有拘束力。既然第 19 条第 4 段中所规定的"公共当局"仅仅指政府的执行部门而不包括立法与司法机关，这一规定就要求建立一个全面的司法控制体系作为保证公民基本权不受行政侵害的有效途径。① 而对于行政机关和私人之间发生的公法争议拥有概括性管辖权的行政法院，在保障基本法所规定的基本权利复杂体系不受行政权力非法侵害方面具有首要的地位。不仅如此，联邦宪法法院还认为，《基本法》第 19 条第 4 段不仅仅意味着授予公民进入行政法院寻求救济的权利，而且还影响到行政法院对行政机关权力行使行为进行控制的范围和密度。在宪法法院看来，这一规定授予了公民针对非法的行政行为获得"有效的"司法保护的权利。而这就意味着行政法院具有宪法义务去对被诉行政行为所依据的事实和法律认定进行全面的审查。②

德国学者认为，法治国原则在行政法领域的体现是依法行政原则，根据依法行政原则，行政机关的违法行政行为，法院可以审查，但法院可以审查的行政行为，也同时仅限于违法的行政行为，而不包括合法但不适当或不具有"合目的性"的行为，这是分权原则的要求。行政裁量行为如果是在法定界限以内，其斟酌选择的任何行为，在法律上均属于合法行为，法院无权加以审查和控制，即使是客观上违反国家目的或不符合公益，也仅属于不当行政行为，并不违法，行政法院不可以审查，只有上级机关可以根据行政监督权加以改正。德国《联邦行政程序法》第 40 条规定："裁量应当符合法定目的，并不得超越法律规定的界限"；行政法院法规定的则更为具体，该法

① 尽管第 19 条第 4 段的保护可以延伸到所有的个人权利，无论其是来自于宪法、议会法还是授权立法，联邦宪法法院通过对基本权利规定，特别是《基本法》第 2 条第 1 段规定的扩大解释，使得基本权利在这一规定的实际运作中具有中心的地位。*H. Schulze-Fielitz, in: H. Dreier (ed), Grundgesetz*, Vol. 1, Article 19 IV para. 51. 这导致这一规定被誉为"主要的诉讼基本权利"或"法治国家拱顶的冠石"。

② *BverfGE* 15, 275, *at* 282；35, 263, *at* 274；61, 82, *at* 110/11；81, 123, *at* 129；84, 34, *at* 49. Rainer Grote, Judicail Review and Control of Legitimacy of Government Action, 国际宪法协会年会（北京，2002）论文。

第114条规定："行政机关经授权依其裁量而为时，法院仍得审查行政处理与拒绝以及不作为之行政处理，是否因裁量行为超越法定范围，或因与授权目的不相符合之方法行使裁量权而违法。"

根据《联邦行政程序法》第40条的规定和学理上的探讨，德国法上行政裁量权所受的限制，包括外部限制和内部限制，外部限制是范围的问题，活动的面的问题，由现行成文法与不成文法抽象客观地加以划定，行政机关要遵守授权法的界限，不能越出授权法所规定的范围，否则构成超越裁量权；内部限制针对的是裁量行为"本体"的问题，是行为内部具体的要求，行政裁量超越其内部限制则构成裁量内部瑕疵，或称滥用裁量权。逾越行政裁量内部和外部限制的行为都构成违法，被称为裁量瑕疵。（1）超越裁量权（Ermessenssueberschreitung）。德国《基本法》第20条第3款规定"行政与司法应受'法'（Recht）与法律（Gesetz）的拘束"，所谓法与法律，包括形式与实质意义的法律而言。行使行政裁量权的结果如果在内容上超越宪法或法律所设定的界限，则构成裁量权的逾越。例如违反尊重人性尊严等最高法律原则；违反宪法，特别是其有关基本权的规定以及虽然不成文但宪法所固有的原则，如禁止过分原则；违反法律和行政习惯法等。（2）滥用裁量权（Ermessensfehlergebranch）。滥用裁量权属于内部瑕疵，又可以分为内部客观瑕疵和内部主观瑕疵，前者是对于客观违反法律目的的探究；后者则针对的是公务员的内部动机。虽然两者都要从公务员所表现于外部的行政行为加以认定，但有侧重点的不同，前者是表现到外部裁量行为的法律事实，可以从裁量中直接认定，在认定存在客观瑕疵后就不必再追究主观瑕疵；后者是保留于内心的裁量行为的动机，只有在不存在客观瑕疵时，才进一步追究意图与动机。动机不良而外部行为合法时，裁量行为不一定违法，因为主要的不是主观的动机而是客观的行为。在德国，裁量行为具有内部客观瑕疵的情形主要有：违反平等原则；违反法治国家宪法之固有原则，如比例原则；裁量不足或裁量怠惰（Ermessensunterschreitung, Ermessensmangel），指行政机关由于疏忽或错误的认识，以为并无裁量余地或仅有较小的裁量余地，或误认为有依强行规定做成行为的义务，而未充分行使法律授予的裁量权，由于裁量不足或裁量怠惰是对裁量权的消极不行使，与其他滥用裁量权的形态相比有一定的特殊性，因此很多学者和法官也将其独立出来，作为与滥用裁量权和超越裁量权相平行的一种瑕疵裁量类型；将原属于非常状态才使用的原则适用于普通的裁量行为；思虑不周，指行政机关未探求所有对作出决定具有重要性的事实和观点，或所探求的资料错误不实，从而根据不完全或不正确的资料做成决定。根据德国行政法院的判例，基于以下情形而为的行政裁量，属于内部主观瑕疵：依行政人员个人意欲而来的随意；无动机的情绪；不能理解的对事物之谬误而引起的恣意；加以损害的意图；奸计或恶意的妨害；政治上的偏见而引起的权力滥用；对个人不利的先天的反感或嫌恶；对个人有利的同情；行政人员个人的动机或利益；作与事件无关联性的考虑。①

当行政机关解释和适用不确定法律概念时，德国行政法院原则上应从事实与法律两个方面予以不受限制的审查。但法律采用不确定法律概念有时是因为所规范的行政事务具高度属人性、技术性与经验性，行政法院如果对行政机关就该概念所作的具体化进行审查，即与司法职能的界限相抵触，因此允许行政机关适用（但不包括解释）这类不确定法律概念时具有有限制的自由决定空间，即"判断余地"。德国法院判决中承认存在判断余地的情形有如下几种：（1）考试决定。（2）与考试决定相类似的决定，主要是学校领域的管理行为，如留级决定。（3）公务员法上的部分决定。如选拔见习公务员，行政首长所作的职务分工，对公务员忠诚性、工作成绩、工作能力的考核决定以及职务晋升决定等。（4）由独立的、不受指示的专家所组成的、具有决定权限的委员会的决定。（5）预估（Prognosen）。在有关危险防御的行政法领域，如警察法、秩序法、环境法以及规范科技安全的法律中，所采用的不确定法律概念，除涉及价值判断外，并且常涉及对未来事项的预估。预估是基于现存与已知的事实，按照公认的经验法则推论判断未来发生某种事实的可能性。（6）风险决定（Risikoentscheidungen）。风险决定是在十分欠缺资讯的情况下，根据单纯的危险疑虑（Gefahrenverdacht），采取防御措施。（7）计划决定。有关计划行政的法律，虽抽象揭示了立法目的，但并不具有可以据以涵摄的构成要件，立法目的如何具体化以及应以何种方式达成，由主管机关规划。（8）法律上判断因素的决定。在法律构成要件之外，有时存在着在涵摄时需要预先注意的事项。如根据法律规定行政机关有权根据需要调动公务员的工作，现有公务员对行政机关对其进行的工作调动不服，行政机关则认为根据行政编制规划存在调动公务员工作的需要，此时行政法院应当根据行政编制规划审查是否具有此需要，而不得审查该编制规

---

① 翁岳生：《论"不确定法律概念"与行政裁量之关系》，《行政法与现代法治国家》，台湾大学法学丛书编辑委员会 1989 年版，第 53 页以下；[德] 哈特穆特·毛雷尔：《行政法学总论》，高家伟译，法律出版社 2000 年版，第 130 页以下；陈敏：《行政法总论》，自印 1997 年版，第 154 页以下。

划本身。这在行政法学理论上被称为"因素理论"（Faktorenlehre）。

应当注意的是，承认在这些领域行政机关存在判断余地，并不是说法院完全不可以审查而只是说法院的审查应受到限制。根据德国判例与学说，行政法院对行政机关使用不确定法律概念所作的决定，可以对下列事项进行审查：对法律的解释是否正确？事实的认定有无错误？当由委员会作出行政决定时，其组织是否合法？是否遵守有关的程序规定？是否根据与事件无关的考量观点？是否遵守一般的评价标准？[①]

由于德国法严格区分行政裁量和不确定法律概念，而在对行政裁量的控制方式中又大量运用比例原则（参见下文），这导致德国法院对行政行为的司法审查显得过于严格，法院甚至常常以自己的意见代替行政机关的决定。因此目前德国也有部分学者从权力分立的角度认为法院应当谨守司法权的界限，不可侵越行政权的固有边界。但坚持司法严格审查目前仍然属于德国的通说。

三　权力滥用（一）：不合法（illegality）

（一）　不恰当的目的（improper purposes）

行政机关行使裁量权必须符合法律的目的。一部法律在授予行政机关一定的裁量权时，都有其授权的特定目的，不过这种目的可能是明示的也可能是默示的。行政机关在行使裁量权时必须按照法律的目的行事，如果目的不当将构成滥用裁量权的越权行为。尽管英国法院一直坚持说司法审查只是保证行政机关在其权力界限范围内行事而不是以法院自己的判断取代行政机关的判断，但在实践中这一界限其实并不清晰。

当法律明确规定了授权目的时，则对法律的目的确认是法律解释的问题。有时对法律名词或术语的解释仅仅是寻求其自然的或普通的含义，但一个术语在不同的法律中的普通含义也可能是不同的。因此对于术语的解释经常要根据其所属的制定法的整体目的。英国法院在传统上不允许在进行法律解释时参考议会的立法文件与材料，这种态度现在已经改变。当法律文字比较模糊，或者立法文件有助于辨明立法所要解决的实际问题或立法意图，法

[①] 关于德国行政法上的判断余地问题，中文方面的介绍可参见：陈春生：《行政法之学理与体系》（一），三民书局 1996 年版，第 141 页以下；蔡震荣：《行政法理论与基本人权保障》，五南图书出版公司 1999 年版，第 387 页以下；陈敏：《行政法学总论》，自印 1997 年版，第 166 页以下。

院经常会参考议会的立法文件。即使有法律明确规定的授权目的，法院有时也会承认行政机关有权追求那些"合理的附属于"法定目的的目的。

当法律没有明确规定授权目的时，行政机关在行使权力时仍然要与法院所确定的该法律的隐含目的相一致。① 在一个案件中，教育局因为某公立学校的两名主管人员反对教育局的教育政策为理由撤销了其职务，虽然法律仅规定学校主管人员的职务应由任命其职务的教育局撤销，贵族院仍认为，该权力的行使不应损害学校主管人员独立行使职能，否则就违反了法律授予其权力的目的。②

当行政机关只是为了某种单一的目的而行使权力时，问题比较简单，但是在很多案件中行政机关会出于多种目的行使权力，其中部分是合法的，而有部分是不合法的，这就比较复杂。根据德·斯密思对英国相关案例的归纳，法院对多重目的问题的处理，各种案件的不同的情况采取多种不同的检验方式，采取不同的检验方式对法院的判决具有重要影响，但没有哪一种检验方式是完全令人满意的，法院也往往同时采取两个甚至更多的检验方式。③（1）权力行使的真正目的是什么？如果权力的行使能够保证达到制定法本身所追求的正当目的，则即使其也具有某个附带的效果就是无关紧要的。例如，法律基于公众利益的需要授予内政大臣可以遣返在英国非法居留的外国人，在一个案件中，原告认为内政大臣遣返一个外国人的目的并不是为了公众利益，而是因为美国要求引渡该外国人，因此将该外国人驱逐出境满足的是美国的要求，而非基于公共利益的考虑。原告因而认为内政大臣的行为构成了裁量权的滥用，应予撤销。上诉法院经调查认为内政大臣所作决定的目的符合该项法律的目的，即内政大臣是为了正当公众利益而命令该外国人回国的，所以尽管该决定同时也满足了美国的要求，而且内政大臣确实也非常乐意能够满足美国的要求，并不构成裁量权的滥用。（2）权力行使的主导目的是什么？如果行政机关所追求的数个目的中仅有一个是被允许的，则应依据主导目的判断该行为的合法性。（3）如果不是为了该非法目的，行政机关是否就不会再行使其权力？（4）行政机关所追求的数个目的中是否存在合法的目的？如果存在任何的合法的目的，则即使存在其他不合

---

① 参见 Liversidge v. Anderson ［1942］ A. C. 206，220，248，261，278；Barber v. Manchester Regional Hospital Board ［1958］ 1 W. L. R. 181，193；Potato Marketing Board v. Merricks ［1958］ 2 Q. B. 316，331.

② Brunyate v. Inner London Education Authority ［1989］ 1 W. L. R. 542.

③ de Smith，Woolf & Jowell，*Principles of Judicial Review*，pp. 206—210.

法的目的也不影响行为的效力。这种检验方式在英国案例中只出现过一次，而且即使是这一次也极具争议。一般认为，在此情形，只有该正当合法的目的能够在实质上符合制定法赋予行政机关该权力的目的时，才能挽救行政行为的效力。（5）行政机关所追求的数个目的中是否存在非法的目的？如果存在任何非法目的，并且该目的在实质上影响了行政行为的作出，则因为其考虑了不相关的因素而属于非法行使行政权。这种检验方式反映了不正当的目的与不相关考虑的概念之间具有密切的关联。（6）如果行政机关仅出于该合法的目的或仅考虑该相关的因素，其是否会作出相同的决定？这是对前面实质性影响检验方式的修正。在一个案例中，广播诉愿委员会依据数个理由拒绝了申请人的诉愿申请，该理由中只有一个是非法的，即如果受理该请求将会给委员会的有限人力造成太大的负担。法院认为，在非法的理由与合法的理由可以分离的情形下，如果委员会依据合法的理由可以作出完全相同的决定，则应维持该决定。

德国联邦行政程序法和行政法院法都明确规定，行政裁量权的行使不得违反法律的目的，否则就构成裁量瑕疵。在行政法院的司法实务中有大量以行政裁量行为违反法律目的而被撤销效力的案例。

（二）违反相关性（relevancy）

如果行政机关在行使裁量权时考虑了不相关的因素或者未考虑相关的因素，法院将会判决裁量权的行使不合法。但如果行政机关在作出决定时仅仅是考虑了不相关的因素但这并未影响其最后的决定，则并不影响其决定的效力。格林法官曾说：一个被授予裁量权的人必须依法办事，必须注意一定要考虑的事情，同时必须拒绝考虑无关的事情。如果他不遵守这些规则，那么他将有可能被认为采取了不合理的行动。[①] 例如在一个案件中，一名教师仅仅因为有红头发就遭到解雇，在他提起诉讼后，法院判处有关行政当局败诉。法院作出此种判决一方面是由于行政机关的决定明显不合理，另一方面也是由于该行政当局考虑了不应该考虑的因素，因为根据一般的观念，教师的红头发并不影响其教学活动。

如果能够确定行政机关受到了不相关因素的影响，就无须证明该因素是影响行政决定的唯一或者是主要的因素。[②] 一般的规则是只要能够证明这一

[①] Associated Provincial Picture House Ltd. v. Wednesbury Corporation ［1948］1 KB 223 at 229.

[②] de Smith, Woolf & Jowell, *Principles of Judicial Review*, p. 211.

影响是实质性的就可以了。因此对原告而言，以不相关的考虑为基础起诉裁量行为比以不恰当的目的为基础更为有利，尽管这两者的界限有时很难划分得清楚（这是因为作出行政决定时所应考虑的因素往往也就是与制定法目的有关的因素）。

在确定行政机关可以或必须考虑那些因素时，法院再一次面临法律解释的问题。如果在授权法中明确规定了相关因素，法院要确定这些因素是否是必须要考虑的因素，如果答案为肯定，则还要确定这些因素是否应解释为已经穷尽了应考虑的所有因素。如果授权法中没有明确规定相关因素，则法院要确定允许可以考虑的因素是否已经受到了隐含的限制，如果答案为肯定，则还要确定受限制的程度。但英国法院一般并不愿意在判决中详细地列举出行政机关在每一个案件中所应当考虑的所有因素。

当原告起诉行政决定未考虑相关的因素时，法院一般要评估被忽略因素的实际或潜在的重要性，虽然这种评估具有某种程度的猜测成分。法院对被忽略因素的重要性的判断随着行政领域的不同而有变化①，而且法院总的倾向是不愿意单纯因为行政机关没有考虑相关的因素而宣告行政决定无效，在这种疏忽与行政决定之间不存在因果关系以及被诉行政决定没有对私人权利发生决定性影响时更是如此。②

在许多案件中涉及行政机关在作出决定时考虑了财政方面的因素，这是否合法并不能抽象地一概而论，而是依赖于权力的性质以及权力行使的情境。③

目前英国的法院有权以调卷令的形式为行政机关的重新决定指出方向并要求其依据法院的判决作出决定，除此之外，法院的角色被限制在保证行政机关依法行使裁量权上。因此如果原告申请法院以执行令（mandamus）的形式要求行政机关在合法地考虑相关因素的基础上行使裁量权，则该强制令的内容只能是要求行政机关依法听证并作出决定，④ 尽管通过指出原先决定所依据的不应被考虑的因素，法院也间接地指出了行政机关合法行使裁量权的特定方式。⑤

---

① Re Fletcher's Application ［1970］2 All E. R. 527 n.

② Craig, *Administrative Law*, p. 408.

③ de Smith, Woolf & Jowell, *Principles of Judicial Review*, pp. 215—220；Wade & Forsyth, *Administrative Law*, pp. 392—394.

④ R. v. Kindston JJ. , ex p. Davey（1902）86 L. T. 589.

⑤ R. v. Manchester JJ. ［1889］1 Q. B. 571，576.

一些案件的争议在于行政机关在作出决定时是否必须考虑政府政策，这些政策一般是规定在没有法律效力的政府文件（circular）中。根据英国法院的判例，地方当局有权不执行违反法律规定的政策文件，另一方面，环境部的文件或者规划政策指南其性质尽管仅仅是建议性的，但地方当局和部长在作出有关发展控制的决定时必须予以考虑。不能以政策为根据将原本应予考虑的因素不予考虑，反之亦然。然而如果行政机关要背离政策就必须提供这样做的理由，这样可以使得相对人知悉该行政决定为何成为政策适用的例外以及该行政决定的实质理由。①

关于德国法院对违反相关性的审查，参见第二大部分的论述。

（三）侵犯基本人权（fundemantal rights）②

长期以来英国缺乏一部保障公民基本权利和自由的成文法典。但这并不意味着英国法不承认公民的基本权利和自由，实际上英国公民可以自由地做其所愿意做的任何事情，只要这一自由没有受到制定法或普通法的限制。保护公民的这些权利和自由不受政府行为侵犯的方式有三种：（1）适用欧共体法。尽管欧盟尚未正式承认欧洲人权和基本自由公约，但欧洲法院的判决一直认为，"基本权利是一般法律原则不可或缺的一部分，本法院应确保其得到保护"，这说明该公约的原则构成了欧共体法的一部分，当欧共体法直接适用于英国时，欧洲人权公约也直接适用于英国。（2）为履行英国所承担的国际法上的条约义务，适用欧洲人权和基本自由公约。当欧共体法不具有直接效力时，欧洲人权公约中所规定的义务就不能作为英国公民权利的来源。然而在对英国的制定法进行解释时，应当符合以下原则，即只要有可能，就应将制定法解释为是力图实施人权公约中所规定的义务并且不与其相抵触。换句话说，存在一个议会力图使其立法符合英国的条约义务的推定。议会当然可以违背这些条约义务，但若如此就必须通过明确的语言或至少是必要的暗示。当立法语言本身比较模糊，可以进行多种解释时，则应当做符合条约义务的解释。（3）适用普通法有关基本权利和自由的规则，只要其未被制定法限制或取消。由于缺乏制定法的基础，在法院通过上述三种方法保障公民基本权利和自由、控制裁量权时，应当以裁量权的行使不合理或不理性而非不合法的名义。

---

① de Smith, Woolf & Jowell, *Principles of Judicial Review*, pp. 220—221.
② Ibid, pp. 183—194.

1998 年英国人权法的制定和通过改变了这一状况。自人权法从 2000 年开始生效后，所有的公共机构都要遵循该法所承认的欧洲人权和基本公约中的规定，如果其违背了这些规定，法院可以废弃其所作出的决定。这时司法审查的基础是不合法而非不合理或不理性，因为公共机构已经违背或超越了作为制定法的人权法。然而法院对这类案件的审理要比其他案件更为复杂，因为适用的标准是规定在国际条约，也即欧洲人权和基本自由公约中的。进一步而言，法院在解释这些标准时还必须考虑位于斯特拉斯堡的欧洲人权法院的判决。

在德国，基本法首章即明确规定对公民基本权利的保障，除了表明对人权传统的继承外，明确了基本权利对于所有类型的公权力具有直接约束的效力。① 在经过了纳粹践踏人权的时代之后，基本权利构成了宪法不可分割的一部分和自由民主制度的核心。它一直是德国基本法的"磁场中心所在"，"就像磁铁般牢牢地吸引住基本法其他部分与几乎所有普通法律的内容，对它们起了引导、放射、影响与塑造的作用"。经过联邦宪法法院长期以来对基本权利所作的精致的法解释学工作，已经使得基本权利成为相当稳定的规范性标准。② 基本权利的具体内容包括人性尊严、人身自由、法律之前人人平等、宗教信仰自由、言论自由、婚姻家庭和生育自由、受教育的权利、集会自由、结社自由、通讯邮政和电信自由、迁徙自由、选择职业的自由、住宅不受侵犯、财产权、继承权、请愿权、不被引渡权、庇护权和选举权等。根据基本法规定的法治国原则与社会国原则，个人不再是行政的"屈从者"，而是"成熟的市民"，行政机关必须给予尊重。公民在遇到困难时有权要求行政机关给予帮助，在行政需要时，有权与行政机关以对等的主体地位签订合同。在行政活动与自己有关时，公民有权申请和被通知参加行政程序。而在德国行政法院看来，宪法基本权利的规定构成了行政裁量的客观界限，行政机关行使裁量权必须遵守之，否则构成裁量瑕疵。例如，在一个案件中，联邦行政法院认为，在作出驱逐与德国公民结婚的外国人的裁量决定时，必须遵守《基本法》第 6 条第 1 款的规定："婚姻和家庭受国家法令的

---

① 德国《基本法》第 1 条规定："（一）公民的尊严不受侵犯，国家负有尊重和保护公民尊严的义务。（二）为此，德国人民确认不容侵犯和不可转让的人权是所有的人类集团和世界和平与正义的基础。（三）下列基本权利具有直接的法律效力，直接约束立法、行政和司法。"第 2 条第 1 款规定："公民享有自由发展个性权；但不得因此损害他人的权利和触犯宪法秩序和道德规范。"

② ［德］史塔克（Christian Starck）：《基本权利的影响与解释作用》，许宗力译，《台大法学论丛》，第 21 卷第 2 期，第 159—160 页。

特别保护"①；在另一个案件中，某政党为政治宣传需要在街道上设立广告栏，行政法院认为，行政机关在决定是否发放特别占地许可时，必须考虑《基本法》第 5 条第 1 款关于表达自由的规定以及第 21 条第 1 款关于政党的规定。②

四　权力滥用（二）：不合理或不理性

（一）概述

即使行政机关的裁量行为通过了法院对其目的性和相关性所进行的审查，法院仍然可以审查其是否不合理（unreasonable）或不理性（irrational）。这里的问题并非行政机关是否背离了授权法的目的——这是"不合法"的检验所关注的问题，而是裁量权是否被恰当地加以行使（improperly exercised）。

被用来表示这种意义上的对行政裁量加以审查和控制的术语很多都并不准确甚至具有一定的误导性。这方面最著名的表述是格林（Greene）勋爵在韦德内斯伯里（Wednesbury）案中的判决。③ 该案的案情为：1932 年星期日娱乐法将星期日开放使用电影院合法化，并授权核发执照的主管机关于核发准演执照的同时可附加其认为适当的限制条件。本案原告是位于史塔夫郡的 Gaumont 电影院的经营权人，被告是依据 1909 年电影法有权核发准演执照的主管机关，原告公司向被告机关提出申请，请求被告机关核准于星期日开放使用 Gaumont 电影院放映电影，被告准予，但附有下列条件：15 岁以下儿童，不论是否由成人陪同，均不准入场。原告因而起诉，请求法院宣告此项附加条件不合理且逾越权限，一审法官柯林（Henn Collins）驳回原告之诉。原告不服，向高等法院提出上诉，本案争议重点为：核发执照的主管机关可以附条件核发，但这种限制性条件是否毫无限制？法官格林勋爵认为，行政机关行使裁量权时不得有以下情形：恶意（bad faith）、不诚实（dishonesty）、忽视公共政策（disregard of public policy）等，只要行政机关裁量权的行使不具备这些情形，法院即不得加以质疑，因为法院不是政府机构的

---

① BverwGE, 42, 133; BverfGE, 51, 386, 396.

② BverwGE, 56, 56.

③ Associated Provincial Picture House Ltd. v. Wednesbury Corp. ［1948］1K. B. 223，pp. 233—234.

上诉法院，所以不能用法院的判决去代替政府机构的决策。格林勋爵认为，只有在行政机关的决策非常不合理以致任何理性的机构都不会作出类似决策时，法院才能以行政机关未合理行使权力为由进行干预。这一表述被此后的许多判决所接受，并被称为"韦德内斯伯里不合理"。但批评者认为这一表述实际上是一种同义反复，不能为我们判断行政裁量权是否被恰当地行使增加任何的确定性。

不合理或韦德内斯伯里不合理经常被用于指示那些特别极端的不恰当的行为，例如恶意（bad faith）作出的行为，或者荒谬的（perverse 或 absurd）行为，这些都表现了决策者的"举止若狂"。在 1985 年的 G. C. H. Q. 案①中，迪普洛克（Diplock）勋爵采取了另外一个术语，这就是不理性。G. C. H. Q. 一案的案情为：政府通讯总部 G. C. H. Q. 是外国联邦部下的一个公共服务分支机构，其主要的功能在于确保英国军事及官方通讯的安全以及提供政府机密的情报，而与国家安全息息相关，该部员工均被允许，事实上是被鼓励，参加全国总工会（national trade unions），直到本案发生时，在政府与全国总工会间有一长期适用的惯例，即任何有关雇用条件的改变必须经过事前协商。1984 年 1 月 25 日，外国联邦部州务卿在未经过事前协商的情形下，于英国下议院宣布，政府决定颁布新的服务条件并立即生效，条件的内容是政府通讯总部员工不得再参加全国总工会，只能加入分部员工协会（The Departmental Staff Association），该部的六个工会及个人员工为此提出诉讼，主张被告违反程序上的义务，没有在行使权力前，公平地征询利害关系人意见。本案争论焦点为：法院的司法审查权限可否基于程序不合法的理由审查该命令，特别是（1）该命令来源于国王特权（royal prerogative）而非成文法；（2）该命令事关国家安全。该案判决理由及结果为：公务员的行政行为不能因其法源是普通法而非成文法即可豁免司法审查，另外，如果该案不涉及国家安全的问题，原告有合法的期待，部长在颁布命令前，与原告进行事前协商，但该案中，被告证明事前协商有引发政府通讯总部骚动的可能性，因此法院认为被告是基于国家安全的考虑，拒绝事前协商，而国家安全的重要性应优于原告合理的期待，因此，驳回原告之诉。G. C. H. Q. 一案的判决具有重大意义，这既体现在由于迪普洛克勋爵宣称比例原则可为英国司法审查的基础，为比例原则正式进入英国打下了基础，而且体现在其明确将司法审查的范围扩张到国王特权。但我们这里所要关注的则是迪普洛克勋爵对"不理性"这一术语

---

① 〔1985〕A. C. 374，pp. 410—411.

的界定，他认为，不理性表示行政决定"如此令人不可容忍地违背逻辑和普遍接受的道德标准，以致任何运用自己的思维解决该问题的合理之人都不会作出该决定"。这一表述在承认法院可以运用逻辑和普遍接受的道德标准作为评判行政决定是否合理方面比较准确地反映了司法实践，但其同样无助于对非法行政决定进行任何更为明确的分类。另外，"不理性"这一术语还容易使人从决策者的精神状态角度判断行为的恰当性，但实践中决策者真正处于一种不正常的精神状态的案件是非常少见的，很多被归于"不理性"名下的行为其主体往往具有冷酷的理性和正常的精神状态。

在最近的一些案件中，法官也使用这样一些表述来指示裁量权的不当行使，例如"一个决定是如此不合理以致任何合理行为的人都不会作出该决定"，或者该决定会引起这样的感慨："天啊，这当然是错误的！"这些表述有助于确定哪些行为可以归于不合理或不理性的范围，但都未能准确地揭示出判断行政裁量是否不合理或不理性的标准和因素。

韦德内斯伯里案确立和深化的合理原则的内容主要有：行政机关行使裁量权作成行政决定时，考虑不相关因素或不考虑相关因素，目的或动机不正当，以恶意或不诚实行使裁量权，忽视公正政策，等等。正如该案法官格林勋爵所说的，这些不同的项目之间存在相互交叉重叠，不仅如此，其中那些有关相关性的问题现在一般都已经归到不合法而不是不合理名下，因为它们逾越了授权法的目的或目标，从而使得该决定超越了制定法的"框框"（四角，four corners）。根据德·斯密思的归纳，目前被英国法院判决属于行政裁量权的不恰当行使的形式可分为以下种类[1]：

1. 行政决定过程存在实质性瑕疵。其所着眼的是作出该决定的动机或支持该决定的推理过程，作出该决定时所考虑的因素，对该决定加以正当化的方法等。可归于这一类的有：（1）恶意。（2）对相关因素的不适当权衡。（3）狭义的"非理性"决定，也即明显不符合逻辑或任意的决定，或者缺乏充分证据或推理支持的决定。

2. 行政决定违反了规制行政权力行使的普通法或宪法原则。即使是裁量权以最为宽泛的语言所授予时这些原则仍应适用。应考虑的原则是：（1）法律确定性原则，其要求保护私人的实质性正当期待。（2）平等原则，其要求行政决定应当符合一贯性，并且不得对私人作不公平或不合理的差别对待。（3）比例原则。

---

[1] *de Smith*, *Woolf & Jowell*, *Principles of Judicial Review*, pp. 449—450.

3. 压迫性的行政决定。压迫性行政决定是指对私人的权利或利益施加了不必要的过分干预的决定，其所关注的是行政决定的最终结果，及其对私人的影响，而不是作出该决定的过程。

（二）行政决定过程中的瑕疵[①]

1. 恶意（bad faith）

正当行政决定的一个基本要求是其未受到欺诈（或不诚实）、怨恨（malice）或个人私利等动机的影响。如果成为行政决定基础的恶意使得行政权力超越了授权法为其确定的"框框"，则该行政决定也可能被归于不合法。

如果行政机关作出决定所实际上追求的目的与其所公开声称的目的不一致，无论其实际追求的目的是个人私利还是其他的公共利益，该决定都属于欺诈性决定。如果行政机关作出行政决定是出于对该决定直接相对人的憎恶，则该决定属于怨恨性决定。

2. 对相关因素的不适当权衡（the balance of relevant considerations）

对行政决定的相关的因素的权衡与衡量首先是行政机关的任务，法院在原则上不应干预。但是如果行政机关在衡量时，对某个相关因素的分量予以了明显过分的估量或者明显不足的估量，法院可以以其属于不合理的决定为由将其撤销。

3. 违反理性：逻辑、证据和推理

尽管不合理与不理性的概念现在在英国法上经常交换运用，但严格意义上的不理性仅仅是不合理的一个方面。严格意义上的不合理决定体现为：没有充分的推理，缺乏能够公开的逻辑或清晰的证明。极端不理性的行政决定包括那些通过任意性的方式，例如掷硬币或咨询占星家而作出的决定。不那么极端的不理性决定则包括那些其证据和理由之间缺乏逻辑联系的决定，说明的理由不足以证明其正确性的决定，或者缺乏足够证据的决定，等等。

没有说明决定的理由固然可能构成对公平听证原则的违反，但有时也可以导致行政决定不理性。当制定法或者普通法要求某些领域的行政决定必须说明理由时，对理由的说明必须是"充分并且明白的"。行政机关对行政决定理由的说明无须和法院说明其判决理由一样严格，但是原告如果能够证明行政机关未能说明其解决法律问题或事实争端的方式，或者证明存在其他能够导致对决定过程的实质怀疑的其他推理的欠缺，则法院可以以存在实质性

---

① de Smith, Woolf & Jowell, *Principles of Judicial Review*, pp. 452—464.

偏见为由将行政决定撤销。

公法上的决定和契约一样，也可能因为缺乏明确性而无效。一项缺乏明确性从而难以准确判断其所禁止的事项的附属性法律或法定条规可能因此而被判决无效。然而在最近的 Percy v. Hall 案①中，上诉法院对此前的权威判决和学说作了一个详尽的考察后认为，一项附属性法律，只有在其语言是如此的不明确以至于无法识别其含义，或者其法律后果是如此的不明确以至于其无法加以确定的适用时，才能宣告其无效，单纯的模糊并不足以宣告其无效。授予规划等许可的前提条件如果根本无法确定其含义也可能会被宣告无效。

法院在司法审查中一般不能审查行政机关对于事实问题的判断。但这存在两个例外：其一，某事实的存在是权力行使的条件；其二，行政机关将错误当成真实或者误解了作为行政决定基础的事实，与此相似的情形是行政决定所赖以为基础的事实缺乏证据的支持或者证据在整体上不能合理地支持该事实。

应当注意的是，法院不能因为一方当事人未提供证据就因此而得出不利于该当事人的结论。Lowry 勋爵曾说过，"如果沉默方未能提供证据……可以得到解释……则该沉默有利于他方当事人的效果可能会减轻或者取消"②。

在英国被归入行政决定过程中的瑕疵的这几类行为，在德国也被归入滥用裁量权的类型中。

（三）规制行政权力行使的原则

1. 法律确定性和实体性正当期待（legal certainty and substantive legitimate expectation）

（1）实体性正当期待是否应予承认

正当期待的概念是目前英国行政法讨论的一个热点问题，③ 并且还处于发展的过程中。作为正当期待的宪法基础的是法治原则，后者要求政府在与

---

① [1997] Q. B. 924.

② R. v. Inland *Revenue Commissioners*, *ex p. T. C. Coombs and Co.*, [1991] 2 A. C. 283, 300.

③ C. Forsyth, The Provenance and Protection of Legitimate Expectations [1988] C. L. J. 238; P. Elias, Legitimate Expectation and Judicial Review, *New Direction in Judicial Review*, (Jowell and Oliver, eds., 1988); P. Craig, Legitimate Expectations: A Conceptual Analysis (1992) 108 L. Q. R. 79; R. Sing, Making Legitimate Expectations (1994) 144N. L. J. 1215; P. Craig, Substantive Legitimate Expectations in Domestic and Community Law, (1996) C. L. J. 55 (2); Yoav Dotan, Why Administrators should be Bound by their Policies, Oxford Journal of Legal Studies, Vol. 17; Ganz, Legitimate Expectations, in *Public and Politics* (ed. Harlow, 1986).

私人交往时其行为具有规则性、可预测性和确定性。在德国，与英国正当期待相当的概念为信赖保护，而法律确定性原则被认为是信赖保护的基础。主要是受德国法的影响，法律确定性和信赖保护也是欧洲法的一个基本原则。

1969 年，正当期待概念因 Schmidt v. Secretary of State for Home Affairs 案首次出现于英国法中。[①] 丹宁勋爵在该案中指出，如果某外国人曾获许可进入英国居留一定时期，则其就获得在该段时间内被允许居留的正当期待，因此，如果要在"规定期限终了前撤销（这一许可），就应当给予（该外国人）向（部长）陈述意见的机会"。此后，"正当期待"已经在英国和英联邦（尤其是澳大利亚）的众多案件中扮演了重要的角色。

对正当期待的保护可以分为实体上的保护与程序上的保护。程序上的保护是指私人因为公共机构某一行为而导致产生了正当期待，从而得以享有自然公正、公平等一定种类的程序权利，并且可以以正当期待受到侵犯作为请求司法审查的资格依据。Schmidt v. Secretary of State for Home Affairs 案在自然正义的背景中引入了正当期待的概念，后来的判决也证明了这是发展的最主要潮流。而实体上的保护是指，为了保护正当期待，除了在例外的情形下，公共机构应当以特定方式行使其裁量权，从而私人可以以其具有正当期待为由要求公共机构向其提供实体上的利益，这一利益可能是福利利益，也可能是许可其他形式的利益。英国行政法实务与理论界传统的主流观点认为，私人对于公共机构的行政行为所产生的正当期待，只能提供程序上保护，而不能提供实体上的保护。因为一些人认为这将意味着法院而非行政机关成为公共利益的决定者，而且这将是对行政机关根据客观事实对政策加以变化的权力的不正当的干预。但克雷格认为，这种思考因两个相互联系的理由是错误的。一方面，既然程序权利仅具有有限的功效，私人在单纯的程序权利外必须获得更多的保障。因为我们显然可以设想公共机构在提供听证机会时完全是在敷衍：虽然他给当事人提供了听证的机会，而实际上其已决定对该当事人不适用既定的政策，即使适用并不会给公共利益造成损害。在这样的案件中我们难道能说法院没有权力进行干预吗？在行政法充满了程序权利和实体权利之间相互支持的例子，这仅是其中的一例。另一方面，对实体性正当期待程序得出并不会导致法院成为公共利益的决定者。法院并不是要对公共利益到底要求采取何种措施作出决定，它要做的是：听取公共机构为其对当事人偏离既定政策的必要性所作的论证，并对这一论证从实体的角度

---

① ［1969］2CH. 149.

看是否应予支持作出判断。

虽然英国多数判决的总基调是反对实体保护的，但现在很多英国学者都已认识到，英国法常常不能对那些被公共机构误导的人提供充分救济；对正当期待的实体保护或许有助于弥补这一缺憾。从目前的情形来看，对私人的正当期待应给予实体性的保护已经得到普遍的承认。不仅如此，也可以寻找到直接与间接两个方面的承认实体性正当期待的先例。直接的权威性判决可以在 Ruddock 案中找到。① 在该案中，原告是解除核武器运动组织的著名成员，她请求对一个阻截其电话的决定进行复审，其中的一个依据是，她对已经公布的采取阻截措施的条件将得到遵循具有正当期待。泰勒法官（Taylor J.）认识到判例法一直是将正当期待与公正程序相结合，但他不认为这一限制是合理的。他认为此案与正当程序的问题完全无关：安全机构在对私人电话进行监听以前不可能给其提供听证的机会。因而部长的允诺或承诺得到践履是极为重要的。在最近的一个地区法院的判决中也承认原告对实体利益拥有正当期待②，虽然法院认为在该案的事实中不存在这样的正当期待。R. v. Secretary of State for the Home Department, ex parte Khan 案和 Livepool Taxi Schmidt v. Secretary of State for Home Affairs 案为承认实体性正当期待的承认提供了间接的权威支持。在这两个案件中法院运用的方法是一致的：如果公共机构对私人作出了某种形式的允诺并导致私人对之的期待，则前者如若要对原来的政策加以变化，就必须听取该私人的意见并且在客观上确实存在要求对政策加以改变的更为重要的公共利益。这一方法显然包括两个部分：在程序方面应满足听证的要求，实体方面应存在支持对特定私人背离既定政策的公共利益。

（2）政策的改变与正当期待

为了保证政策的灵活性，在很多法院判决中都要求行政机关在宣布某个

---

① R. v. Secretary of State for the Home Department, ex p. Ruddock（1987）. 该案案情为：原告及其妻子居住在英国，他们想收养其居住在巴基斯坦的亲戚家的一个孩子。内政部的一个通告明确规定，虽然这样的孩子不享有因被收养进入联合王国的权利，但在例外的情形，如果符合一定的条件，部长可以运用裁量权作出对该小孩有利的决定。对于通过何种程序决定是否具备这样的条件，通告也作了具体规定。原告和其妻子显然符合条件。因而他们有正当的理由期待部长行使裁量权，作出有利于他们的决定。然而部长却根据一套完全不同的标准拒绝小孩入境，部长也未遵循他声称要遵循的程序规定。根据这些情况，Parker L. J. 得出如下结论："部长的规定使原告对已设定的程序……将被遵守产生了合理期待，而且，如果适用这些程序的结果在（通告）提到的四个方面使部长满意，就能获得一个临时入境许可，并由我国的收养法庭决定这个小孩的最终命运。"

② R. v. Home Secretary, ex p. Briggs, Green & Hargreaves [1996] C. O. D. 168.

政策时不得排除根据需要改变该政策的可能性。在一个案件中，原告得到英国政府的支持设厂生产"口吸鼻烟"（Oral snuff），但在其工厂设立不久，部长即以这一产品有害身体健康为由要求原告停产。原告主张其存在继续生产这一产品的正当期待。法院认为，部长对原告的"道德义务"不应阻碍其行使裁量权也不能超越公共利益。

　　既然行政机关不得怠于行使裁量权，那么在政策改变的情形中，需要具备何种条件私人的正当期待才会得到保护呢？首先，是政策的变化必须属于"对裁量权的合法行使"。因此行政机关在行使改变政策的裁量权时必须考虑了相关因素并且排除了不相关因素。行政机关必须追求法定的而非与法律规定无关的目的。这些相关因素或合法目的包括国家安全和公共政策等。其次，行政机关必须合理地行使改变政策的裁量权，例如不得单纯为了挫败私人的期待或者出于恶意而改变政策。

　　在保护正当期待（法律确定性）和不得怠于行使裁量权（灵活性）的目的之间存在内在的紧张。行政机关虽然具有自由改变政策的权力，但其没有无视正当期待存在的自由。既然正当期待作为一种值得保护的利益已经得到合法的承认，则行政机关在行使裁量权时必须考虑这一因素，必须在个案中对其分量进行衡量。相对人是否因该期待而受有损失以及这一损失的严重程度对保护正当期待的分量的确定具有重要意义。

　　在公益超过期待利益时，私人的期待利益应当退让，但是否这意味着私人的期待就不属于"正当"期待了呢？塞德利法官（Sedley J.）认为，要决定一个期待是否为正当时应通过一个衡量的过程：正当性不是绝对的，它是"一个功能性的概念，提示存在着因政府行为而引起的期待以及妨碍其践履的政策性考量"。这样正当期待的概念不仅要求该期待是合理的，而且要求"法院经衡量政策变化的要求后认为仍应保证该期待的实现"。可见塞德利确定正当期待是否存在的方法的标准有两个方面：其一是原告应显示该期待在所有情形下都是合理的，其二要显示妨碍践履诺言的政策性考量不足以挫败对其的保护。[①] 克雷格对这种观点提出了批评，他认为，塞德利之所以将利益衡量纳入正当期待概念之中，其目的在于为了减轻那种认为承认实体性正当期待将会阻碍政策变化的忧虑，但这并无必要，应将期待的正当性问题和是否存在要求背离该期待的更为重大的公共利益问题区别开来，这也是

----

① Craig, Substantive Legitimate Expectations in Domestic and Community Law, （1996）C. L. J. 55 （2），p. 294.

Khan 案和 Livepool Taxi 案所采取的方法。这一方法有两个优点：一方面它更符合实际。如果对公共机构的期待存在合理的理由，即使更为重要的公共利益要求背离这种期待我们也不能接受这一期待不是正当期待的说法。另一方面，它可以使概念更为明确，即将行为本身的正当性和它在与公共利益衡量后是否必须作出退让的问题区别开来。

在德国公法上与正当期待相近的是信赖保护（实际上在德文信赖保护 Vertrauensschutz 的英文对应词就是正当期待 legitimate expectation），它是指私人由于国家机关所实施的某项行为（法规或者行政处理等）而对一定的事实或法律产生了正当的信赖，并基于这种信赖安排自己的生产生活，作出一定的处分行为，国家对于私人的这种信赖应当提供一定形式和程度的保护。① 其目的在于保障私人的既得权，并维护法律安定性以及私人对其的确信。得到法律保护的信赖必须具有正当性。所谓正当，是指私人对行政机关的行为或其创造的法律状态深信不疑，并且对信赖基础的成立为善意且无过失；如果信赖的成立是因可归责于私人的事由所导致，则此信赖不值得保护。

信赖保护原则的起源是发生于 1956 年的一个案件。西柏林的市政委员向一个寡妇作出保证，如果她从民主德国迁到西柏林，她将可以获得一定的福利补助。随后，该寡妇迁徙至西柏林，她一到西柏林，该委员即作出安排，为她提供了补助。然而后来事实证明，她实际上并不符合法定的条件因而没有资格获得补助。该市政委员随即决定停止对她发放补助并要求其退还业已领取的补助。柏林的高级行政法院判决该寡妇胜诉，该判决后来得到联邦行政法院的支持。② 法院认为，在依法行政原则和法律安定原则之间存在着冲突：授予补助的决定明显违法；然而私人信赖这种决定的有效性也是合乎情理的。法院承认这两个原则都是法治国原则的要素，因而，这两个原则中的任何一个都不自然地优于另一方。决定依法行政原则所保障的公益是否优于保护私人对行政行为有效性的信赖，必须对这两个原则进行衡量。只有在答案是肯定的时候，才允许撤销非法行政行为。

这一重要案例引起了学界的广泛关注，在 1973 年 10 月召开的德国法学者大会上，"行政上的信赖保护" 被确定为第二次议题的主题，这使得信赖

---

① 关于德国法上的信赖保护原则，参见李洪雷《论行政法上的信赖保护原则——比较法的分析》，中国政法大学 1997 年硕士论文。

② Bverw GE 9，251ff.

保护原则得到更加广泛的讨论和重视，真正奠定了信赖保护原则在行政法中的地位。此后，信赖保护原则在众多的成文法中被明确加以规定，如《联邦行政程序法》第 48、49 条（关于授益行政处理的撤销与废止的规定），《租税通则》第 176 条、《联邦建设计划法》第 44 条等条文。其中特别是联邦行政程序法的规定，对信赖保护原则在行政法上的地位的确立贡献最大。

　　信赖保护原则的基础在德国有不同的观点，有诚实信用原则说、法律安定性原则说、社会国家原则说与基本权利保护原则说等。通说认为是法律安定性原则说。只有私人对国家可以主张信赖保护原则，国家对私人或行政机关之间不得主张，但可以适用诚实信用原则。信赖保护原则在德国行政法上最先适用于授益行政处理的废弃（撤销或废止），这也是信赖保护原则发展的最为成熟的领域，但信赖保护原则的适用范围不限于此，对于行政计划的确保和行政机关所作的行政法上承诺（Zusage）① 的履行也具有重要意义。

　　根据保护方式的不同，德国法上的信赖保护可以分为存续保护（Bestandsschutz）和财产保护（Vermoegensschutz）两种。存续保护又称为完全的信赖保护，是指当私人对行政机关存在正当的信赖时，行政机关应保证该信赖基础的存续，如果行政机关的行为违反了私人的信赖，则应将其撤销甚至宣告无效。德国早期的学说和判决一直以存续保护作为信赖保护的主要方式。例如在违法授益行政处理的撤销案型中，学说和判例斟酌的重点是：是否撤销这一行政处理？如果撤销将造成人民所不能预料的重大损害，基于信赖保护原则则不得撤销，而应允许该行政处理继续存在。但采取这种保护方式，法院经常面临着一个两难的困境：如果为了保护人民的信赖而任凭违法的行为存续，固然保护了人民的权益但却损害法律所追求的维护公益的目的；反之，如果为了贯彻法律规定而径行撤销该违法授益处理，则又对人民造成了不可预期的损害。这种不是公益就是私益的"零或全部"式的选择困境，正是因为仅考虑到存续保护这样一种保护方式所致。因此德国从1963 年行政程序法草案中即开始提出用补偿人民损失的方式来保护人民的

―――――――――――

　　① 关于行政法上的承诺，联邦行政法院于 1966 年 6 月 24 日判决中指出："承诺依其内容乃对于一个嗣后作为或不作为之带有拘束意思为之高权的自我课以义务。"这一概念的要素主要是三个方面：其一是承诺的内容仅能在未来发挥作用，承诺涉及的是一个现在尚未作出的一个未来的措施；其二是承诺是行政机关带有拘束意思的表示，即行政机关在作出表示时即有愿为此表示而自我受拘束的意思；其三承诺是行政机关自我课以义务，即行政机关通过一个意思表示而对于作出一个特定的行为负有义务。参见陈传宗《论行政法上之承诺》，《宪政时代》第 16 卷第 3 期，第 64 页以下。

信赖，以兼顾公益与私益，此即所谓的财产保护。

财产保护又称为补偿的信赖保护，是指虽然存在正当的信赖，但由于公益的需要又必须对原法律秩序加以变更，为解决这一矛盾一方面允许行政机关变更原法律秩序，但同时要求行政机关对私人因信赖原法律秩序存续所受的损失予以补偿。财产保护的方式虽然可以避免存续保护零或全部的僵硬，但也并非全无问题。首先，财产保护并不能适用于所有的信赖保护案型，特别是抽象的信赖保护案型，由于在此案型中私人的信赖是推定的，究竟有多少人产生信赖，信赖利益如何，都无法估量，从而即难以适用财产保护。其次，具体的信赖保护案型，例如违法授益行政处理的撤销，也并非均适宜用财产保护的方式，如授予国籍的行政处理事后发现违法，如若将其撤销则对私人的信赖利益也是无法用金钱加以估量的。另外，如果一个国家并无特别的立法明确地为财产保护提供法律基础，则如何寻找给予私人以财产保护的法律基础也成为问题。

2. 平等对待

存在两种意义上的平等：形式平等和实质平等。形式平等要求行政机关一致地、公平地适用和执行法律，没有偏私。一致性由于其对于法治的中心价值，即法律确定性和可预测性的重要意义而被戴西视为法治的基础要素，法律的一致性适用也有助于保证执法者对同等情况的人予以同等对待。实质平等与法律的执行无关，其所关注的是法律的内容。它要求法律不得基于不公平的理由规定对不同的人予以歧视性对待。

平等原则是欧共体法的一个不成文的一般法律原则。它要求同等情况不得不同对待，不同的情况不得同等对待，除非这样的对待能够得到"客观地证明"。欧洲人权公约第 14 条则规定，对享有该公约所规定的权利和自由的保障，不应因为诸如种族、肤色、语言、宗教、政治或其他观点、财产、出身或其他身份的影响而加以歧视。平等对待也是英国法中公平行政原则的要求。早在 19 世纪 Russel 勋爵就曾指出附属性法律如果对不同的阶级加以偏私的或不平等的对待可能被判决为不合理。① 尽管此后的判决很少以同样明晰的语言陈述平等原则，法院在许多案件中都因为行政行为违反平等原则，包括形式平等和实质平等，而将行政决定或规定撤销。英国普通法在传统上即将要求平等对待的古老义务施加于公用货运公司、酒店主人或者港口等一些垄断性企业以接受所有旅行者或运输者的义务。法院有时也利用公

---

① Kruse v. Johnson（1889）2Q. B. 291.

共政策的概念来撤销歧视性的规定。

德国行政法院要比英国的法院更加经常地运用平等原则来对行政裁量行为进行控制。① 在德国，平等原则是一个具有宪法位阶的法律原则，它的核心要求与欧共体法中的比例原则的要求一样，也是同等情况不得不同对待，不同的情况不得同等对待，除非这样的对待能够得到"客观地证明"。② 从平等原则可以导出禁止恣意原则和行政自我拘束原则。（1）禁止恣意原则。指行政机关的任何措施必须有其合理的、充分的实质的理由，与其所要处理的事实状态保持适度的关系。所谓恣意就是指欠缺合理、充分的实质理由。它不仅禁止故意的恣意行为，而且禁止任何客观上违反宪法基本精神以及事物本质的行为。（2）行政自我拘束原则。指行政机关在作出行政行为时，如果没有正当的理由应受行政惯例或者内部行政规则的拘束。最初行政自我拘束原则的适用一般要求必须有合法的行政惯例的存在（因为私人不享有不法的平等权③）；但现在只要公民能够证明存在相关的预计要未来持久发挥效用的内部行政规则也可以适用行政自我拘束原则④。但是平等原则不能阻止行政机关面向未来地改变一般政策。⑤

3. 比例原则

比例原则要求行政机关在行使裁量权时，应在其所追求的目的和为追求该目的所采取的手段给私人的权利、自由与利益所造成的损害之间进行适当的平衡。比例原则现在是德国等大陆法系国家以及欧共体法中一项重要的一般行政法原则和宪法原则。

比例原则源于德国 19 世纪的警察法学，认为警察权力的行使只有在必要时才可以限制人们的基本权利，其实质在于要求行政的方法与目的之间保持均衡，后扩充到行政法各个领域，被称为行政法中的"帝王条款"、"皇冠原则"。现已被认为具有宪法的位阶，可以直接拘束立法行为。通说认为比例原则包括三个下位阶的子原则，即适当性原则、必要性原则以及狭义比

---

① Rainer Grote, Judicail Review and Control of Legitimacy of Government Action，国际宪法协会年会（北京，2002）论文；陈新民：《平等原则拘束行政权的问题——论不法的平等》，台湾行政法学会主编：《行政法争议问题研究》，五南图书出版公司 2000 年版，第 57 页以下。

② BverfGE 4, 144, at 155; 50, 177, at 186; 60, 16, at 42.

③ BverwGE34, 278, at 283; 45, 197, at 200.

④ BverwGE52, 193, at 199.

⑤ BverwGE70, 127, at 136; 104, 220, at 223.

例原则。① （1）适当性原则（der Grundsatz der Geeignetheit）。适当性原则是指行政权的行使必须适合于实现行政目的，即适合性就是要求行政机关自行选定的手段能切实地完成立法者的预期目的，因而，适合性约束对象为裁量行政。在羁束行政，行政目的及可采取措施的可能的法律效果已由法律明定，则适合性无适用的必要。在相对清楚的法定目的指引下，行政机关取得一定程度的自行选定手段的自由空间时，只要其所选定的手段能有效达成其所要达到的行政目的，即初步符合了适合性要求，德国联邦宪法法院采取了一个最低标准：只要手段不是完全或全然不适合即不违反比例原则。② （2）必要性原则（der Grundsatz der Erforderlichkeit）。必要性原则又可称为最少侵害原则，指行政权力对私人权益的影响不得超越实现行政目的的必要程度，是指在适当性已满足之后，在所有能够实现行政目的的方式中，必须选择对私人权益损害最小、影响最轻微的方法，也就是为了达到某个行政目的，有多个手段可以选择，但它们给私人权益造成的损害是不同的，此时就应当选择给私人权益造成损害最小的手段，如法谚所说"勿以大炮轰小鸟"，就反映了这一原则的要求。这是手段与手段之间的比较与取舍，亦即有多种可能的手段均能达到行政目的，但各自对公民权利造成的侵害程度不一时，必须以必要性为标准进行审查衡量。"必要"指的是对不可避免的侵害，行政机关只能选择最小、为达到目的已无可避免的侵害手段，即最温和的手段来实施。要求采取"最温和的手段"的必要性原则渊源于德国的警察法理论。德国联邦宪法法院已明确界定"必要性"为："当有其他同样有效且对于基本权利侵害较温和的措施可供选择时，则立法措施有违必要性原则。"③ （3）狭义比例原则（der Grundsatz der Verhaeltnismaeβigkeit in engerem Sinne）。这是指在所有可以达到某一行政目的的手段中，给私人权益造成损害（不利益）最小的手段，其所造成的损害仍然超过该行政目的的所追求的公益时，则这个行政目的就不值得追求，应该放弃。狭义比例原则和前两个原则不同之处在于它不受预定行政目的的限制，如果被干预的基本人权价值超过行政目的所要追求的价值，则可能推翻该行政目的的追求。狭义比例原则强调的是行政目的指涉的利益与采取某手段涉及的利益之间应合乎比

---

　　① 联邦德国宪法法院 1957 年在有关职业自由的药房案中引入了三分法，从此，三分法成为主流观点。

　　② 转引自谢世宪《论公法上比例原则》，城仲模主编：《行政法之一般法律原则》，第 123 页。

　　③ 盛子龙：《必要性原则作为规范违宪审查之准则——西德联邦宪法法院判决及学说之研究》，《宪政时代》第 15 卷第 3 期。

例，要在二者之间进行权衡、取舍，而且此时可不受原因目的的限制。因此，狭义比例原则就成为利益衡量（Interessenabwaegung）的代名词。这是德国联邦宪法法院的一贯见解。

欧洲法院和欧洲人权法院也都确认比例原则是一项一般法律原则。欧洲法院、欧洲人权法院所适用的比例原则，包含两个部分主要的内容：权衡性检测与必要性检测，有时也包含第三部分内容即适当性检测。其内容与德国法大体相同。①

对比例原则引入英国法的最主要的反对意见在于其降低了司法干预的门槛，并使得法院审查行政决定的是非曲直和事实问题，从而有学者认为在英国行政法中引入比例原则"新且危险"。② 然而，迪普洛克法官在 1985 年的 G. C. H. Q. 案中提及了"为我们欧洲经济共同体的几个成员国的行政法中所承认"的"比例"（proportionality）原则，并认为在英国法中引入这样的原则是值得欢迎的。③ 宣称比例原则可为英国司法审查的基础。④ 戈夫（Goff）勋爵在 1990 年的 Att-Gen. V. Guardian Newspapers Ltd（No. 2）⑤ 中则指出："欧盟人权法院确立了言论自由的干涉应与所追求的正当目的成比例，我没有理由认为，英国法在法院适用时会导致不同的结论。"在 1991 年的

———————————

① 欧共体法中的比例原则运用包括以下三个部分：（1）衡量性检测（The balancing test）对行政机关所追求的目标与其为该目标所采取的手段进行权衡。这一检测首先要求辨别行政决定所追求的目标以及为达到该目标所采取的手段，而这必然涉及该决定对相对人的影响。不同的目标与手段会被给予不同的权重。例如在欧共体法中，保护消费者权益或动物健康的目标的权重要小于保护人类健康这一目标。同样，如果所采取的手段限制了人权或剥夺了公民的生计，则这些手段可能会被给予比其他较为轻微的手段更高的权重。（2）必要性检测（The necessity test）的要求是，如果为达到一个特定目标存在多个可能的手段，则行政机关应当采取其中给私人权利或利益造成损害最小的手段。在 Cassis de Dijon 案中，德国政府完全禁止酒精含量低于法定要求的一种黑葡萄酒的销售，欧洲法院认为这一决定违反了比例原则，因为可以通过采取其他限制更小的手段，例如要求厂商在标签上作出说明来达到同样的目的。（3）适当性检测（The suitability test），这一检测要求行政机关采取的手段必须能够保证达到其所预设的目的，并且该手段本身不能无法实施或者违反法律。de Smith，Woolf & Jowell，*Principles of Judicial Review*，pp. 504—508。

② S. Boyron，Proportionality in English Administrative Law：A Faulty Translation？ ［1992］O. J. L. S. 237.

③ 事实上，R. v. Barnsley Metropolitan Council，ex parte Hook ［1976］1W. L. R. 1052（C. A.）案适用了比例原则。丹宁勋爵在该案中说，"如果处罚完全过分并与事实不成比例……法院可以通过调卷令予以干涉"。而且 John Pennycuick 爵士也提及"不成比例而富有戏剧性的剥夺 Hook 先生执照的行为"。同见，Woolf L. J. in R. v. Brent London Borough Council，ex p. Assegai，The Times，29 June 1987。

④ Council for Civil Service Unions V. Minister of State for the Civil Service ［1985］A C. 374，410.

⑤ ［1990］1 A. C. 109.

Brind 案中，虽然没有直接适用比例原则，但多位法官均表示不排除比例原则在将来的案件中被加以适用。在有关直接适用欧共体法的案件中比例原则已经没有争议地得到适用。在不涉及欧共体法的其他一些司法审查案件中，比例原则也已经或明确地加以适用，例如在 R. v. Barnsley M. B. C. , ex p. Hook① 案中，一个小贩因为在大街上小便以及语言无礼而被吊销执照，丹宁勋爵认为，"这一惩罚太过分了，并与违法情形不成比例"。无论比例原则是否被明确地加以适用，它都为目前被归入韦德内斯伯里不合理名下的一些司法审查方式提供了一种隐含的解释，尤其是其中的压迫性决定和对相关因素进行明显不恰当的权衡：在前者中，法院实际上是对是否存在对私人的权利或利益进行不成比例的干预；在后者中，法院实际上要对行政机关是否给予某些因素以明显不成比例的权重加以判断。从英国法院的司法审查案件来看，比例原则的三种检测实际上都已出现，只不过有些是明确的，有些是隐含的。

德·斯密思认为，采取比例原则作为司法审查的一个理由并不必然意味着取消传统上与韦德内斯伯里不合理相关联的一些司法控制手段，但是比例原则有助于更加确切地界定这些审查的范围。既然比例原则在大量地并且持续增长地直接适用欧共体法的案件中，在直接适用欧洲人权公约的人权案件中，以及在其他一些司法审查案件中已经被适用，对比例原则予以更加明确的承认有助于提升行政法的整合性并且使其规则更易于理解。

4. 压迫性决定

压迫性决定（oppressive decisions）是指使私人承受过度的困苦或者不必要的严重损害私人的权利或利益的决定。比例原则也涉及对私人权利和利益的损害的合理程度的判断，但虽然比例原则是否应引入英国法尚存在争议，压迫性决定作为法院对行政决定的实质性审查一直为英国法所承认。②

是否构成压迫性决定所着眼的是行政决定对相对人的影响，评判的根据是决定过程的结果而非作出决定的方式。压迫性决定的实质是权力的过度行使，从而对于具体个案是否构成压迫性决定的判断要考虑行政决定所作出的背景、特定权力的功能以及受损害的权利或利益的性质。具体审查的密度（另一方面是允许行政机关的判断余地）在不同的条件下而有所不同，在私

---

① ［1976］1 W. L. R. 1052, 1057.

② de Smith, Woolf & Jowell, *Principles of Judicial Review*, p. 488.

人的基本人权受到损害时法院审查的程度往往较高。

在与城市规划相关的案件中有大量涉及压迫性决定的案件。尽管相关的法律允许地方当局或者部长（在受理上诉时）在授予建筑许可时可以附加其"认为恰当"的任何条件，法院仍然经常以其属于压迫性的决定为由撤销行政决定，例如那些要求开发商将部分地产提供公用的决定。

如果行政机关已经拥有或者可以通过自愿交易的方法获得其他可供利用的土地，有关强制购买的决定可能被认为是压迫性的决定。在一个案件中，地方当局为建造保护海岸的防护墙而强制购买一块土地的决定，被法院认为是不合理的决定，因为其企图获得比所需要土地更多的土地。

如果一项附属性立法（by-laws）的规定根本不可能加以实施，法院会判决其不合理。一项附属性立法或法定条规如果与法律直接抵触或者在实质上违背了一般的法律原则而设定了难以承受的禁止性要求，则会被法院以"矛盾"（repugnancy）为由宣告无效。一些规章因为设置了禁止寻求司法救济的规定而被判决为不合理。

在 20 世纪 80 年代有一些地方当局由于对与当时实行种族隔离政策的南非进行交往的组织予以过度惩罚而被宣告违法。在 Wheeler v. Leicester City Council 一案[1]中，兰开斯特市议会吊销了某橄榄球俱乐部使用该议会所拥有的娱乐场所的许可，其理由是该俱乐部未能施加足够的压力，以阻止其四名会员作为英国橄榄球员的代表赴南非旅行。虽然会员去南非旅行并不违法，市议会认为其依据是其广泛的法定权力（授予进入其拥有的土地的许可）以及因 1976 年的种族关系法而产生的总括性法定义务（该法第 61 条规定，应"促进不同种族与人种的人们之间的健康关系"），有权作出该决定。贵族院最后判决市议会的行为违法。坦普尔罗（Templeman）勋爵认为市议会对俱乐部根本没有过错的行为进行了惩罚，构成权力的滥用。罗斯基尔（Roskil）勋爵认为这属于采取不公平的方式达到目的。

在德国行政法上，压迫性决定不是法院对行政裁量行为进行审查的独立依据，而是被纳入比例原则的适用当中。

五 怠于行使裁量权（Failure to Exercise Discretion）

如果行政机关在作出决定时未行使法律所赋予的裁量权，该决定会被

---

[1] ［1985］1 A. C. 1054.

英国法院宣布为无效或被撤销。这可能发生在以下四种情形。① 其一，被法律授予裁量权的行政机关将该权限非法地委任给了另外一个机关；其二，行政机关因为受到其以前所制定的某种政策的过分约束，以至法院认为该政策已经排除了行政机关根据个案的特殊情形作出裁量的余地；其三，行政机关可能受到其所签订的一个契约的限制而不再行使裁量权；其四，行政机关或者其工作人员对其行使裁量权的方式作出了一个陈述，相对人从而要求该行政机关遵循禁反言的原则的要求，这也导致行政机关不再行使裁量权。

（一）授权（delegation）

关于授权问题的一般原则是，如果某一特定人被授予了裁量权，其必须自己行使该权力。法谚"被授权人不可以向他人再为授权"（delegatus non potest delegare）即体现了这一原则的要求。但是在英国，这是一个具有灵活性的原则（principle）而不是硬性的规则（rule）②，"制定法所授予的裁量权只是被初步推定为不应被其他当局所行使，但这个推定可以被制定法的语言、范围和目标等所显示出来的相反意思推翻"③。要确定授权法明确授权之外的其他人是否能够接受授权，要依赖于制定法的整体脉络，要考虑规定内容的性质，以及被授权的个人或组织的类型等。

被授权的权力的性质对于授权的合法性尽管不是决定性的，但却非常重要。对于纯粹行政性的事务，特别是有关调查的事务，法院一般承认授权的合法性。但如果没有制定法的明确规定，法院一般不太愿意承认立法权的再授权。对于司法性权力，特别当其涉及个人自由或纪律处分的授权也同样如此。在 Barnard v. National Dock Labour Board 案④中，全国码头劳务委员会依法将包括纪律处分在内的部分权力授权给地方委员会，地方委员会又将该权力授权给码头经理，后者对原告作出了开除的处分。法院认为地方委员会的授权是非法的，并强调指出很少司法职能可以被授权。在随后的一个案件中贵族院也得出了相同的结论，尽管其也同时强调，并不存在绝对的规则说司法或准司法的职能就可以被

① Paul Craig, *Administrative Law*, 3nd edition, Sweet&Maxwell, 1994, p. 385.
② 关于原则和规则的区别，参见［美］德沃金《认真对待权利》，信春鹰、吴玉章译，中国大百科全书出版社 1998 年版，第 40 页以下。
③ John Willis, *Delegatus non potest delegare*, （1943）21 Can. B. r. 257, 259.
④ ［1953］2 Q. B. 18.

授权，具体判断的"黄金规则"是考虑整体的制定法脉络。①

授权与代理（agency）不同。行政机关在行使其权力时自然拥有雇用代理人的自由，例如在诉讼中雇用律师，在土地交易中雇用测量员，以及在修筑道路过程中雇用承包商等。但对代理有一个基本的要求，这就是行政机关必须自己采取政策性的决定并且慎重地遵守法律的规定。被代理人可以根据代理的一般规则或者对制定法的宽泛解释，事后有溯及力的修正代理人的决定。

在德国行政法上，行政任务由法定主体之外的其他主体行使的形式有这样几种：（1）授权（权限的授予，Delegation），是共同归属一个行政主体（公法人）的行政机关将其权限的一部分移转于另一个相隶属或不相隶属的行政机关，并由后者以其自身的名义行使该权限，这种授权必须要有法律的明文规定。（2）权限代理（Mandat），这是指一个行政主体或行政机关将其法定的管辖权委托给另外一个行政主体或行政机关，要求其以委托者的名义进行活动。权限代理虽然未移转法定的管辖权，但该管辖权实际上是由法定主管机关以外的其他机关行使，因此也必须要有法律的授权②。（3）委办（Auftrag），是指国家或上级地方自治团体将其事务交给下级地方自治团体或其机关执行。（4）公权力授予私人，是指公法人通过法律，或根据法律授权以行政处理或公法契约的形式，将公权力（高权）授予（Beleihung）私人（自然人或法人）以其自身的名义行使。公权力授予必须要有法律的依据。③（5）行政辅助人（行政助手，Verwaltungshelfer），这是指私人作为行政机关行使公权力的帮手，其并非如被授权人以自己的名义独立行使公权力，而是直接受行政机关的指挥命令从事活动，犹如行政机关的"延长之手"（Verlaengerter Arm），如在发生交通事故时交通警察请求在场司机协助其维持交通秩序，对于行政辅助人行为的法律效果，直接归属于国家。④ 此外，在德国行政法上还有"基于私法契约而独立从事公务之私人"，这是指国家通过与私人签订私法契约（通常是承揽契约）的方式，将一定的行政任务委由私人办理，如私营建筑公司接受国家委托修筑高速公路，其特色在

---

① Vine v. National Dock Labour Board［1957］A. C. 488.

② Vgl. Ule/Laubinger, *Verwaltungsverfahrensrecht*, Koeln 1986, 3 Aufl, §10 III2, S, 61 f.

③ Vgl. etwa W. Rudolf, Verwaltungsorganisation, in：Erichsen（Hrsg.）, *Allgemeines Verwaltungsrecht*, 10. Aufl., Berlin/New York 1995, §53 Rn. 26.

④ ［德］哈特穆特·毛雷尔：《行政法学总论》，高家伟译，法律出版社2000年版，第584页；李建良：《因执行违规车辆拖吊及保管所生损害之国家赔偿责任——兼论委托私人行使公权力之态样与国家赔偿责任》，《中兴法学》第39期，第101—102页。

于该行政任务不具有高权色彩。

（二）规则/政策与裁量

当法律赋予行政机关裁量权时，行政机关可以制定一定的规则或政策对具体行使裁量权的标准作出规定，这对提高行政机关的工作效率、方便私人预测行政机关的行为都具有重要意义。但是行政机关所事先制定的规则或政策，不能过于严格和僵化，必须为其及其下级机关根据具体个案的是非曲直以及当时情况下公共利益的要求改变规则或政策留有余地，否则这就与法律赋予行政机关裁量权的目的相背离了。法院认为，对于需要根据政策加以判断的行政事项，不应因为对一致性的追求而牺牲个案的正义。例如在一个案件中，地方当局将所有的有家庭的儿童提出的向其提供住房的申请都予以驳回，因为当局认为这些儿童都属于"故意的无家可归者"，无权接受住房，法院认为提供住房的权力隐含了地方当局应当根据每一个申请者的具体情况加以判断的义务，从而判决当局的行为违法。

但是应当注意的是，既然行政机关已经对裁量权的行使作出了一定的规则或政策，则除非确实存在特殊的个案情况要求背离该规则政策，就应当遵循其要求，否则有可能损害私人的正当期待。

在德国行政法中，上级行政机关也可以凭借其指挥监督权制定作为行政规则的裁量规则，以确保裁量权行使的统一和平等。但是不允许在裁量规则中取消下级行政机关和公务员根据个案的特殊情形加以斟酌判断的余地，[1]也即在存在合理的、特别或充分的理由时，行政机关基于案件的重要特殊性（wesentliche Besonderheit）或者外在情势的可能变化，可以采取与行政规则不一致的行为。[2]

（三）契约与裁量

行政机关为行使裁量权除制定政策外也可能签订契约。与政策一样，契约的内容和拘束力也可能不符合法律对行政机关恰当行使其权力的要求。但与政策不同的是，契约是一个具有法律拘束力的协定，因此这里的问题要比政策还要复杂。不过二者的一般原理是相同的：行政机关不应阻碍法律所要求的裁量权的行使，行政机关的首要义务是维护自身在每一具体案件中根据当时的公共

---

① ［德］哈特穆特·毛雷尔：《行政法学总论》，高家伟译，法律出版社2000年版，第128页。
② 庄国荣：《论德国的法规命令和行政规则》，《宪政时代》第十四卷第三期，第69页。

利益的要求作出决定的自由。但另一方面，行政机关的权力中也包括签订契约的权力。既然绝大多数都或多或少地对行政机关的行动自由构成障碍，因此问题就转化成行政机关在何种程度上可以有效地约束自己的未来行为。①

对此一个重要的判断标准是法律授予行政机关权力的目的与签订契约的目的之间是否协调一致。一般说来，对于行政机关进行的商业性的活动法院比较易于承认二者目标的一致性，法院在一个判决中认为，如果仅仅由于契约限制了行政机关未来在商业经营方面活动的行动自由，就使该契约无效是荒谬的，因为行政机关在商业活动中享有较大的自主活动的空间。另一方面，如果不涉及商业性因素，法院倾向于否定对行政机关根据公共利益自由作出决定的任何限制。例如规划管理机关不应通过契约规定自己在未来授予或者拒绝某规划申请。但是，这并不意味着行政机关可以在一旦发现履行契约对自己不利就可以以公共利益为名逃避拘束。

在德国法上，行政契约的主要适用范围在于裁量行政或法律未作特别规范的行政，因行政机关具有较大的自由空间，可以斟酌公共利益和私人利益，通过协议对行政事项加以处置。在受法律严格拘束的羁束行政领域，虽也有缔结行政契约的可能，但通常仅能就法律已经规定的内容进行协议，意义不大。根据《联邦行政程序法》第 54 条，除非法规有相反规定，行政机关可以缔结公法契约（行政契约）。所谓法规有相反规定，不仅指法规明文禁止缔结行政契约（这在实践中实际上甚为少见），而且包括根据法规的目的与精神排除行政契约的缔结。诸如任用公务员、征兵、核定租税或其他金钱给付以及考试决定等，依其性质都必须采用行政处理的行为方式。有关建筑、工商以及专门职业管理的许可，在理论上并不排除运用行政契约方式作成的可能，但某些特别配合行政处理制度的法规，如建设法规定了在某些特定情况下行政机关可以或应当撤销或废止建筑许可，这样在缔结行政契约时，行政机关就必须在契约中规定保留对行政契约的解除权或终止权，以配合有关撤销与废止建筑许可的要求。

行政契约一旦成立并生效后对双方当事人都具有法律效力。但如果事后签订行政契约的事实或法理根据发生重大的变更时，《联邦行政程序法》第 60 条第 1 款第 1 句规定了情事变更（clausula rebus sic stantibus）原则，即如果据以决定契约内容的各种关系自契约缔结后发生重大变更，以至不能期待契约当事人一方维持原有的契约约定，则该契约当事人可以请求配合变更

---

① Wade, *administrative law*, p. 333.

后的关系调整契约内容，或者在不能调整或调整对一方当事人不能期待时，可以终止契约。调整请求应向对方当事人提出。调整本身应采用行政契约的形式。如经一方当事人请求未达成调整的协议，则提出请求的当事人可以向行政法院提起一般给付诉讼，请求法院判决相对一方作出同意调整的意思表示以完成契约的变更，如果经判决胜诉，则视为相对方已经作出同意的意思表示。终止是当事人的单方意思表示，自相对方受领之时起生效。第 1 句规定的是调整或终止的一般情况，第 2 句规定了有关行政机关为公共利益终止行政契约的特殊情况，即仅适用于预防突发事件或消除对公共福祉遭受严重不利的情况，行政机关可以终止契约，但应对相对方按照《行政程序法》第 49 条的规定予以补偿。①

（四）禁反言（estoppel）与裁量

禁反言的基本含义为，如果某人通过其先前的语言或行为而主张一定的事实状态，从而导致了他人对该主张正确性的合理信赖并从而改变了其生活状态，则即使这一主张并不真实，根据禁反言原则，主张者也不能在此后的法律程序中否定该主张的真实性。这一原则最初仅限于对事实的主张，然而在近几十年的发展中它已经延伸到对未来行为（future conduct）的主张。这即是所谓的"允诺禁反言"原则。②

行政法领域对禁反言原则的引进是为了保障私人对行政机关主张的信赖，防止行政机关反复无常的行为给私人权益造成损害。但禁反言原则在英国行政法中的适用受到很大的限制③，首先是越权原则的限制。如前所述，越权原则被认为是英国行政法的基本或核心原则，它坚持只要一个公共机构的行为没有法律基础则属于违法行为。禁反言原则不能使行政机关免除其所负的法定义务，也不能允许其采取越权的行为。涉及禁反言原则的案例仅有极少一部分背离了严格的越权原则。这其中多数又和相对人因信赖行政机关提供的错误信息而受到损失有关。对禁反言原则另一个重要的限制是禁反言原则不能阻碍行政机关行使裁量权，"这一原则也不允许行政机关通过针对未来行为作出承诺的方法，使得其所具有的裁量权的事项转化为一个具有拘

---

① ［德］哈特穆特·毛雷尔：《行政法学总论》，高家伟译，法律出版社 2000 年版，第 380 页以下。

② B. L. Jones, *Garners' Administrative Law*, p. 142.

③ B. L. Jones, Garners' *Administrative Law*, pp. 143—144. Craig, *Administrative Law*, pp. 559—587. Wade, *Administrative Law* pp. 261—264.

束力的允诺"。用 Lawton L. J. 在 Rootkin v. Kent County Council① 中的话说，正统观点是，除了两个例外②，"一般的法律原则是，禁反言原理不能用以阻止地方政府③行使制定法所要求的法定裁量"。例如在某一个时期政府确定了鼓励某项产业发展的政策，从而为较多的申请举办该产业的人颁发了许可证并为原许可证持有人延长了许可期限。但后来由于经济形势的变化，政府制定了该项产业发展的政策，不得不取消某些许可或缩短某些期限。对此，相对人不得以禁反言为由反对政府政策的变化。

在英国行政法上，对禁反言原则适用的严格限制遭到了很多知名学者如韦德和克雷格等的严厉抨击。克雷格曾引用美国行政法学家施瓦兹教授的话说，通过越权原则对禁反言原则的限制"具有所有的逻辑上的美丽和正义上的丑陋"，其在正义上的丑陋主要是体现在对私人信赖利益的忽视。④ 韦德和克雷格均认为，通过对因信赖行政机关主张的私人所遭受的损失提供补偿是解决此悖论的妥当做法。这相当于德国信赖保护中的财产保护。另一建议是法院应采取一种衡量的程序，在此程序中法院对不允许私人信赖该陈述所导致的私人损失和允许该陈述约束给公共机构给公共利益造成的损害之间加以衡量。如果前者超过了后者则可认为若不执行该陈述即意味着裁量权的滥用。在英国法院的判决中存在着采取这种方法的例证，这实际上相当于德国行政法上信赖保护方式中的存续保护。⑤

---

① [1981] 1W. L. R. 1186 at 1195.

② 这些例外在 Western Fish Products Ltd. v. Penwith D. C. [1981] 2 All E. R. 204 中有详尽的讨论。它们是：第一，如果一个计划机构授权其工作人员就某些具体事项作出决定，这些工作人员作出的决定是不可撤销的。这个例外建基于 Lever (Finance) Ltd. v. Westminster Corporation [1971] 1 Q. B. 222。第二，如果一个计划机构放弃了关于行使其法定权力的一项程序性要求，它通常不得以缺乏正规性为理由撤回其承诺。这个例外建基于 Wells v. Minister of Housing and Local Government [1967] 1W. L. R. 1000。

③ 同一个原则显然也适用于其他的公共机构。

④ 见 P. P. Craig , Representations by Public Bodies, (1977) 93 L. Q. R. 398。作者写道："细察管辖权原则 (the jurisdictional principle) (禁反言原则不起作用) 会发现，它是有缺憾的。防止公共机构扩张权力的目的显然是正确的，但是该原则 (禁反言) 在实践中被用错了地方。在有关故意扩张权力的为数不多的案例中，它被用来打击错误的对象即无辜的被陈述人，而不是公共机构。在较为普遍的有关疏忽或无意识地扩张权力的案例中，对于公共机构的任何威慑性作用都是极少的。如果允许禁反言原则发挥作用，一个不言自明的假设必定是：实际上在任何时候扩张公共机构的权力，对于公共利益的损害都比对于相对人的任何不利重要得多，而公共利益是越权原则 (ultra vires principle) 的受益者。"

⑤ 参见前文对德国行政法上信赖保护原则的介绍。

六　小结

通过以上的介绍，我们一方面可以看到，英国对行政裁量的司法审查已经有了一套比较完整的架构，对行政裁量权予以了行之有效的全方位控制。但另一方面，随着政治社会形势的发展，特别是随着欧洲一体化的进程的加快，英国对行政裁量权司法审查的传统方式正经受着巨大的挑战，这些挑战既包括行政裁量权的宪法基础问题，也包括是否或如何将比例原则、实体性正当期待和基本人权等审查方式引入行政裁量司法审查体系中的技术性问题。① 由于法国法和德国法在欧盟行政法中具有支配性地位②，英国行政法所面临的这一挑战的实质在很大程度上就是如何在保持其普通法传统的同时吸收借鉴大陆法的先进经验。"对许多英国的法律人来说……可以甚至应当接受来自共同体法和德国法理念的影响，这简直是匪夷所思。由于骨子里受到戴西的影响，对众多的英国法律人来说，英国法根本无需借鉴大陆法是不言自明的。"③ 这种观念看来现在已经到了需要改变的时候了。当然这并不意味着德国行政法上对行政裁量权的司法审查就已经尽善尽美，德国法院通过不确定法律概念和行政裁量的概念区分以及通过比例原则等手段对行政裁量权的控制，固然对于保障私人权利居功甚伟，但也不免有过度干预行政自主判断空间之弊，随着现代科技的发展以及经济社会状况的愈趋复杂，德国行政法院面临着对其角色定位加以适当调整的任务。④

---

① 关于欧盟法对英国公法的影响，较为全面的论述见 Paul Craig, The Impact of Community Law on Domestic Public Law, in *Administrative Law Facing the Future* (edited by Leyand&Woods), Blackstone Press Limited.

② Juegen Schwarze, *European Administrative Law*, Sweet and Maxwell, 1992, p. 3.

③ C. Forsyth, The Provenance and Protection of Legitimate Expectations, [1988] C. L. J. 238.

④ 参见 Joern Ipsen《德国行政法院权利救济之体制》，刘淑范译，《政大法学评论》第 54 期，第 182 页以下。

第七章 行政计划诉讼问题研究

引　言

行政计划很早就作为一种国家管理社会的手段而存在，[①] 但其存在的必要性和不可替代性是在现代法治社会中，在国家行政活动的范围和内容不断扩大化和多元化的情况下，方才日益凸显出来的。现代行政在城市建设、环境保护、交通建设、文化教育等众多领域内很大程度上已经依靠有计划地制定各种法规和规划，以实现行政的前瞻性和有序性。"基于行政计划而展开的计划行政，被称为现代行政的重要特色之一。"[②]

毫无疑问，在众多的计划形式中，以城市规划最为典型。城市规划所涉及的法律问题是方方面面的，尤其是在有关土地利用和环境保护上。因此，本书所要考察的行政计划诉讼问题将主要以城市规划为背景展开。

行政计划的出现和广泛运用难免会在现实当中引发各种纠纷，通常解决纠纷的渠道有行政机关自我解决，或由权力机关进行处理和由司法机关进行裁决等形式。限于本书的主题，将主要就行政计划的诉讼救济进行介绍。对于行政计划，一般而言，有两种意义上的理解。一种是结果意义上的行政计划，即计划行为所产生的正式书面文件，另一种是行为意义上的行政计划，即与结果意义上的行政计划相关的各种行为的动态发展的整个过程。根据学者的多数见解，行政计划的行为过程往往分为（1）计划草拟（构想）；（2）计划拟定（选定）；（3）计划公开（发布）；（4）行政确定（核定）；（5）计划实施与变更。[③] 以产生结果意义上的行政计划这一时点为界，又可以再细分为实施行政计划的制定过程和实施行政计划后的变更过程两个时段。相应的，与行政计划相关的纠纷也可以区分为对计划的具体内容的不服和对计划制定行为的不服和对计划变动（包括中止和变更，两者因为所适

---

① 如传统国家就已存在的财政预算，某种意义上讲也可属于行政计划的范畴。

② 杨建顺：《日本行政法通论》，中国法制出版社 1998 年版，第 564 页。

③ 林明锵：《行政计划》，翁岳生编：《行政法》，（台北）翰芦图书出版有限公司 1998 年版，第 676 页。

用的规则多数情形下是相同的，故本书进行合并讨论）行为的不服等三种类型。三者纠纷的诉讼解决方式各有其自身的特殊性，下试分述之。

一　对行政计划具体内容不服的诉讼救济

行政计划类型纷繁复杂，其具体内容也同样呈现这一特点。因此，对于行政计划具体内容不服的诉讼问题，并不能轻易地下一个简单的结论，而应加以区别处理。

行政计划具体内容有无对人民发生法的拘束力，将在诉讼法上产生不同的法律效果。对相对人不直接产生法的拘束力的行政计划，例如国民经济发展计划，经济建设计划等政策性计划，或者政府外贸部门公告的外销景气及应对方案之类的建议性（指导性）的行政计划，由于对于人民权益并不产生直接影响，所以一般不能发生诉讼上的问题。而只有那些对公民权益产生实际拘束力和直接影响的行政计划，才有可能引发讼争的问题。

（一）从国外的一起相关案例说起

在日本曾经发生过这样一起案件。该案的被告东京都政府于 1939 年间，为在大田区内设置垃圾焚烧场购买了土地，但一直没有着手建设。1957 年 5 月 30 日，东京都议会通过了可以设置这个垃圾焚烧场的计划案，于同年 6 月 8 日，把其内容登载在《政府公报》上。其后，东京都政府和西松建设股份有限公司签订了建筑工程承包契约。因此，×等（居住在这块土地上的居民 8 人）认为，东京都政府选定焚烧垃圾场的位置，从环境卫生来说是最不恰当的地方，违反《清扫法》第 6 条，以及《清扫法法施行令》第 2 条第 1 款第 1 项，所以是无效的行政处分。于是，对东京都政府提起请求确认无效的诉讼。东京地方法院的一审结果驳回了原告的诉讼请求。理由是，"东京都的决议，在东京都公报上登载、被告与西松建设股份有限公司之间签订的工程承包契约等一系列行为，并没有直接以公民为对方，也没有直接影响公民的权利和义务，因此，这些行为不是作为行政诉讼对象的行政处分"①。

---

① 对该案（［日］1964 年 ×等诉东京都案）的案情介绍和评述，参见胡建淼主编《外国行政法规与案例评述》，中国法制出版社 1997 年版，第 765 页以下。

（二）对该案例的一种评述

日本法院在本案中体现了其一贯的立场，即认为只有行政处分①才能提起诉讼。事实上，它也是各国司法制度的共同做法。而对认定行政处分的要件规定一般有三：其一，具有公权力性。即该行为首先必须是行使公权力的行为。其二，发生具体的法效果。所谓处分，必须是对公民产生法效果的事项。即使在事实上对公民的权益有着重大影响的行为，形式上不具有法效果也不能承认其具有处分性。其三，所发生的纷争具备的成熟性。一项行政行为，只要没有到达对当事人的权利义务作出最终决定的所谓终局阶段，就被认为该纷争尚未成熟，不予受理。②

对照上述三项要件，容易引起对行政计划提起诉讼的障碍的主要是要件二和要件三。因为行政计划在时间上具有动态展开的要素，内容上具有非完结性和留有一定的余地③，所以一般是预定要由后续行为来将权利义务关系具体化。基于上述的特点，抽象的基本计划一般不被认为是对特定个人的具体处分，因而欠缺诉讼的成熟性。④

但是，对于具体的事业实施计划，则有人认为，实质上它决定着有利害关系者将来的权利关系，并且，若公共事业的实施有非法的地方，早期纠正违法行为，合法地实施有关事业，无论是对于国民来说，还是对行政机关来说，都是百利而无一害的。现在多数日本学者认为，也许还不能承认对抽象的基本计划提起诉讼，但当怀疑具体的事业实施计划有违法性质时，应该允许提起诉讼，以谋求阶段性疑问的解除，然后再重新开始公共事业的实施。从这种观点出发，下级法院的判决中，也已经出现了一些承认行政计划可诉性的判决。⑤ 在我国台湾地区，法院对行政计划的态度也经历了一个逐步放宽审查标准的过程。

但是纷争成熟性的认定标准也不是一成不变的。比如最早在美国，认定

---

① 大致相当于我国行政法上所称的具体行政行为。

② 纷争的成熟性原则即司法审查时机成熟原则，其含义是指被指控的行政行为只有对相对人发生了实际不利影响并适于法院审查时才能接受司法审查。

③ ［日］和田英夫：《现代行政法》，倪健民译，中国广播电视出版社1993年版，第216页。

④ 在日本最高法院看来，基准性计划和行政指导一样，欠缺撤销诉讼的对象性，如不能通过撤销诉讼来攻击全国综合开发计划。

⑤ 例如，日本札幌高等法院1971年12月23日关于土地改良事业计划决定的判决。参见杨建顺《日本行政法通论》，中国法制出版社1998年版，第572页。

纷争成熟性的标准除内容外，采取了严格的形式标准，即所指控的行政行为必须是"正式的"，如正式决定、正式裁决等。如处在非正式行为阶段，则视为司法审查时机不成熟。20 世纪 60 年代以后，成熟原则的要求逐渐放宽，审查标准也改为"对当事人造成了不利影响"。即使行政行为尚未变成正式行为，只要它已经给当事人造成了某种不利影响，① 法院即可受理对这种行为的审查诉讼。可见，所谓的纷争成熟性原则更多的是出于政策上的考虑所作的安排。②

（三）我国的相关诉讼实践

由于我国目前还没有制定行政程序法或计划法，对行政计划内容本身能否提起诉讼，主要还是根据行政诉讼法的相关规定。我国的《行政诉讼法》第 12 条规定，人民法院不受理对"公民、法人或者其他组织对行政法规、规章或者行政机关制定、发布的具有普遍约束力的决定、命令"即抽象行政行为提起的诉讼。根据《最高人民法院关于执行〈中华人民共和国行政诉讼法〉若干问题的解释》（2000 年 3 月 8 日公布）第 3 条的规定，它是指行政机关针对不特定对象发布的能反复适用的行政规范性文件。而行政计划内容上多数情况下都不是针对特定行政相对人的权利义务的，所以我国目前还不能针对行政计划行为直接提起撤销之诉。司法实践中针对某项规划不服的，相对人也往往是针对行政机关根据该规划所作出的具体行政行为提起诉讼的。③

2002 年，温州发生了一起与政府的建设规划有关的行政诉讼。该案的一审原告永嘉县瓯北镇浦西村百余位村民状告瓯北镇人民政府和永嘉县规划建设局违反《城市规划法》，侵犯了他们的通行权。事情的起因是 2002 年 7

---

① 比如，如果规章要求立即改变人们的行为规则，不服从规章则予以惩罚，那么受此规章管辖的人一提起诉讼，审查时机就成熟了。

② 之所以对行政计划的诉讼资格用成熟性原则加以限制，是出于以下的考虑：（1）成熟原则可以排除法院受理不适于法院解决的有关纯抽象纯理论性的问题的审查请求。（2）避免法院过早干预行政程序，卷入有关政策的理论争论之中。（3）有利于更切实地保障公民权益，对于将因行政行为受到实际的、紧急的、不可弥补的损害的当事人，给予及时的司法救济。参见王名扬主编《法、英、美、日行政法简明教程》，山西人民出版社 1991 年版，第 180 页。

③ 我国目前虽然规定对抽象行政行为不能提起诉讼，但是也有学者认为不能提起行政诉讼和不能对之进行审查是两个不同的概念。尽管抽象行政行为被排除在受案范围之外，但是法院可以在对具体行政行为进行审理时对其所依据的抽象行政行为进行审查。甘文：《行政诉讼法司法解释之评论》，中国法制出版社 2000 年版，第 31 页。

月，该村的交通干道破土动工，村民们发现即将盖起的大楼，将把双塔路上的控制红线完全占据，把奢坊巷通往双塔路的出口完全堵塞。居住在巷子里的近百户村民，要想到双塔路就必须绕很远的路。村民们多次向镇政府和上级主管部门反映情况未果，遂将瓯北镇人民政府和永嘉县规划建设局告上法庭。而被告永嘉县规划建设局则辩称，他们是依法向瓯北镇政府颁发建设工程规划许可证，符合瓯北镇的总体规划。原告代理律师则认为，瓯北镇人民政府从1990年到现在的12年间，建设规划发生了五次大变动，平均每两年变动一次。处理这样一件涉及老百姓重大利益的公共事务，决策如此轻率随意，不符合群众的根本利益。①

这起发生在温州的"百余村民状告规划局讨要通行权"案，一审法院之所以能够受理，就是因为原告所提出的诉讼请求是撤销规划建设局向镇政府颁发建设工程许可证的行为，而非经过多次变更的建设计划本身的内容。后者常常会被认为属于抽象行政行为，而不在受案范围之列。此外，在武汉市发生的武汉外滩花园业主状告政府违法审批、违法拆迁案，施建辉、顾大松因紫金山违法搭建观景台诉南京市规划局案等案件，诉讼请求也都是针对与规划相关的行政许可行为。②

二　对行政计划制定行为不服的诉讼救济

鉴于对行政计划之事后审查可能性不大，而对受行政计划影响的相对人权益之保护又实属必要，所以各国行政法学界已经考虑对行政计划的制定程序进行事先的规范。日本在其1983年制定的《行政手续法要纲案》（此草案即第一次草案）中，特别针对与私人权利利益有直接关系之"土地利用规制计划"（第112条）及"公共事业实施计划"（第1122条）之制定进行程序性的规制。③

但是仅有程序上的规制，而没有规定行政相对人对行政计划制定行为本

①　李丰、崔丽：《温州"民告官"讨要通行权》，《中国青年报》2003年1月8日。
②　参见应松年、王成栋主编《行政法与行政诉讼法案例教程》，中国法制出版社2003年版，第157—169页。
③　具体要求有：（1）应听取其他相关行政机关（包含公共团体）之意见；（2）应将计划案提供公众阅览；（3）应给予利害关系人以书面陈述意见之机会；（4）对已提出意见之人应进行听证；（5）应将决定之计划附理由公告之。转引自刘宗德《现代行政与计划法制》，《政大法学评论》总第45期，1992年6月。

身表示不服的权利，并不能对相对人提供充分的保护，也不利于督促行政机关的依法行政。有鉴于此，不少国家或地区已经在其司法实践中承认其可诉性。一般认为，计划的制定（广义上理解，包括制定、修改和废止）属于行政行为，利害关系人对计划制定行为不服的，可以提起行政诉讼。在德国，利害关系人对行政计划的确定行为不服，根据《行政程序法》第 74 条第一项的规定，适用有关正式行政程序中之决定和撤销的规定，所以相对人对行政计划确定行为不服的，可以对其提起撤销之诉。① 但是计划确定裁决行为以《联邦行政程序法》第 73 条所规定的正式（听证）程序所作出的，由于该程序的要式形式和因此导致的缜密，对准备程序所提起诉讼是不予受理的。② 我国台湾地区 1990 年的《行政程序法（草案）》第 125 条规定："（不服确定计划裁决之救济方法）不服确定计划之裁决者，应于裁决书送达之日起 30 日内，向行政法院提起行政诉讼。"而 1993 年的《行政程序法（草案）》第 157 条则规定："不服确定计划之裁决者，得不经诉愿或其他先行程序，径行再诉愿或依法提起行政诉讼。"

德国和我国台湾地区都在立法上允许对行政计划制定行为提起行政诉讼，与它们在立法上规定了行政计划裁决的"集中事权"效力是分不开的。集中事权就是由单一机关统筹依单一程序收件审查，其他机关会同审查，最后由统筹办理之机关核发一张执照，此一执照即为确定计划之裁决书。从德国行政计划裁决之实例来看，裁决书不是像一般行政处分书仅两三页，而是一本汇整性小册，其中涉及各种许可与相应措施皆在此一裁决书内。③ 简单地说，集中事权效力就是以程序集中的方式处理达到决定集中的效果。

我国现行有关行政计划的法律，如《土地管理法》中对土地利用总体规划的编制、审批、调整、实施及应遵循的原则等作了规定，但这些都是封闭式的内部程序上的规定，基本上是将行政计划作为内部行政行为看待，对行政计划制定行为本身提起诉讼的法律依据还处于空白状态。如根据《城市规划法》的规定，行政计划的确定行为是通过上级行政机关的审批程序作出的，而与计划有关的许可程序则是另外进行的，建设工程规划许可证也

---

① 德国《行政法院法》第 40 条规定：一切未经联邦法律划归为属其他法院管辖的非宪法性质的公法上争议，对之均可提起行政诉讼。

② 德国《联邦行政程序法》第 148 条规定：以正式行政程序所为之行政处分为标的，提起行政诉讼时，于起诉前，不必另经事前（诉愿）程序之审查。

③ 董保城：《行政计划》，翁岳生主编：《行政法》，中国法制出版社 2002 年版，第 818 页。德国"确定计划裁决"之范例可见于同书第 819—820 页。

是规划建设局以计划审批程序已经确定的城市总体规划为依据，并对相对人的申请进行审查后才作出颁发许可证的决定的。对照德国和我国台湾地区相应的立法例，具有"集中事权效力"的计划确定裁决实质上就相当于我国计划制定行为和许可行为的合二为一。可见，德国和我国台湾地区允许对行政计划制定行为提起诉讼的制度是不能单独加以移植的，只有在将来法律对行政计划确定行为赋予"集中事权效力"，对计划制定过程作出如公开、听证、咨询等程序上的要求，法院也可以据此对计划制定行为的程序进行合法性审查之后，才可能具备移植行政计划诉讼制度的可行性。

三　对行政计划变动行为不服的诉讼救济

与行政计划相关的纠纷，还有很大一部分都是由于计划的变动（包括变更或中止）所引发的。

计划从拟定到实施的过程常常是经年累月，其间不可避免地会因为政治、经济形势等发生了变化，而使当初的计划不得不变更或中止，可以说变更、中止是计划的"生理现象"。① 但是在计划行政的背景之下，民众对自身的行为预期及其相应的安排常常就是以各种行政计划为基础的。例如在行政机关已经作出承诺给予协助完成某项行政计划的相对人以一定优惠待遇时，而相对人亦根据这一计划所提出的内容采取了相应的行为时，如果行政机关事后中止或变更该项行政计划，就会造成私人所投入的资本、劳力等付诸东流的不利后果。

正是基于这一考虑，有必要一方面对行政计划的变动施加一定限制，同时也赋予相对人相应的诉讼救济的权利。诉讼法上承认对行政计划变动的情形下相对人寻求诉讼救济的权利，其法理上的依据是现代法治国家所确立的信赖保护原则。"行政机关与人民事务往返之间，往往使人民对行政行为的合法性与持续性产生信赖。当无明显的事由足以证明此信赖与公共利益相违背时，应对其予以适当保护。"② 信赖保护原则自 20 世纪 50 年代在德国行政法中开始作为一个独立的法律原则出现以来，已经得到越来越多的国家和

---

① ［日］盐野宏：《行政法》，杨建顺译，法律出版社 1999 年版，第 156 页。

② 叶俊荣：《行政程序与一般法律原则》，台湾经社研究报告 1007，第 234 页，转引自黄学贤《行政法中的信赖保护原则研究》，《法学》2002 年第 5 期。

地区行政法的承认，并加以运用。① 根据信赖保护原则，对于以行政行为形式作出的行政计划，其中止或变更可以按照行政行为的废止规则进行。亦即因行政计划而受益之人民，对于该行政计划之存续已产生信赖，且于衡量比较废止该行政计划（即中止和变更两种情形，都是终止原行政计划向后的效力）所可维护之公共利益后，其信赖较值得保护时，则该行政计划即不得任意依职权撤销。

对于计划变更的诉讼救济，各国或地区的司法机关过去一直是采取消极否认的态度，只是在行政法上的信赖保护原则观念确立和加强后才有所放宽。在中国台湾地区，行政法院 1971 年判字第 738 号判决认为，行政官署本于行政权作用，公告实施一种计划，对于一般不特定抽象之规定，而非个别具体之处置，自不得认为行政处分而对之提起诉愿。行政法院 1976 年裁字第 103 号裁定重申了这一观点。② 但是后来的司法院大法官会议解释对这一观点作了一定程度的修正，认为 "主管机关变更都市计划，系公法上之单方行政行为，如直接限制一定区域内人民之权利、利益或增加其负担，即具有行政处分之性质，其因而致特定人或可得确定之多数人之权益遭受不当或违法之损害者，自应许其提起诉愿或行政诉讼以资救济"③。也就是说，对都市计划的个别变更属于行政处分（具体行政行为），从而相对人可以对其提起行政诉讼。而对都市计划进行通盘检讨后所进行的变更，如果不是涉及该区域内居民之具体权益，而仅涉及政府计划意旨的宣示，则多数学者认为应属于抽象行政行为。只有涉及人民具体权益，例如因土地使用分区管制之划分变更，而影响居民安宁、卫生，或被公共设施保留地，使地价大跌，则可认为是具备处分性。④

在德国，立法上所采取的做法虽与日本和中国台湾地区的做法有所不同，却也起到了异曲同工之效。具体做法是根据各种行政计划的形式和内容，判断公民的信赖状况，并赋予不同的计划保障给付权。具体包括：计划存续请求权、计划执行请求权、过渡措施和补救措施请求权以及补偿请求权。相对来说，德国的这种做法其涵摄的行政计划变动类型更为全面，对相

---

① 黄学贤：《行政法中的信赖保护原则研究》，《法学》2002 年第 5 期。

② 该判决和裁定的出处均为：http://www.6law.idv.tw/aa.htm。

③ 台湾地区司法院大法官会议释字 156 号（裁判日期 1979 年 3 月 16 日）。

④ 林树埔：《论都市计划与人民权益之保障》，台大法研所硕士论文（1980 年 12 月），第 94 页，转引自陈清秀著《行政计划之制定程序与行政救济》，《宪政时代》第 30 卷第 4 期。

对人的保护也似乎更为有力。①

前述发生在温州的"百余村民状告规划局讨要通行权"案虽已得到诉讼的救济，但笔者认为更为恰当而直接的做法应当是，对于这类影响特定相对人的行政计划，在计划发生变动，以至其利益受到影响时，也可参照德国的法例区别情形由法律赋予相对人撤销变动或者取得损害赔偿的权利。

四　行政计划诉讼的审查时机与强度

行政计划在现代社会得到广泛运用，与人民生活关系甚为密切。伴随而来的是众多需要法学家们加以关注的问题，不仅是行政法，尤其是行政作用法上的问题，它在宪法领域内的问题也是相当突出的。行政计划所产生的除了公民自由的限制，② 还包括公民对计划制定的参与权、计划给付的分配以及对计划实施的信赖等问题。因此，要真正实行行政计划的法制化，避免具有广泛"形成自由"的计划裁量权被滥用，也有必要从宪法原则上加以考量。如合理界分中央与地方、立法与行政机关之间的计划制定权，③ 充分保障公民和有关专业团体参与行政计划的制定过程，建立利益反映渠道和对话程序以及权利的诉讼保障机制等。

（一）司法权的介入时机

从行政诉讼的共性上看，行政计划诉讼首先要解决的是司法权的介入时机问题，即民众何时可以向法院提起诉讼寻求救济。行政计划行为是否可诉讼，一般要先判断行政计划行为的作出是否对人民权益产生实际的拘束力和

---

① 各种计划保障给付对应的行政计划类型和内容介绍请参见［德］哈特穆特·毛雷尔《行政法学总论》，法律出版社 2000 年版，第 414—418 页；林腾鹞：《行政法总论》，三民书局 1999 年版，第 478—480 页。

② 近来报章登载的一则新闻，报道了浙江省苍南县卫生局在制定实施区域卫生规划的过程中采取了行政高压手段迫使众多合法的个体医生到山区的乡村卫生室行医，禁止个人行医，就是一个以计划行为侵犯公民选择职业自由的典型案例。详情见《"把个体医生统统赶上山去"政府该如何行政?》，来源：新华网 http://news.xinhuanet.com/newscenter/2003-09/04/content_1062471.htm，2003 年 9 月 4 日。

③ 参见戴秀雄《建立国土综合计划体系中之公权力机关参与机制》，《永续》（析）092—013 号。

直接影响，所发生纷争是否具有成熟性①。行政过程中各个阶段的行为，如果没有达到对当事人的权利义务产生最终决定的所谓终局阶段，就被认为该纷争尚未成熟，不予受理。②

一般来说，行政计划事项可能既包括比较宏观的城市总体规划和详细规划等，也包括具体的工程建设规划许可案。如果是前者，由于所针对的是不特定相对人和抽象事务，所以性质上更多地被认为属于抽象行政行为，不具有可诉性。而针对后一类事项，尽管可能会对相对人有所影响，但因为仍需行政官员作出决断，常常被认为本身是中间行政行为，不具有可诉性。③ 而行政官员最后作出的行政行为才是可诉的。

当然，如果墨守这一成规，也有可能导致错误规划酿成损失之后诉讼方式已难以补救的后果。因此，可能有必要允许对某些行政计划阶段的行为起诉，即在作出决策还没有执行时就起诉，通过司法强制力量将违法行政行为阻止在拟议阶段，以免待执行后再解决给公民、给国家造成的不可挽回的损失。当然，这就涉及了一个抽象行政行为能否起诉的问题，笔者认为由于行政计划涉及的问题都是政府要采取的重大政策措施，如果这种问题违法且将其具体实施，将导致不可估量的损失。因此，应允许老百姓以居民身份对行政规划这类规划性文件中的重大违法问题提出行政诉讼，请求法院予以撤销。即我国必须借鉴外国经验，建立居民诉讼。当然，这一项规定必须在法律中明确界定其范围和条件，以免滥诉。④

（二）司法审查的强度问题

在司法审查的强度问题上，计划行政诉讼也有自身的特点。与其他的行政行为相比，计划行为往往涉及更多、更复杂的专业领域，需要调和各种公私利益冲突，甚至包括政策上的不同考量。例如，在许多国家，为了保证行政计划的公正及合理调和各方面的利益，在行政计划制定过程中设

---

① 成熟性原则是美国法上的概念，但已为我国司法实务所承认。如最高法院在赖恒安诉重庆市人民政府不予复议行政纠纷上诉案的行政判决书［（1998）行终字第 10 号］中，就使用了"不成熟的行政行为"的概念，并排除了其可诉性。有关美国法上成熟性原则的论述，可参见 Brian C. Murchison, *On Ripeness and "Pragmatism" in Administrative Law*, 41 *ADMIN. Law. Review.* 159（1989）

② 苏苗罕：《行政计划诉讼问题研究》，《行政法学研究》2004 年第 3 期。

③ 胡建淼：《行政法学》，法律出版社 2003 年版，第 204—205 页。

④ 应松年、王成栋主编：《行政法与行政诉讼法案例教程》，中国法制出版社 2003 年版，第 169 页。

置了计划决策咨询程序制度，即设立计划咨询委员会负责对计划内容进行审议。对经过规划咨询委员会审议后作出的规划行政行为寻求诉讼救济时，是否与未经咨询程序作出的规划行为有无甚或有何区别，是我们所需要关注的。

　　计划咨询委员会也正是为了确保计划行政的科学性和民主性，而出现作为装置的程序①。相形之下，法院对计划行为的审查能力往往比较有限，不能与一般的行政行为作相同的处理，需要更多地给予尊重。例如，日本学者雄川一郎认为"土地利用计划本身之性质，可认为属于广义的行政行为，理论上可作为通常的抗告诉讼的对象，但是法院的审查对象应着重于计划作成手续之公正的监督，原则上不宜审查计划内容的妥当与否，只有在显然不合理的情形，为了保障私权，才能撤销计划"。② 东京地方法院于 2001 年 10 月 3 日作出的小田急线高架化工程项目诉讼一案的判决中也指出："从这些规定看，可以认为城市设施的合理规模和配置等事项并非是能够作出唯一理解的规定的事项，而是不得不在比较衡量各种利益的基础通过综合的政策性、技术性裁量决定的事项。这种判断依赖于行政厅广泛的裁量，而该裁量决定着作为一种以技术性探讨为基础的政策的城市规划。法院在对行政机关作出计划决定时已考虑的事实和在此前提下作出判断的过程加以确认的基础上，依照社会通常的理念，只有在认定这些方面存在显著过错欠缺时，才能够认为行政厅超越了裁量权的范围。"③

　　由于计划行为的广泛裁量等特性决定了法院对其只能采取低度的审查，其主要关注重心就需要转向偏重程序的统制。首先，如果法律对特定事项明确要求须经咨询而行政机关未经咨询即作出的具体行政行为，当然可以认为构成程序违法而由法院判决撤销。其次，如果是在经过咨询委员会程序后作出具体行政行为的，如何进行程序审查？实践中，根据日本的判例总结，主要审查以下几个方面：（1）审议委员会的构成违法；（2）提供给审议会的

---

　　① 作为装置的程序和作为过程的程序相对。作为过程的程序是指行政机关从开始行政立法任务至完成该任务所必经的自然过程。而作为装置的程序则是指为了实现在作为过程的程序中难以实现的一定目的而以法律手段（包括立法和司法手段）设置的程序环节。这一分类由日本著名行政法学家芝池义一教授提出。转引自朱芒《行政处罚听证程序的功能——以上海行政处罚听证制度的实施现状为分析对象》，《法学研究》2003 年第 5 期。

　　② ［日］雄川一郎：《公用負擔法理の動向と土地利用計畫》，《公法研究》第 29 号，第 157 页以下。转引自陈清秀《行政计划制定手续与行政救济》，《宪政时代》1988 年第 4 期。

　　③ 朱芒：《小田急线高架化工程项目诉讼》，华东政法学院"比较行政法学"课程材料，2002 年 11 月 11 日。

资料是否公正；（3）应考虑的因素是否有遗漏；（4）不应考虑的因素是否被过分评价；（5）反对意见是否加以研究；（6）是否研究过本方案外其他方案。① 当然，这样的做法反过来也可以避免咨询委员会审议的形式化，确保公正和效率。

当然，咨询委员会的程序机制引入并不能保证计划行为的实体正确性，对于那些虽经咨询机关咨询，但有严重违反法规情形的行政行为也是违法的，应当予以撤销。

另外，在计划诉讼过程中，为了便于法院对计划行政行为进行合法性审查和查明案件事实，是否可以考虑在各计划制定机关在诉讼程序中作被告外，将扮演咨询审议角色的计划咨询委员会列为强制参加诉讼的对象也是值得讨论的。依据我国台湾地区现行的《行政诉讼法》第44条规定，"行政法院认其他行政机关有辅助一造之必要者，得命其参加诉讼。前项行政机关或有利害关系之第三人亦得申请参加"。即法院可以要求其他行政机关参加诉讼，或有利害关系的行政机关也可以申请参加诉讼。但前述规定都只是法院可以依职权决定是否命其参加或准许其参加。因此，学者建议，由于行政计划的特殊性，为了确保所有争讼的基础事实得以清楚而正确地呈现于法院，作为判决的基础，应当扩大强制参加诉讼规定的调整，将计划咨询委员会也包括在内，以确保裁判的正确性。这点建议，同样值得我们考虑。

---

① 杨建顺：《日本行政法通论》，中国法制出版社1998年版，第567页。

第八章　论政府信息公开诉讼的相关问题

近年来，政府信息公开作为民主政治建设的重要内容、反腐败的重要措施和推进信息化的重要政策，受到了世界各国的普遍关注，政府信息公开立法进程明显加快，自 20 世纪 90 年代开始，政府信息公开立法呈现出加速趋势。目前，不仅仅发达国家，即便是经济发展水平不高甚至较低的发展中国家也加入到了这一行列。据"信息自由网"① 公布的调查报告显示，截至 2006 年 7 月，世界范围内已经有 68 个国家和地区制定了政府信息公开方面的法律。② 在欧洲，绝大多数国家已经实施了此项法律。亚洲大约有 12 个国家和地区已经或正在制定这方面的法律，我国的香港地区、韩国、泰国、③ 日本、④ 印度和巴基斯坦、我国的台湾地区分别于 1995 年、1996 年、1997 年、1999 年、2002 年、2005 年制定了相关法律。即便是在经济不发达的南部和中部非洲，也已有六个国家制定了此类法律，另有十多个国家正在推进制定这方面的法律。

最有影响的信息自由立法当属美国 1966 年制定的《信息自由法》。该法在以下几个方面的制度创新使其成为各方制定政府信息公开法时仿效的典范：（1）改变了行政程序法中对请求查阅政府文件申请人的资格限制，⑤ 规定任何人皆可请求行政机关公开信息；（2）以列举的方式限定了不公开信息的范围，削减了行政机关在决定是否公开信息时的裁量权；（3）引入了

---

① 其网站地址为 http：//www. freedominfo. org。

② See David Banisar, Freedom of Information Around the World——A Global Survey of Access to Government Records Laws（http：//www. freedominfo. org/documents/global_ survey2006. pdf）. 关于有关国家政府信息公开制度的情况，也可参见周汉华主编《外国政府信息公开制度比较》，中国法制出版社 2003 年版。

③ 关于韩国、泰国的政府信息公开制度，可参见周汉华主编《外国政府信息公开制度比较》，中国法制出版社 2003 年版，第 355—365、366—388 页。

④ 关于日本的政府信息公开制度，可参见朱芒《开放型政府的法律理念和实践——日本信息公开制度》（上、下），《环球法律评论》2002 年秋季号、冬季号。

⑤ 按照美国《行政程序法》的规定，只有行政行为的直接利害关系人，才能查阅政府文件，但是，《信息自由法》则没有此类限制。

司法审查机制，授权法院对不公开信息的决定进行审查。特别是，司法审查机制的引入意味着，政府机关有关政府信息公开的行为必须接受来自于司法的监督，公民可以通过提起行政诉讼来维护自身的知情权。

我国的政府信息公开立法工作始于 2002 年。经各方努力，国务院于 2007 年 1 月 17 日第 165 次常务会议审议通过了《政府信息公开条例》，并于 2007 年 4 月 5 日公布，自 2008 年 5 月 1 日起施行。《条例》是由国务院制定的，属于行政法规，在法律位阶上仅次于《宪法》和全国人民代表大会及其常委会制定的法律。《条例》明确规定了当事人请求政府机关公开政府信息的权利，参考国际经验，严格地限定了不公开信息的范围。特别是，《条例》在中国首次针对政府机关公开信息的行为引入了司法审查的制度，这意味着公民、法人或者其他组织认为政府机关不公开信息的行为或者利害关系人认为政府机关公开信息的行为侵害其合法权益的，可以通过行政诉讼寻求救济。针对不公开信息行为的救济机制将使得政府机关不公开政府信息的行为受到有效的制约，可以有效地制约政府机关在公开信息方面的行为，并使公民的知情权等权利得到有效的保障。因此，对政府信息公开的诉讼机制进行研究、分析必将有利于我国政府信息公开制度的实施。

一　政府信息公开诉讼概述

（一）政府信息公开诉讼的必要性

政府信息公开诉讼是针对政府机关公开信息的行为进行审查的诉讼，是随着政府信息公开制度的确立所形成的行政诉讼类型。现实中，既有针对政府机关不公开或者不全面公开信息的行为提起的要求其依法履行公开义务的诉讼，又有政府信息所涉及的利害关系人针对政府机关所作出的公开决定而提起的、意在阻止其公开的诉讼。

众所周知，政府信息公开制度的逻辑基础乃是公民的知情权（或者说"信息自由权"）。这是一项重要的宪法权利，为绝大多数国家的宪法以及许多国际人权文件所确认。联合国在 1946 年通过的第五十九（一）号决议中肯定了信息自由作为一项基本权利的地位，并且，在之后的《联合国宪章》、《公民权利与政治权利国际公约》等中也将信息自由作为表达自由权的一部分加以规定。2000 年，联合国"观点与表达自由特别报告人"在其报告中敦促各国通过各国制定或修改法律的形式确保公众的信息自由权，其

中明确了此类法律应当遵循的原则。①

知情权的最大特征乃是其具有请求权的性质。知情权的宪法基础在于人民主权、民主主义的参政议政、维护个人基本权利、发展个人人格等，而国家秘密等又有不断膨胀的趋势，那么，知情权就必须具有请求权的性质，必须是一种积极主动地寻求获取信息、要求有关部门公开信息的权利。《世界人权宣言》第 19 条规定了积极的"寻求"信息的权利，而美国等国信息公开法中亦规定了公民对一国家机关的信息公开的请求权，认可了知情权具有请求权的性质。依据知情权，公民有权要求国家保障其行使请求权而不受妨碍，而从另一方面讲，也正是对国家课以了公开信息的义务。

而政府信息公开制度一方面规定了政府机关主动公开信息的制度（即主动公开），另一方面又进一步明确了公民申请政府机关公开信息的制度（即依申请公开）。② 特别是，后者是在法律上认可了公民的信息公开请求权。信息公开请求权是对知情权的具体化，是指任何公民无论基于何种原因，更不论与有关的政府信息是否有利害关系，均可以请求政府机关向其提供有关的政府信息。而为了使这项权利得到确实的保障，必须为其提供有效的救济途径，特别是提供司法救济的途径，否则，信息公开请求权乃至知情权必然会流于形式。任何一个国家的行政机关及其公务人员都难免不会仅从本部门或者自身的利益出发，利用不公开情报在法律规定上的相对不确定性以及其自由裁量权，以"公共利益"等的借口阻止情报公开请求权人得到对行政机关或者有关公务人员不利或其不愿公开的政府文件。美国 1946 年的《行政程序法》因为没有规定相应的救济手段，致使该法中已规定的知情权徒有虚名，最终促使美国又制定了《情报自由法》，这可以说是一个较为典型的例子。我国上海市在实施政府信息公开方面能够取得较大进展，也在很大程度上归因于其引入了救济制度。虽然，当前，该市政府信息公开诉讼的案件数还相对较少，据统计，2004 年和 2005 年，上海全市针对各政府

---

① 这些原则包括：公共机构有义务公开信息，每个公众均有权获得信息；信息自由意味着公共机构出版并广为传播涉及公众重大利益的文件；作为最低要求，信息自由法应包括对公众进行教育的内容，并需传播如何行使获得信息权利的信息，还应提供解决政府机关内部保密问题的机制；不得为保全政府的面子或掩盖违法行为而拒绝公开信息，必须明确列举作为例外的不公开信息，且其范围应尽可能缩小；所有的公共机构均应当设立公开、透明的内部机制。

② 当然，依申请公开是政府信息公开中最为重要的制度，因此，尽管各国各地区关于主动公开和依申请公开的规定方式不尽相同，但根本上都是在政府信息公开制度中明确规定了依申请公开的制度。

机关的政府信息公开决定所提起的行政诉讼案件只有 35 件，但在对上海市政府信息公开诉讼情况进行调研过程中，几乎所有的政府部门（包括曾经因信息公开而在行政诉讼中做过被告的部门）都认为，上海市信息公开制度的实施效果之所以比别的地方好，就是因为行政诉讼制度的推动。

（二）政府信息公开诉讼与行政救济的关系

与其他行政行为一样，针对政府机关的信息公开行为，除了行政诉讼外，还可以通过行政救济途径对当事人的权利进行救济并对政府信息公开行为进行监督。所谓的行政救济，按照我国的理解，主要就是指行政复议。比如，在日本，当事人对于政府机关的政府信息公开行为不服的，可以依照其《行政不服审查法》的规定申请行政复议。而在一些国家和地区，救济机制相对复杂。比如，在欧洲，政府信息公开的救济机制可以被区分为三个层级，即内部复审（Internal review）、外部复审（External review）、司法审查（Judicial review）。内部复审是在政府机构内部，由机构本身作出裁决。而外部复审是由政府机构之外的一个独立的机构或组织来实施审查。司法审查则是由一国法院实施的审查，既可以是专门的行政法院或裁判所，也可以是普通司法体制的一部分。[①] 欧洲的外部复审机构主要是专门设立的信息专员（Information Commissioner）、议会监督专员（Ombudsman）等。

在行政救济与司法救济之间的关系上，关于行政诉讼的提起是否必须经过行政复议程序的问题，从各国各地区的规定看，主要包括行政复议前置及当事人自行选择行政复议或行政诉讼两种模式。另一种模式则是允许当事人在司法救济和行政救济之间进行自由选择。所谓的前置，与美国法上的穷尽行政救济原则（exhaustion of administrative remedies）和英国法上的穷尽替代救济原则（exhaustion of alternative remedies）异曲同工，强调的均是法律规定了行政救济途径的，当事人应用尽该途径后方可寻求司法救济。究其原因，除了起因于各国各地区特定国历史原因以外，主要是为了体现对行政权的尊重，发挥行政机关在解决纠纷中的专业优势，给予行政机关自行纠错的机会，并减轻法院负担，增加对当事人的救济机会及提高救济的效率。但是，增加救济机会及提高救济效率主要取决于行政复议的可信赖性，因此，如果行政复议因复议机关不独立、程序不公正等因素导致难以发挥应有的权

---

① 参见 Megan Carter、吕艳滨《欧洲与中国政府信息公开：我们能够学到什么?》（中国欧盟信息社会项目政府信息公开研究报告），第 3.1.4。

利救济效果，则行政复议前置只能徒增当事人救济成本。因此，在许多国家和地区，行政复议前置都不同程度地受到人们的质疑，为此，除了特别法上有例外性规定以外，其现行制度往往允许当事人自行选择行政复议或行政诉讼的做法（比如韩国《行政诉讼法》第 18 条、日本《行政诉讼法》第 8 条等）。至于某些专业性强、行政复议机构独立性高的领域，为了提高行政救济的实效、减轻法院的负担，则还是实行行政复议前置的做法，比如日本的国税复议。而在德国，行政复议乃是当事人提起行政诉讼的必经程序，而不经行政复议直接提起行政诉讼则属于例外。

在政府信息公开的救济方面，美国并没有明确当事人在申请司法审查之前是否必须穷尽行政救济，但是，按照美国司法审查的一般原则，当事人必须首先寻求行政救济。[1] 根据美国《信息自由法》，政府机关全部或者部分地拒绝提供信息，或者未能于 20 个工作日内作出答复的，申请人可以向该政府机关的复议办公室（FOI Appeals Officer）申请复议。对于政府机关未能于 20 个工作日内作出答复的，当事人还可以直接提起行政诉讼。英国的《信息自由法》为信息公开设定了多层次的救济机制。当事人对行政机关关于信息公开的决定不服的，可以直接请求该机关复查或者向信息专员投诉。信息专员对投诉所做的裁决具有法律效力。行政机关或者申请人对信息专员的裁决不服的，还可向信息裁判所（Information Tribunal）申诉。该裁判所组成人员由宪法事务大臣任命。对于裁判所的裁决不服的，当事人还可以向有管辖权的法院提起诉讼。[2] 而在日本，《信息公开法》最大的特点在于既没有照搬美国的司法审查机制，也没有模仿英国等欧洲国家采用信息专员及信息裁判所的机制，而是重点改造了其行政复议机制。该法没有为政府信息公开设置专门的行政救济方式，但是，在行政复议制度方面则特别引入了复议机关向专门的“信息公开与个人信息保护审查会”咨询的机制。该审查会设在总理府内，所有委员均由内阁总理经议会两院同意后予以任免，因此，其独立性相对较强。而且，该机构审议有关案件实行合议制，并有权对有关信息实行不公开的审查（in camera review）。但是，即便这样，该法最终也没有设定行政复议前置的规定。

在我国，如何处理政府信息公开的诉讼和复议问题也是《政府信息公

---

① 参见王名扬《美国行政法》，中国法制出版社 1995 年版，第 642—653 页。

② 参见周汉华主编《外国政府信息公开制度比较》，中国法制出版社 2003 年版，第 169—174 页。

开条例》制定过程中十分重要的问题。毫无疑问，行政诉讼是确保有效实施政府信息公开制度、解决因政府信息公开而引发的行政纠纷的最终途径，但不是唯一途径，而且，通过行政诉讼对行政行为的合法性进行审查具有一定的局限性，比如，不公开信息的确定往往需要较为专业的知识背景并慎重进行政策性判断，包括国家秘密在内的一些不公开信息往往不便于提交给法庭进行公开的质证，而且，如果放任大量的案件被提交给法院，也会造成法院不堪重负。因此，有意见认为，应当在保障司法最终对政府机关的不公开决定进行审查的基础之上，充分发挥申诉和行政复议所具有的行政监督的作用，争取将绝大部分的政府信息公开案件解决在行政机关内部。此种观点的得出与上海市政府信息公开救济机制的情况有一定的关系。据统计，2004年和2005年，上海全市发生的、针对各政府机关的政府信息公开决定的申诉共有25件，行政复议申请183件，行政诉讼35件。其中行政复议的纠错率在2004年为46.2%，2005年为22.8%，普遍高于其他案件的纠错率。而行政诉讼方面，一方面法院受理的案件数量少，另一方面，一些审判人员反映，对政府信息公开案件往往很难准确地予以把握。首先，对于一些涉及国家秘密的案件，很多审判人员按照其级别是无权审查的，其次，很多案件表面上是涉及有关政府信息的公开问题，但实质上与政府的许多重要决策密切相关，牵一发而动全身，作为审判人员往往很难作出判断。另外，在行政诉讼中，法院很难完全无视政府机关的立场。因此，截至2006年上半年，还几乎没有看到上海市法院在政府信息公开案件中判处行政机关败诉。

但是，《政府信息公开条例》最终还是采取了由当事人自由选择行政复议和行政诉讼的规定方式。依笔者的看法，这样进行规定还是有合理之处的。首先，经过多年的发展，我国的行政复议制度和行政诉讼制度已经从最大化地保障公民诉权，强化对行政行为的监督等角度，确立了以行政复议前置为例外的模式，只针对极少数极为特殊的行政案件，才允许实行行政复议前置的制度。虽然法律允许法规就行政复议前置作出规定，但是，立法者出于各种考虑，并没有作出这样的规定。其次，在我国现有的行政复议制度尚不够健全的情况下，还不适宜简单地引入行政复议前置的制度。当前，我国行政复议制度所存在的最大问题在于行政复议机构缺乏必要的独立性和专业性，行政复议程序设计不尽合理，这导致行政复议制度在实际中所发挥的救济当事人权利、监督行政机关活动的功能发挥得还比较有限，即便在《行政复议法实施条例》出台后，这一状况仍难以在短期内获得根本的解决。因此，如果简单地引入行政复议前置的制度，只会徒增相对人寻求救济的成本。而在行政复议和行政诉讼自由选择的模式下，为了防止行政诉讼不堪重负，仍旧可以通过逐步完善行政复议制度，提升行政复议的救济效果，增强人们对该制度的信任感，并借助其程序简便、成本低廉等优势，逐步分流更多的政府信息公开案件。

（三）政府信息公开诉讼的类型

行政诉讼可以划分为多种诉讼类型，按照我国行政诉讼制度来看，包括撤销诉讼、变更诉讼、确认诉讼、责令履行义务诉讼等。也有学者从此角度分析政府信息公开诉讼的有关问题。[①] 另外，我们也可以从政府信息公开相关的行为入手，对政府信息公开诉讼的类型进行划分。

在政府信息公开制度中，以公民等的行为为主导，大体可以相关活动划分为以下几类：（1）公民等依据政府信息公开制度赋予的信息公开请求权，请求政府机关公开相关信息，这适用于依申请公开，但这并不意味着仅适用于依申请公开的信息，因为，一旦政府机关为依法履行主动公开义务，公民等可以依据信息公开请求权，要求公开本应依主动公开向社会提供的信息；（2）公民因政府机关公开的信息有害于自己的个人信息或者商业秘密，而请求其不公开相关信息，这适用于主动公开和依申请公开。

在此基础上，政府信息公开诉讼也可以划分为多种类型。第一种是公民等请求法院责令政府机关公开相关信息。这适用于公民等依法提出了政府信息公开申请，但是，政府机关拒绝公开相关信息、未在法定期限内公开相关信息、公开信息违法附加条件（如违反规定要求缴纳费用、要求申请人说明申请公开信息的理由等）等情形。这只适用于依申请公开信息的情况，对于政府机关主动公开信息的，公民不得直接提起诉讼请求政府机关履行主动公开义务，而只能在政府机关不履行主动公开义务的情况下，先申请其公开相关信息，待其不履行公开义务后再提起行政诉讼。第二种是公民等请求政府机关不公开相关信息，这又被称为"反政府信息公开诉讼"，适用于主动公开和依申请公开。第三种是确认违法诉讼，适用于政府机关未按照法定时限公开信息、违法公开有关信息等情形。特别是，所公开的信息涉及当事人隐私、商业秘密的，如果信息已经公开，阻止公开已经没有实质意义，只有对该行为的违法性加以确认。对于因违法公开信息而给当事人造成损害的，当事人还可以提起国家赔偿诉讼。

---

① 参见江必新、梁凤云《政府信息公开与行政诉讼》，《法学研究》2007 年第 5 期。

二 政府信息公开诉讼的主要制度

(一) 政府信息公开诉讼的管辖

管辖是行政诉讼中的重要制度,是指人民法院受理第一审行政案件的权限分工。它所要解决的是同级法院之间以及不同级别法院之间受理第一审行政案件的权限划分问题,以及当事人应当向哪一个法院起诉应诉的问题。

行政诉讼的管辖根据不同的标准可以做不同的划分。比如按照是否有直接的法律规定,可以分为法定管辖和裁定管辖。法定管辖是指按照法律规定的标准直接确定的管辖,而裁定管辖则是指在某些特殊情况之下,由法院确定的管辖。法定管辖又可以分为:级别管辖和地域管辖。级别管辖所要解决的是某一案件应当由不同级别的哪一级法院管辖的问题,而地域管辖则要解决应由哪一地域内的法院管辖的问题。另外,按照拥有管辖权的法院的数量划分,可以分为共同管辖和单一管辖,前者是指两个以上的法院同时拥有对某一案件的管辖权,原告可以自由选择向哪一个法院起诉,后者则是指只有一个法院拥有管辖权,原告起诉时没有选择余地。

法律在确定行政诉讼的管辖时,需要遵循一定的标准和原则,不能盲目确定。第一,法律在确定管辖时应当考虑如何从时间、空间、经济等方面方便诉讼当事人参加诉讼。第二,行政诉讼管辖的确定应当有利于确保法院正确、公正、有效地行使审判权。第三,管辖权的确定还要考虑各级人民法院的职能和工作量,在各级人民法院之间进行合理的分工。同时,还要避免案件大量集中在某一级法院,事实上,之所以将大部分案件的管辖权划归基层人民法院,就是为了防止中级法院负担过重。

政府信息公开诉讼只是按照涉案类型所划分出的一种行政诉讼类型,但是,在管辖上则存在一定的特殊性,很多国家都在政府信息公开制度中专门对其诉讼管辖作出规定。

在英国,当事人对行政机关作出的涉及政府信息公开的决定不服的,首先需要信息裁判所申请复议,由信息裁判所作出裁决。当事人对信息裁判所的裁决不服的,可以就法律问题向有管辖权的法院提起诉讼。有管辖权的法院包括:行政机关地处英格兰、威尔士的,为英格兰高等法院;行政机关地处苏格兰的,为民事上诉法院;行政机关地处北爱尔兰的,则为北爱尔兰高等法院。

在美国，法律为当事人选择管辖法院提供了更多的选择。根据美国的《信息自由法》，诉讼应当向作为被告的行政机关所在的地方法院、原告居住地的地方法院或者联邦政府所在的华盛顿特区的地方法院提起。

而在日本，1999 年《信息公开法》出台之前，各都道府县基本都已经制定了本地方的信息公开条例，并允许申请人对政府机关的信息公开行为提起行政诉讼。在此情况下，申请人多数为当地居民，在诉讼中都是以所在的地方自治团体为被告，向地方自治团体所在的地方法院提起诉讼。而《信息公开法》的制定则面临着如何处理诉讼管辖的问题。因为，该法只适用于国家行政机关的政府信息公开行为，如果按照一般的"原告就被告"的原则，那么，绝大多数就都需要当事人向东京的法院提起政府信息公开的诉讼。日本政府在立法过程中发布的《信息公开法要纲案》中并没有对此作特别的规定，而是试图适用日本《行政事件诉讼法》的一般性规定。"关于信息公开法要纲案的思考"中，就诉讼的管辖一事指出，对于请求撤销政法机关做出的有关政府信息公开决定的诉讼，有的观点认为，为了方便地方的申请人，在《行政事件诉讼法》第 12 条所规定的管辖法院之外，应当还允许原告居住地法院、公开请求所涉及的行政文件所在地等与该行政文件具有一定关联性的地方的法院实施管辖，但是，在研究信息公开的特别管辖之时，除了要考虑地方居民进行诉讼所需要承担的各种负担之外，还需要考虑整体的诉讼制度、政府信息公开诉讼的特色与意义、诉讼费用的公平负担等，因此，有必要未来根据《信息公开法》的实际实施情况进行专门的研究。也就是说，立法者试图在立法中回避诉讼管辖问题。但是，这一做法受到日本在野党的强烈反对，各界要求扩大管辖法院的呼声也很高。最终通过的法律专门对诉讼管辖的特例作了规定，即除了按照《行政事件诉讼法》的规定适用原告就被告的一般原则之外，申请人还可以向对原告普通审判籍的所在地有管辖权的高等法院所在地的地方法院提起诉讼（日本原《信息公开法》第 36 条第 1 款，几经修改之后，该规定已经从《信息公开法》中删除，并规定在了日本现行《行政事件诉讼法》第 12 条第 4 款之中）。按照该规定，适用特殊管辖的，并不是向原告所在地的法院，而是向对原告住所、居所或者最后居住地拥有管辖权的高等法院所在地的管辖法院起诉。这意味着，在日本全国，只有八个高等法院所在的地方法院对政府信息公开诉讼拥有特别管辖权，这些法院包括：东京地方法院、大阪地方法院、名古屋地方法院、广岛地方法院、福冈地方法院、仙台地方法院、札幌地方法院、高松地方法院。

另外，日本《信息公开法》还规定了案件移送制度。即申请人依照特别管辖的规定提起行政诉讼后，如果其他法院也已经收了涉及同一个行政文件、同一种行政文件或者类似行政文件的政府信息公开诉讼的，依照特别管辖规定受理案件的法院在就原告住所或者所在地、证人住所地、争议或者证据的共同性等情形加以考虑的基础上，可以依照当事人申请（包括被告的申请）或者依照职权，将案件的全部或者部分移送至其他相关的法院（日本原《信息公开法》第 36 条第 2 款，现行法第 21 条）。这样规定固然有合理性，可以确保对同一文件作出一致的裁判判决，但是，无形中又有可能导致特别管辖的规定流于形式。

日本"信息公开法制度运营检讨会"曾于 2005 年 3 月发布了报告，对过去四年中法律运行情况进行总结。其中，此期间适用《信息公开法》而提起的行政诉讼案件共 47 件，其中，适用特别管辖的行政诉讼案件共 15 件（具体统计如表 1 所示）。① 但是，该报告并没有就管辖问题提出具体的修改意见。日本律师联合会曾于 2006 年发表了题为"关于信息公开法修改的意见（对信息公开法制度运营检讨会报告的意见）"，其中，对于管辖问题，该意见认为，法律应当允许申请人向自己所在地的地方法院提起诉讼，因为现有的制度无疑会增加申请人的成本，影响政府信息公开诉讼的数量。

表 1   日本 2000—2004 年向特别管辖法院提起政府信息公开诉讼的情况

原告所在地	被告所在地	起诉法院	案件数
大阪	东京	大阪地方法院	4
京都	东京	大阪地方法院	2
爱知	东京	名古屋地方法院	2
三重	东京	名古屋地方法院	1
宫城	东京	仙台地方法院	1
东京	神奈川	东京地方法院	1
东京	大分	东京地方法院	1
茨城（东京）	爱媛	东京地方法院	1
茨城（东京）	茨城	东京地方法院	1
兵库	兵库	大阪地方法院	1
总　计			15

注：其中"原告所在地"一栏中的（ ）内的内容系指原告诉讼代理人所在地。

资料来源：日本"信息公开法制度运营检讨会报告"（www. soumu. go. jp/s-news/2005/pdf/050329-1-1. pdf），第 253 页。

---

① 需要注意的是，此数字仅代表适用日本《信息公开法》对日本国家行政机关提起的诉讼，不包含适用地方自治团体的信息公开条例而提起的诉讼。

　　如前所述，法院管辖的确定应当充分考虑当事人参与诉讼的方便。但是，由于行政诉讼中原被告地位的差异，简单地认为应当平等地考虑原被告双方的便利是未必妥当的。日本在确定政府信息公开的诉讼管辖时，表面上看既考虑到方便原告，又考虑作为被告的行政机关的便利，但是，这恐怕正反映了该国在政府信息公开制度设计上的保守性。由于政府机关从本质上是倾向于不公开信息的，而且，在诉讼中，政府机关在人力、物力、对信息的掌握等方面都处于绝对的优势，因此，管辖的设计应当更多地偏向于原告。只有这样，才能鼓励更多的公众利用政府信息公开制度和诉讼制度，促进政府运行的透明度。在比日本地域更为辽阔的美国，允许当事人向自己所在地的法院起诉，联邦行政机关也往往必须到原告所在地法院应诉，美国的现实已经证明，该设计并没有妨碍政府信息公开制度的运行。

　　当然，在我国所可能遇到的问题又会有一定的特殊性，那就是，如何既方便原告参加诉讼，又最大限度地排除法院所可能受到的干扰，并确保法院的审判人员有足够的能力审理政府信息公开诉讼案件。所以，简单地使用行政诉讼的一般原则，允许政府信息公开诉讼在管辖上适用同其他行政诉讼案件一样的规则，恐怕也是有问题的，比如，基层法院能否有能力不受干扰、高质量地审理此类案件，基层法院是否有足够的权威乃至于执行机制审理涉及国家部委或者省级机关等上级机关的案件。

（二）政府信息公开诉讼的当事人

　　政府信息公开诉讼的原告应当依照政府信息公开诉讼以及反政府信息公开诉讼等的类型化区分来加以研究。

　　行政诉讼的原告应当是认为被诉的具体行政行为侵害其合法权益的自然人、法人或者其他组织。换言之，原告应当与被诉具体行政行为有法律上的利害关系，而不能泛泛地以国家利益、他人利益等受到侵害为由提起诉讼。就政府信息公开诉讼而言，即当事人就政府机关不公开信息的行为提起行政诉讼的，由于政府信息公开制度允许当事人在申请公开政府信息时无需说明理由、用途等，这意味着，当事人可以申请公开与自己无关的信息。有的观点由此认为，政府信息公开诉讼是一种客观诉讼，主张原告资格的认定不同于普通的行政诉讼。但是，仔细分析起来，此观点是欠妥当的。就政府信息公开而言，的确是最大限度地放宽了申请获取政府信息的当事人资格限制，但是，这并不意味着在行政诉讼上引入了客观诉讼，也就是说，并不是任何人均可以不受限制地提起行政诉讼，要求法院审查政府机关有关不公开政府信息的行为是否合法。当事人申请公开政府信息公开的依据是知情权乃至于是政府信息公开法律中所规定的信息公开请求权，政府机关不公开有关政府信息公开的决定或者行为所影响的乃是公民的该项权利，当事人提起诉讼只能主张自身知情权或者政府信息公开请求权因为政府机关的不公开行为而受到侵害。这意味着，能够就政府机关不公开信息的行为提起行政诉讼的，仅能限于当事人依法提起了政府信息公开申请，且被申请的政府机关作出了不公开决定、部分公开决定或者逾期未作出任何决定的情形。换言之，在此类诉讼中，原告只能是依申请公开中的政府信息公开申请人。因此，就这一点而言，政府信息公开诉讼并没有改变既有的诉讼制度。

那么，对于政府机关为依法履行主动公开义务的，公民能否直接就此提起行政诉讼呢？笔者认为，答案应当是否定的，也就是说，公民不能以某行政机关未依法履行主动公开义务，而直接提起行政诉讼。公民如果要取得诉讼，应当首先依据政府信息公开法的规定，利用依申请公开的制度向该政府机关提出政府信息公开申请，在该政府机关不依法履行公开义务的情况下，再依法提起行政诉讼。也就是说，只有经过依申请公开程序，当事人才能够取得并行使政府信息公开诉讼的诉权。

对于请求责令政府机关公开政府信息的诉讼或者请求确认政府机关不公开政府信息的行为违法的诉讼，有的观点认为，应当对原告的资格加以限制，即要求原告必须与被申请的政府信息有一定的利害关系。特别是，《政府信息公开条例》公布后，有的观点主张，《条例》第 13 条规定，公民、法人或者其他组织还可以根据自身生产、生活、科研等特殊需要申请获取相关政府信息，这意味着当事人只能申请公开与自身有关的政府信息，并主张以此来限定政府信息公开诉讼被告的资格。但是，事实上，《条例》的本意并非如此。该条主要是规定，任何公民、法人或者其他组织除了政府机关主动公开的信息之外，还可以通过申请获取政府信息。而且，《条例》第 20 条在关于提出政府信息公开申请的格式方面，也没有要求公民、法人或者其他组织在提出申请时说明获取信息的目的或者用途。事实上，对当事人申请公开政府信息的原因进行考察和判断是十分困难的，试图通过这种方式来控制当事人申请政府信息的公开不但不具有操作性，更不利于推动政府信息的公开，而且，世界范围内没有任何一个实施政府信息公开的国家和地区对政府信息公开申请人的申请资格和申请理由加以限制。① 特别是，如果加以限制，则政府信息公开法与传统上的行政程序法就毫无区别，制定政府信息公开法的意义也就荡然无存了，因为，只有传统的行政程序法才要求申请公开信息的当事人必须与相关信息存在利害关系，而政府信息公开法的出现正是要取消这种在利害关系上的资格限制。因此，在行政诉讼中，将所申请的政府信息与当事人是否有关、对当事人而言是否必要等作为判断其是否具备原告资格的做法是错误的，也是对当事人知情权的非法限制。

在反政府信息公开诉讼中，诉讼原告则应当是所公开的政府信息涉及的其他当事人。应当说，此类诉讼不仅限于依申请公开，还适用于主动公开。诉讼原告应当是自身隐私权、商业秘密因为政府信息公开而遭受侵害的当事人。绝大部分政府信息都可能混杂有他人的个人信息、商业信息，其中一部分较为敏感的就有可能关涉他人的隐私权、商业秘密等。为此，政府信息公开制度都在依申请公开中要求政府机关在公开政府信息之前，征询所涉及的利害关系人的意见。但是，无论是在主动公开之中，还是在依申请公开之中，政府机关公开政府信息损害该信息所涉及的当事人的隐私权或者商业秘密的，该当事人均可以作为原告提起反政府信息公开诉讼以阻止政府信息的公开。当然，如果政府信息已经被公开，那么，隐私权或者商业秘密遭受侵害的当事人就只能通过诉讼请求法院确认政府机关公开该政府信息的行为违法，并进一步请求国家赔偿。

关于政府信息公开诉讼的被告，在反政府信息公开诉讼中，其确定并不困难。但是，在政府信息公开诉讼（即针对不公开信息等提起的诉讼）中，被告的确定则稍微复杂。被告是否适格，主要取决于其是否属于依法应当公开政府的政府机关。简单地看，能够在政府信息公开诉讼中成为被告的应当是政府信息公开法规定的负有公开政府信息的机构，因此，被告的确定必须依赖于政府信息公开义务主体的确定。从各国的实践看，确认哪些公共机构属于政府信息公开法律所规定的公开义务主体会存在一定的难度，在立法没有明确其规定适用范围的情况下，这尤为困难。比如，公共机构和私人机构联合经营的事业（比如，一座由公共资金和私人资金共同建造的桥梁）、转让给私营部门的公共职能（比如，一条出售给私人公司的铁路）、通过合同

①　然而，遗憾的是，我国《政府信息公开条例》实施后，有关部门竟然在对其的权威解释中，增加了政府信息公开申请人与所申请的政府信息之间应存在利害关系的要求，这是对《条例》规定的曲解，也是违反上位法的。

而由私营部门执行的政府事务（比如，一位私人心理医师为公共部门的病人提供健康服务，相关费用从财政资金支出而不是由病人直接支付）、由政府予以部分资助的机构（比如一家歌剧公司或慈善组织）等。① 就我国现有的状况看，政府信息公开诉讼的被告的确定是否会存在困难还要在适用中逐步加以确认。不过，《政府信息公开条例》在行政法规所能够允许的限度内，规定了较为全面的公开义务主体。所有行政机关公开政府信息的活动都应当适用《条例》的规定。不仅如此，法律法规授权的、具有管理公共事务职能的组织公开政府信息的活动，也要适用本《条例》。而且，《条例》的制定者注意到，当前，在中国，各种公用企事业单位的活动与人民群众的利益密切相关，因此，为了提高其活动的透明度，《条例》规定，教育、医疗卫生、计划生育、供水、供电、供气、供热、环保、公共交通等公用企事业单位公开在提供社会公共服务过程中制作、获取的信息的，也要参照《条例》的规定执行。除此之外，这意味着，尽管《条例》不涉及立法机关、司法机关公开信息公开的行为，但是，其规定的政府信息公开义务主体仍旧是十分广泛的。也就是说，上述主体都可以成为政府信息公开诉讼的被告。

行政诉讼第三人是指因与被诉具体行政行为有利害关系，而经申请或者法院通知，参加到行政诉讼中的个人和组织。在政府信息公开诉讼中，第三人则是与被告（政府信息公开义务主体）公开或者不公开政府信息的行为有利害关系的当事人。在因政府机关公开政府信息而引发的行政诉讼中（即反政府信息公开诉讼），第三人主要是请求公开该政府信息当事人，也就是说，原告依据自身的隐私权或者商业秘密而在此诉讼中主张不公开政府信息，而第三人在基于知情权或者政府信息公开请求权在此诉讼中主张公开该政府信息。而在因不公开政府信息而引发的诉讼中，第三人则主要是该政府信息所涉及的隐私权人或者商业秘密的持有人等，也就是说，原告基于自身的知情权或者政府信息公开请求权而主张政府机构不公开政府信息的行为违法或者请求法院判令政府机关公开政府信息，而第三人在依据自身的隐私权或者商业秘密可能遭受损害，而请求不公开该政府信息或者维持政府机关的不公开决定。

---

① 参见 Megan Carter、吕艳滨《欧洲与中国政府信息公开：我们能够学到什么？》（中国欧盟信息社会项目政府信息公开研究报告），第5.2.2。

（三）政府信息公开诉讼的举证责任分配

行政诉讼的举证责任指行政诉讼当事人因证明具体行政行为合法性的事实处于真伪不明的状态，而根据举证责任的分配规则所承担的不利的法律后果。举证责任包含两层含义，即主观的举证责任和客观的举证责任，前者又称为形式上的举证责任或者提供证据的责任，是指诉讼当事人在诉讼中为避免败诉风险而向法院提供证据举证其主张的事实存在的责任，包括事实的主张责任和证据提出责任；后者则又称为实质上的举证责任或者结果责任，是指诉讼程序终结时案件事实仍处于真伪不明的状态时，主张相关事实的诉讼当事人所应承担的不利的诉讼后果。

在相当长的时期中，证明责任仅仅被理解为诉讼当事人向法院提交证据的责任，而直到 19 世纪，这一传统的见解才被改变。1883 年，德国诉讼法学家尤利乌斯·格尔查在《刑事诉讼导论》中首次将证明责任区分为客观的证明责任和主观的证明责任。同时，1890 年，美国学者塞耶也将证明责任区分为提供证据责任和说服责任。现在，大陆法系学者一般将证明责任理解为诉讼当事人为避免败诉危险而向法院提供证据的必要性和口头辩论结束后仍不能使法院认可以相关事实为要件的法律效力而承担的不利后果。而英美法国家的学者则认为证明责任一方面是当事人向法官提供足以使案件交付陪审团评议的证据的行为责任，即提供证据的责任，另一方面则是在审判的最终阶段，当事人因事实真伪不明而承担的诉讼不利，即说服责任。虽然，两者存在形式上的差异，但是，两大法系关于证明责任的理解都意味着实质意义上的证明责任或者说服责任乃是证明责任的本质，其意义均在于防止法官因事实真伪难辨而拒绝裁判。

证明责任并非是一方当事人就相关案件事实予以举证或者予以证明的责任、义务或者是权利，而是法律预设的事实真伪不明时的风险分配，或者说是败诉负担、法定的诉讼风险责任。正如德国的普维庭教授所指出的："如此就不难理解，为什么选择'证明责任'一词是如此不幸，因为客观证明责任既与'证明'无关，也与'责任'无关。"①

证明责任的核心问题乃是证明责任的分配，即所要解决的不是对于诉讼中的某一主张由哪一方当事人提出证据予以证明的问题，而是当双方当事人均依法提供了证据之后，案件事实仍旧真伪难辨时由哪一方当事人承担败诉

---

① ［德］汉斯·普维庭：《现代证明责任问题》，吴越译，法律出版社 2000 年版，第 26 页。

风险的问题。之所以要对证明责任进行分配，主要是因为法院负有解决当事人之间纠纷的职责，必须在裁判中判定一方当事人败诉，同时，当事人有责任对重要的事实提供证据加以证明，这样，在案件事实真伪不明时，必然要将不利的诉讼后果在当事人之间进行分配。

证明责任的分配必须以实现实体法的目的为宗旨。证明责任能否得到恰当的分配不仅关系到诉讼程序的技术性问题，更关系到相关实体法的立法目的能否得到正确的实施，只有有利于实体法立法宗旨实现的分配方式才是恰当的。其次，虽然争议事实真伪不明的存在是不可避免的，但是一些事实发生的概率明显低于不发生的概率（或者相反），因此，在分配证明责任时必须以保证裁判最大限度接近事实为目的，这是实现社会正义、维护社会公平所要求的。再次，从维护程序正义的角度考虑，证明责任的分配必须使原被告双方的证明责任大致均衡，并将其置于有条件和能力举证证明的一方以及故意妨碍举证的一方。最后，证明责任的分配还要尽可能追求诉讼的经济，防止延缓证明的过程、影响诉讼的节奏。

在政府信息公开诉讼中，对于相关政府信息是否属于不公开信息，原告并不可能了解所申请的信息的详细情况，不能苛求其对此承担举证责任，因此，举证责任应当由被告承担。美国的《信息自由法》明确规定，在这种情况下，由作为被告的行政机关承担举证责任。而在日本，其《信息公开法》虽然没有作出明确的规定，但是，一般认为，举证责任应当由行政机关承担。①

（四）政府信息公开诉讼的审理范围

政府信息公开诉讼的审理范围与政府信息公开诉讼的举证责任分配有着密切的关系。在美国的《信息自由法》上，法院对政府信息公开诉讼案件的审查是一种全面的审查，即不是适用所谓的实质证据规则，尊重被告行政机关关于不公开有关信息的判断，而是对所有的事实重新进行全面审查，并依据自身的判断来认定有关的信息是否应当公开。

在审查过程中，除了涉及作为被告的政府机关不受理政府信息公开申请、未在法定期限内作出决定、未依法征询第三人意见等的情形之外，对于所争议的政府信息是否应公开的审查，法院应当集中于该信息是否属于法定的不公开信息。除此之外，法院不应当考虑更多其他方面的事项。

---

① 参见［日］松井茂记《情报公开法》，株式会社有斐阁2001年版，第365—367页。

《政府信息公开条例》公布之后，有一种观点认为，应当将要求公开的信息是否属于申请人的特殊需要纳入审查范围。按照该观点，政府信息公开行政案件除应对原告是否提出申请、其申请公开的内容是否属于政府信息、该政府信息是否符合应予以公开的信息等问题进行审查外，还应根据《条例》第13条的规定，对当事人要求公开的信息是否与其自身的生产、生活、科研等特殊需要相关进行审查。① 这显然也是对《条例》规定的严重误读，《条例》本身都没有对公民、法人或者其他组织申请公开政府信息加以限制，法院又有什么权力和理由在司法审查过程中对此加以审查呢？这显然是在剥夺和限制公民的知情权。

（五）政府信息公开诉讼的审理方式

行政诉讼在审理过程中一般以公开审理为原则，强调当事人双方在法官的主导之下对争议事实进行举证、质证。但是，在政府信息公开诉讼的审理过程中，所争议的主要是某些政府信息是否应当公开的问题，如果一律适用公开审理的方式，则会导致争议的政府信息自动公开，而不再具有保密的价值。因此，美国在政府信息公开诉讼中采取了"非公开审理"（in camera review）审理方式，也就是，法官命令行政机关直接将有争议的政府文件送至法官办公室，由法官自己审阅该文件。这是政府信息公开诉讼制度中不可或缺的制度，对于确保政府信息公开制度的实施效果极为重要。因为，如果不让法官亲自看到相关的文件，法官根本无从判断该文件是否属于例外。对于这项制度，也有很多批评的看法。比如，有的认为，即便法官审阅了该文件并认定属于不公开信息，原告并不能够确定该判断是否具有相当的理由；有的认为，如果所争议的政府文件数量庞大，那么，法官需要直接审阅大量的文件，这对于法官而言，无疑会成为其严重的负担。② 虽然这些问题并不是那么的突出，但是，美国还提供了另外一项制度，即法院可以要求行政机关就被申请公开的政府文件提供一份详细的说明，对每一项不公开信息进行分类和整理，并就不公开该信息说明理由（这被称为 Vaughn Index）。这样，法官可以在不必一一审阅相关政府文件的情况下，认定其是否属于不公开信息。如果利用这种方法还不足以作出判断的，法官才会适用非公开审理的方

① 参见殷勇《结合〈政府信息公开条例〉谈政府信息公开行政案件审理新思路》，http：//www. shezfy. com/spyj/xsyt_ view. aspx？id＝6378。

② 参见［日］松井茂记《情报公开法》，株式会社有斐阁2001年版，第372页。

式。也就是说，非公开审理的方式被作为最后的一项手段。

　　而在日本，《信息公开法》中并没有对不公开审理作出规定。日本在立法过程中，负责法律起草的行政改革委员曾经向当事人的内阁提交了《政府信息公开法要纲案》以及《关于〈政府信息公开法要纲案〉的思考》。后者承认非公开审理的必要性，但又处于各种原因，认为暂时不宜规定改制度。《关于〈政府信息公开法要纲案〉的思考》指出："在政府信息公开诉讼程序中，非公开审理，即不告知行政相对人相关政府信息内容的非公开审理程序对于实现公正、高效的诉讼是有效和必要的。法官不实际上对行政文件进行区分而进行审理，这是很难得到诉讼当事人认同的，不仅如此，对于敏感的信息，如果不深入其具体内容，那么，也很难在公开的法庭上对处理决定的合法性进行主张和举证。但是，对于这种非公开的审理程序，有一些观点认为其在与审判公开原则（日本《宪法》第 82 条）之间的关系上存在问题，① 而且，根据未给予行政相对人反驳机会的证据进行裁判，这也关系到行政（民事）诉讼制度的根本。而且，在根据地方的政府信息公开条例提起的撤销诉讼、根据公务员法提起的违法保密义务的诉讼中，法院也在没有适用非公开审理程序的情况下，尝试进行各种举证上的努力。而在政府信息公开法方面，也可以期待着在诉讼中对不服审查会在进行调查过程中所获取的资料予以活用的方式来解决这个问题。"②

　　在我国，《政府信息公开条例》同样没有明确规定诉讼中是否可以适用非公开审理的程序。有关地方（如上海）在实践中，似乎也还没有过多涉及此类问题，人们当前所意识到的还仅仅限于法官有时无权接触特定密级的国家秘密的问题。从现行的《行政诉讼法》来看，涉及国家秘密、商业秘密、个人隐私的，可以实行不公开审理，但是，此处的不公开审理主要还是指不对当事人之外的人员公开，并不意味着案件的有关事实可以不对行政诉讼的原告公开。因此，我国在适用《条例》和现行行政诉讼法律制度审理政府信息公开案件时，必将面临此一难题。

---

　　① 针对非公开审理与日本《宪法》的关系，有的观点认为，并不存在违宪的问题，因为，日本《宪法》第 82 条第 2 款允许法官在全体同意的情况下，就可能有害于公序良俗的案件进行非公开审理。相关论述也可参见［日］松井茂记《情报公开法》，株式会社有斐阁 2001 年版，第 374 页。

　　② 参见 http://www.soumu.go.jp/gyoukan/kanri/990705c.htm。

三　我国政府信息公开诉讼机制的展望

无救济则无权利。各国各地区实施政府信息公开制度的经验和教训都已经表明，政府信息公开制度是否能够得到很好的实施，在很大程度上取决于是否有有效的救济机制，这其中，行政诉讼的作用不可或缺。我国一些地方实施政府信息公开制度的情况也可以说明这一点。根据对上海市有关部门和部分公务员的走访，包括曾经因政府信息公开而在行政诉讼中作为被告的部门在内，人们普遍认为，上海市信息公开制度的实施效果之所以比别的地方好，是因为行政复议尤其是行政诉讼制度的推动。正是由于允许当事人对政府机关公开信息的行为申请行政复议或者提起行政诉讼，才可真正督促政府机关依法公开信息。

《政府信息公开条例》已经明确地规定了当事人可以针对政府机关的政府信息公开决定提起行政诉讼，但是，现行的制度还没有为该制度的实施提供充分的制度保障，很多方面还存在着制度空白，而且，与之配套的很多制度也很不健全。政府信息公开诉讼不同于一般的行政诉讼案件：在原告资格方面，复议申请人或者诉讼原告不一定与争议所涉及的政府信息有利害关系；在案件审理方式上，不能简单地套用公开审理的原则以及诉讼中对证据的质证规则，因为此方面争议一般都涉及特定信息是否应当公开，如果不加区分地进行公开的审理和质证，则保密也就失去了意义，而且，在涉及国家秘密的案件中，并非所有的复议审查人员或者诉讼审判人员都有资格接触该信息。因此，为了切实推行《条例》，有关部门有必要充分参考有关国家和地区政府信息公开的救济机制，结合我国有关地方运用行政诉讼推进实施政府信息公开过程的经验教训，及时出台专门性的规定。

而且，政府信息公开诉讼的实施还必须进一步完善现行的法律法规。《条例》为我国的政府信息公开确立了全新的制度，而许多现行法律法规在理念和具体制度上都很难适应未来推行公开的需要。因此，有必要从推动公开的角度，加快完善有关的法律法规。以国家秘密的保护为例，《保密法》及其实施办法制定时间较早，保密范围过宽，定密解密程序不科学，很难适应现阶段保密和公开的要求，将保密的任务寄托于信息公开制度既不利于保密，更不利于公开。特别是随着当前人员流动与信息流动频率的不断提高，依靠传统的观念和方式已很难胜任保密的需要，加强保密工作的根本出路在于如何进一步改革和创新我国的保密法制。《档案法》也存在类似的问题，相关制度对信息公开存在一定的限制，且许多本来可以公开的信息一旦按照该法进行管理就不能予以公开。而且，政府信息公开制度的实施也迫切需要尽快建立适合国情的个人信息保护法制。各部门、各地方已经出台的政府信息公开（政务公开）的规定也面临着适应《条例》规定进行调整的问题。在今后相当一段时期内，《条例》将是我国政府信息公开方面的位阶最高的法律依据，各部门、各地方的相关规定均不得与之相抵触，凡其在公开方面的标准低于《条例》的，都应当及时进行修订。

同时，要加强对广大审判工作者的培训。和任何一部法律法规相比，《条例》的培训显得尤为重要。《条例》不但确立"以公开为原则、不公开为例外"的原则，引入了依申请公开的机制，允许任何人申请政府机关公开其掌握的信息，而不能追究该当事人是否同所申请公开的信息之间究竟是否有特定的利害关系，尤为重要的是，信息的公开与否应通过科学合理的利益衡量，进行慎重的审查和决定。为了确保审判工作者能够充分理解这项制度，并将其运用到审判工作中，除了加强对广大政府机关公务员等的培训之外，还有必要加大对审判工作者的培训。

最后，在行政法学、行政诉讼法学的研究中，必须进一步加大对政府信息公开诉讼的研究，特别是要清晰地描述其他国家和地区实行政府信息公开诉讼的基本制度，及时掌握我国实践的情况，并有针对性地进行理论研究和创新。

第九章　关于政府承诺法律效力的认定——浙江省临安市天目乡鲍家村王新明等243农户诉临安市政府履行法定职责案

一　案件的基本情况

（一）本案涉及的基本事实①

1993 年 3 月 15 日，浙江省临安县（后改为临安市）人民政府下发（临政发〔1993〕54 号）《关于扩大天目山自然保护区范围的通知》（以下简称《扩区通知》），该通知载明："经县政府研究，在权属不变、农户不迁、合理开发、统一管理的原则下，决定扩大天目山自然保护区范围。"根据该通知，临安县鲍家村的部分石竹林被划入天目山自然保护区。

1993 年 5 月 3 日，临安县人民政府将扩区意见书面报浙江省人民政府。

1993 年 6 月 16 日，浙江天目山国家级自然保护区管理局（以下简称天管局）、西天目乡人民政府与鲍家村等九个村民委员会签订了《天目山国家级自然保护区西关实验区联合保护协议》（以下简称《联保协议》），协议由浙江省临安市人民政府鉴证。协议载明：扩区后的山林仍归各村所有，在统一管护的前提下，经批准可有计划适度经营，经营收入归权属者所有。同月28 日，浙江省林业厅将天目山自然保护区扩区意见书面请示林业部，该请示文件载明扩区后实行"权属不变、农户不迁、统一管理、利益分享"的原则。

1994 年 5 月 11 日，原国家林业部批复浙江省林业厅，同意扩区意见及上述扩区原则。之后，有关政府部门一直未对利益分享问题作出处理。

1996 年 8 月 16 日，鲍家村召开村民代表大会，通过《关于调整部分集

---

① 除特别说明外，下述基本事实均为原、被告双方共同认可的事实。

体土地管理办法的决定》，明确强调石竹林实行有偿转让使用权，使用期30年不变。①

1997年4月，有十个农户与鲍家村村委会签订协议书。

2000年9月26日，临安市人民政府会同天管局、西天目乡人民政府、鲍家村等九个村的村干部，就扩区后的保护、开发问题召开了协调会，并形成（临安市人民政府［2000］47号）《关于天目山自然保护区新扩区保护与开发有关问题协调会议纪要》（以下简称《会议纪要》）。该《会议纪要》载明：新扩区建立后，给有关村民的山林开发经营带来了影响，对规划要求绝对保护的范围由市政府作适当补偿，具体补助办法和时间待市政府研究后确定。

2000年11月，部分原告要求西天目乡人民政府和天管局批准他们上山开发经营石竹林。2000年11月29日，天管局作出《关于鲍家村王新民等三户要求在西关新扩区长湾抚育石竹申请的答复》（以下简称《抚育石竹答复》）：申请人提出的山林属绝对保护区，根据《会议纪要》和乡、村的要求，必须进行严格保护，严禁劈山、砍柴砍树、开垦等。此后，部分原告先后向鲍家村委、西天目乡人民政府、天管局和临安市人民政府提出书面申请，要求落实石竹林的经济补偿问题。鲍家村村委会主任和党支部书记在申请书上签署意见：请西天目乡、天管局和市政府解决。西天目乡人民政府批复：按《会议纪要》及村、支两委意见办。天管局批复：建议市政府按《会议纪要》办。2000年12月20日，临安市人民政府办公室批复：请天管局研究并向政府行文。此后，天管局未向临安市人民政府行文。

2001年3月28日，鲍家村1、2、4、5、6、7、8、9、10、12十个村民小组的代表向临安市人民政府递交书面报告，要求解决石竹林经济补偿问题，临安市人民政府一直未予书面答复。

（二）案件受理情况

2001年6月4日，临安市天目乡鲍家村243个农户以临安市人民政府为被告，向临安市人民法院提起行政诉讼，请求法院判决临安市人民政府就鲍家村农户承包经营的石竹林被天目山自然保护区新扩区占用的林地使用权经

---

① 该份证据由被告浙江省临安市人民政府提供，原告认为该份文件是伪造的。一审法院浙江省临安市人民法院认可了该文件的法律效力；二审法院浙江省杭州市中级人民法院，以及再审法院浙江省高级人民法院对该份文件的法律效力未作说明。

济补偿事宜作出决定。

2001年6月11日，临安市人民法院以被告正在作为，原告的起诉不符合法定立案条件为由，作出（临行诉字〔2001〕第1号）行政裁定，裁定不予受理；原告不服，向杭州市中级人民法院提起上诉。

2001年8月1日，杭州市中级人民法院作出裁定：撤销临安市人民法院（临行诉字〔2001〕第1号）行政裁定，由临安市人民法院立案受理。

2001年9月4日，临安市人民法院立案受理了上述案件。

2001年11月9日，临安市人民法院公开开庭审理了案件。

（三）一审情况①

1. 原告的诉讼请求

（1）责令被告就鲍家村农户承包经营的石竹林被天目山自然保护区新扩区占用的林地使用权经济补偿事宜作出决定。

（2）本案诉讼费由被告承担。

（3）责令被告在判决生效后60日内对原告的石竹林经营损失作出具体的补偿方案（此诉讼请求系法院审理过程中增加）。

2. 原告诉称

（1）根据临安县政府的通知，鲍家村243名原告承包经营的3860余亩石竹林被划入天目山自然保护区后，原告方每年多次与天目山管理局交涉，就林地经济补偿事宜请求天目山管理局表明态度，作出书面答复，但一直没有结果。

（2）原告的经济损失已经发生多年，天目山管理局曾与各村签订"可以适度开发"的欺骗性保护协议，并称允许继续采笋，以模糊的方式蒙骗了一些不明真相的人，但是，2000年11月16日部分原告请求抚育石竹林的申请被拒绝后，原告认清了其林地的使用权完全丧失的现实，更坚决地向各级政府提出补偿要求。

（3）临安市政府于2000年下发《会议纪要》，认为原告的经济林损失应当给予补偿，并明确提出应当由市政府作适当补偿。

（4）原告经营的石竹林因天目山自然保护区扩大范围而被占用，原告遭

---

① 一审情况，来源于浙江省临安市人民法院行政判决书（〔2001〕临行初字第13号），有删改。审判长：姜成林；审判员：喻刚强，陈来需；书记员：阮晓宁。判决书签署日期：2001年11月28日。

受重大经济损失，理应得到合理补偿。原告对自己与经营权有关的经济损失有权独立做主，并有权委托代表处理。

（5）临安市人民政府承诺对原告的经济林损失作出补偿，并形成《会议纪要》，但经原告多次催促仍不作出决定，其行为已构成行政不作为，被告的行为损害了原告的合法权益。

　　3. 被告辩称

（1）原告诉讼主体不合格，原告等人不具有合格的原告资格，无权起诉市政府。主要理由如下：鲍家村的农户承包的石竹林已经于1993年3月19日至20日召开的村民代表大会决定收归村集体，责任到组经营。农户若要开发经营石竹林，必须与村委会签订协议并缴纳承包款。原告等人没有与村委会签订协议，不是新一轮石竹林承包人，没有合法使用权。1993年6月签订的《联保协议》中，临安市政府只是鉴证机关，与原告等人没有法律上的权利义务关系。2000年9月，临安市政府形成的《会议纪要》，是市政府与天管局、西天目乡人民政府、鲍家村等九个村委会达成的共识，有关补偿问题市政府只与上述单位发生关系。

（2）临安市政府没有占用原告所在集体的林地使用权和行政不作为，临安市政府为解决保护区扩区的补偿问题态度积极，工作一直没有间断过。

①天目山自然保护区扩大范围不存在行政强制划定，更不存在占用鲍家村林地使用权的事实。1993年前后，鲍家村等村与天管局签署《联保协议》，属于双方自愿。1993年3月10日，天管局向临安市政府递交《项目建议书》；3月15日，市政府下发了《关于扩大天目山自然保护区范围的通知》；5月3日，临安市向浙江省政府提交了《关于扩大天目山自然保护区范围的请示》；6月28日，浙江省林业厅向国家林业部提交了《关于浙江天目山国家级自然保护区扩大范围的请示》；1994年5月9日，林业部作出《关于同意浙江天目山国家级自然保护区扩大范围的批文》，确定了"权属不变、农户不迁、统一管理、利益分享"的十六字扩区原则。至此，鲍家村等村集体山纳入天目山自然保护区统一管理的法律手续全部完成。八年来，各级组织一直依据保护区扩区原则和《联保协议》进行管理，鲍家村等村的山林产权未变，伐树、挖笋也没有绝对禁止。

②鲍家村等村将集体山林纳入保护区统一管理后，村民从事轿夫、旅游、经营等职业，获得了经济利益；同时，村民应当遵守保护区的有关规定，对山林的生产经营活动有一定限制，经营效益受到一定影响。但是，临安市政府、天管局、西天目乡政府以及鲍家村等九个村委会一直在谋求解决

方法。

③为解决新扩区的补偿问题，临安市政府一直在实施积极的行政行为，做了大量工作。自扩区以来，天管局按市政府的要求，在没有明确依据的情况下，对有关村在护林防火和公益事业等方面给予了一定的经济补助。为解决国家级自然保护区中集体山林的补偿问题，临安市政府积极规划、申报和实施省生态公益林建设项目。1999 年 11 月 5 日，临安市政府下发了《临安市林业分类经营实施意见》，将自然保护区（包括集体林）划定为生态公益林，为落实补偿明确了面积依据。2001 年 6 月 17 日，浙江省林业局、财政厅印发了《浙江省林业专项扶持资金管理暂行办法》，明确了省生态公益林建设项目"十五"期间每亩每年补助 3 元的政策。8 月 15 日，临安市林业局向市政府提交了"关于要求财政安排生态公益林建设专项资金的请示"，市政府已召开有关部门协调会议，按浙江省有关规定，足额配套项目资金，该资金目前正在筹措中。8 月 28 日，浙江省林业局、财政厅下文拨给临安市的每亩 1 元的生态公益林建设补助资金，近期将到位。要兑现补助资金，需要对生态公益林验收后才能进行。目前，对天目山自然保护区等生态公益林建设项目正在验收中。临安市政府为解决补偿问题，在国家的生态公益林补偿制度尚未出台的情况下，向上级政府呈报了《关于天目山国家级自然保护区范围有关情况的报告》。杭州市副市长批示："此类问题不是杭州市政府能够解决的，应专报省政府。"临安市政府对自然保护区中的集体林和补偿制度的态度是：积极按照国家的有关规定做好落实工作。

（3）临安市政府不是本案的适格被告，县级政府没有对国家级自然保护区的补偿问题作出决定的法定职责，《会议纪要》不是政府的正式文件，对政府无法律上的约束力。

4. 一审判决情况

2001 年 11 月 28 日，浙江省临安市人民法院作出一审行政判决书（［2001］临行初字第 13 号），判决认定：

（1）原告于 20 世纪 80 年代承包经营了鲍家村集体所有的石竹林，后因管理混乱和天目山自然保护区扩大范围等原因，其经营权已被鲍家村村民委员会收归各村民小组统一经营，原告的承包合同自行废止，1996 年后，原告不再享有石竹林承包人的资格。

（2）鲍家村所属的石竹林是由各村民小组经营的，各村民小组非独立的经济组织，原告是村民小组成员，与本案有利害关系。依照最高人民法院《关于执行〈中华人民共和国行政诉讼法〉若干问题的解释》第 12 条的规定，原告的诉讼主体资格成立。

（3）被告临安市人民政府实际行使了天目山自然保护区行政主管部门的部分职权，以自己的名义作出了对天目山自然保护区扩区通知，并以会议纪要的形式作出了对天目山自然保护区扩区后给村民造成的损失应予补偿的承诺，故临安市人民政府是本案的适格被告。

（4）天目山国家级自然保护区扩区后，影响了原告的经济利益，有关政府职能部门应依法予以解决。临安市人民政府以《会议纪要》形式作出的扩区补偿承诺，与国家林业局批准的利益分享的扩区原则不符，且未经国家林业局审批，故市政府的补偿承诺尚不具法律效力。

（5）国家级自然保护区的行政主管部门是省级政府部门或国务院有关部门，故县级人民政府无权对扩区补偿问题径行作出决定。被告临安市人民政府未对原告的补偿问题作出具体方案，该行为并不违法，不属拒绝或拖延履行法定职责。原告要求被告在判决生效后 60 天内作出补偿方案，于法无据，不予支持。

（6）原告根据《会议纪要》向被告提出书面申请，被告负有给予答复的职责，但原告的诉讼请求非指答复，故本案不予处理。

综上，一审法院判决如下：

驳回原告王新明等 243 人对被告临安市人民政府的诉讼请求。本案受理费 80 元，由原告负担。

（四）二审情况①

2001 年 12 月 12 日，上诉人（一审原告）对一审判决不服，向杭州市中级人民法院提起上诉。

1. 上诉人的上诉请求

（1）请求二审法院依法判决撤销临安市人民法院（［2001］临行初字第 13 号）行政判决书之判决；

（2）依法判令被上诉人临安市人民政府在判决之日起 60 日内针对上诉人经营的石竹林使用权因天目山国家级自然保护区被行政征用所造成的经济损失作出补偿的决定。

---

① 二审情况，来源于浙江省杭州市中级人民法院行政判决书（［2002］杭行终字第 12 号），有删改。审判长：王丽园；审判员：徐斐；助理审判员：杨逸强；书记员：吴宇龙。判决书签署日期：2002 年 4 月 28 日。

2. 上诉人的上诉理由

（1）上诉人所属石竹林的承包经营权始于 1984 年，期限为 50 年，承包经营权的丧失始于 1993 年 3 月 15 日，原因是临安市人民政府将原告承包经营的石竹林划入天目山自然保护区，一审法院认定"上诉人于 1996 年不再享有石竹林承包人的资格"没有意义，上诉人不因此丧失原告的主体资格。

（2）被上诉人将上诉人承包经营的属于农用地性质的石竹林划入国家级自然保护区侵犯了上诉人的财产权，构成对土地使用权的行政征用，上诉人应当依法取得补偿。

（3）一审判决认定的"临安市人民政府以会议纪要形式作出的扩区补偿承诺，与国家林业局批准的利益分享的扩区原则不符"，是错误的认定。利益分享也是补偿的一种形式，但上诉人从 1993 年至今从未得到分文补偿。国家林业局在批复扩区原则时应当征求原土地使用者的意见，不应以"利益分享"四字草草了事。

（4）一审法院认定市政府的补偿承诺不具有法律效力违反行政法基本原则，也超越了司法权限，是错误的。临安市政府在《会议纪要》中所作的补偿承诺，是针对新扩区的土地相关权利人的具体决定，是一种具体行政行为。法院对该行政决定在行政相对人提出撤销申请的前提下，无权审查其法律效力。

（5）一审法院认定县级人民政府无权对扩区补偿问题径行作出决定是错误的。临安市政府是天目山自然保护区的行政主管机关，但是临安市政府作出补偿决定并不是基于其是行政主管机关，而是基于其作出的扩区决定剥夺了上诉人的承包经营权，致使上诉人造成重大经济损失。

（6）一审法院认定"原告要求被告在判决生效后 60 日内作出补偿方案于法无据"是错误的。

3. 被上诉人的答辩理由

被上诉人认为，上诉人不是石竹林的承包人，天目山保护区扩区是当地基层组织的要求，临安市政府在扩区中不存在侵权行为，扩区不是行政征用，对扩区造成的集体经济损失，只有等国务院出台具体补偿办法后，市政府才能执行。被上诉人请求中院驳回上诉人的诉讼请求，维持原状，具体理由如下：

（1）上诉人的上诉请求与本案无关。上诉人的一审诉讼请求是就临安市政府因扩区占用林地使用权要求作经济补偿决定；上诉请求则是就扩区而被行政征用所造成的经济损失要求作出经济补偿的决定。占用林地使用权与行政征用是两个互不相关的法律关系，且临安市政府不存在行政征用行为。

（2）上诉人不是本案石竹林的合法经营者，上诉人对石竹林承包经营权的丧失是基于其1996年不与村集体签订承包合同所致，一审法院认定上诉人1996年后不再享有承包人资格没有错误。1982年，上诉人所属石竹林的所有权属村集体，经营权归村民小组。1984年，鲍家村落实生产责任制，石竹林责任到户经营，但大部分农户没有很好管理。1985年，鲍家村先将用材林收回集体统管，接着封山育林。鲍家村与天目山保护区实行山林联合保护是双方利益的结合。临安市政府1993年3月关于扩区的通知，不是剥夺上诉人经营权的起因。1996年8月16日，鲍家村召开村民代表大会，通过《关于调整部分集体土地管理办法的决定》，明确强调石竹林实行有偿转让使用权，使用期30年不变。1997年4月，有10个农户与鲍家村签订协议书。

（3）被上诉人的扩区行为并未侵犯上诉人的财产权，更未构成对土地使用权的行政征用。鲍家村的石竹林扩在保护区内的前提是村集体的自愿行为，而不是临安市政府的强制行为，临安市政府只是支持了这一选择，为基层办点实事，并最终经林业部批准确认。临安市政府并未将鲍家村的石竹林划归天目山保护区，山林的所有权仍属村集体，每年的竹笋仍然归鲍家村，侵权事实不存在。新扩区由天管局统一管理后，相对村委自己管理要严格一些，但经规划同意，仍可适度开发经营，不存在上诉人所说的进去看一下也为法律禁止的事实。此外，侵权行为并不构成对土地使用权的行政征用。行政征用是对"物"的征用，不可能是对"权"的征用。

（4）一审法院认定临安市政府的补偿承诺不具有法律效力是正确的。一是临安市政府的补偿承诺出于《会议纪要》，《会议纪要》是对会议达成共识的主要事项所作的记录，不是政府的规范性文件。二是《会议纪要》中承诺的两个前提条件还未具备，即划定绝对保护的范围和国务院出台国家级自然保护区的补偿办法。三是《会议纪要》中的承诺是一种不确定的具体行政行为，不能只凭上诉人的理解作为正式解释。

（5）临安市政府没有法定职责对天目山国家级自然保护区扩大范围的集体山林作经济补偿。所谓法定职责，是基于法律法规规定的职责。本案中，国务院的补偿办法至今未出台，补偿责任至今不明确，国家、省、地方分别应当补多少没有规定，法定职责无从谈起。

4. 二审判决情况

2002年4月28日，浙江省杭州市中级人民法院作出二审行政判决书

（〔2002〕杭行终字第 12 号），判决认定：

（1）根据《中华人民共和国自然保护区条例》的规定，国家级自然保护区的行政主管部门是省级政府部门或国务院有关部门，而国家有关部门尚未出台具有可操作性的补偿办法。被上诉人因此未作出具体补偿方案不属拒绝履行法定职责。上诉人要求被上诉人在判决生效后 60 天内作出补偿方案的上诉理由不成立。

（2）被上诉人对上诉人多次要求经济补偿的问题已在其职责范围内做了许多工作，其基本态度已明示各方，被上诉人未对上诉人的补偿要求作出具体方案，系因国家级自然保护区的补偿问题尚无法律法规予以规范。因此，上诉人要求被上诉人在判决生效后 60 天内作出补偿方案的上诉理由不成立。

（3）上诉人认为被上诉人的新扩区行为是行政征用行为于法无据。

（4）原审判决对事实和证据的认定并无不当，上诉人的上诉理由均不能成立。

（5）原审判决认定事实清楚，适用法律正确，审判程序合法。

综上，二审法院判决如下：

驳回上诉，维持原判。上诉案件受理费 80 元，由上诉人王新明等 77 人负担。

（五）再审情况①

2002 年 9 月 9 日，申诉人（二审上诉人）不服二审判决，向浙江省高级人民法院提出申诉。2003 年 11 月 4 日，浙江省高级人民法院作出〔2002〕浙行监字第 32 号行政裁定，决定由浙江省高级人民法院进行提审。11 月 17 日，浙江省高级人民法院立案再审，并于 12 月 23 日公开开庭审理了本案。

1. 申诉人的申诉请求

（1）依法决定对申诉人诉被申诉人履行法定职责一案提审；

（2）判决责令被申诉人就申诉人因被申诉人决定将申诉人承包责任制经营的石竹林划入天目山国家级自然保护区所造成的经济损失作出补偿决定。

2. 申诉人的申诉理由

（1）申诉人的石竹林地承包责任制经营权受宪法和法律保护。

---

① 再审情况，来源于浙江省高级人民法院行政判决书（〔2003〕浙行再字第 3 号），有删改。审判长：惠忆；代理审判员：葛宏伟，江勇；书记员：陈裕琨。判决书签署日期：2004 年 3 月 15 日。

（2）被申诉人决定将申诉人承包经营责任制经营的石竹林地划入自然保护区的行为剥夺了申诉人的承包责任制经营权（土地使用权）。

（3）对划入绝对保护范围的申诉人承包责任制经营的石竹林应当依法征用，对土地、林地的征用，必须作出补偿决定。

（4）对经济利益受到实际损失的申诉人，被申诉人应当承担相应的民事责任，并有先行处理的法定职责。

（5）征用土地的组织实施的法定机关是县级人民政府，被申诉人理应是征地补偿的法定机关。

（6）一、二审法院认为应当由自然保护区的行政主管机关作出补偿决定没有法律依据，据此作出的判决也没有法律依据。

（7）请求判决被申诉人在 60 日内作出补偿决定于法有据。

3. 被申诉人的答辩理由

（1）天目山自然保护区新扩区至今未划定规划要求绝对保护的范围，其不存在履行上述《会议纪要》内容，作适当补偿的义务。

（2）法律没有明确规定其对新扩区村民经济损失进行补偿的职责，申诉人诉其履行法定职责，没有法律依据。

（3）从减少新扩区范围内村民经济损失的目的出发，其已分别于 2001 年、2002 年给予鲍家村每亩 1.7 元，共计 8 万余元的补偿，今后仍将予以补偿。

（4）原审判决正确，请求维持原判。

4. 再审判决情况

2004 年 3 月 15 日，浙江省高级人民法院作出再审行政判决书（〔2003〕浙行再字第 3 号），判决认定：

（1）临安市人民政府在《会议纪要》中"对规划要求绝对保护的范围由市政府作适当补偿"的承诺不违反法律规定，双方当事人对此亦无异议。该承诺合法有效，该承诺所确定的义务应视为临安市政府必须履行的法定职责。

（2）2000 年 11 月 29 日，天管局所作的《抚育石竹答复》载明：经实地踏勘，王新明等三户提出抚育石竹的地点长湾坐落在省级林业主管部门规划要求绝对保护的区域，且乡村也有严格保护的要求。因此，根据《会议纪要》的规定，必须严格保护，严禁劈山、砍树砍材、开垦等。临安市政府关于规划要求绝对保护的范围至今未确定的意见，与《抚育石竹答复》所反映的事实不符。

（3）根据浙江省林业局、财政厅 2001 年 6 月 17 日发布的《浙江省林业专项扶持资金管理暂行办法》的规定，浙江省临安市人民政府每年每亩给予鲍家村 1.7 万元的款项系林业的生态公益林和保护补助资金，主要用于规划区内生态公益林的营造、抚育、封山育（护）林等费用支出，并非用于补偿自然保护区内村民的经济损失。临安市人民政府称于 2001 年、2002 年已给予补偿 8 万元的意见，与事实不符。

（4）临安市政府未履行《会议纪要》中关于"对规划要求绝对保护的范围由市政府作适当补偿"的承诺，事实清楚。

（5）王新明等 243 人提出的对划入国家级自然保护区绝对保护范围的石竹林应当依法征用的意见，经查无法律依据。

（6）临安市政府关于法律没有明确规定其对新扩区村民经济损失进行补偿的职责，王新民等人诉其履行法定职责无法律依据的意见不能成立，不予支持。王新明等 243 人起诉要求临安市法院履行上述法定职责的理由成立，予以支持。

（7）原一、二审判决认定事实不清、论理不当，依法应予撤销。

综上，再审法院判决如下：

（1）撤销浙江省杭州市中级人民法院（［2002］杭行终字第 12 号）行政判决；

（2）撤销浙江省临安市人民法院（［2001］临行初字第 13 号）行政判决；

（3）由浙江省临安市人民政府于本判决生效后 60 日内履行《会议纪要》中关于"对规划要求绝对保护的范围由市政府作适当补偿"的承诺；

（4）原一、二审诉讼费人民币各 80 元，由浙江省临安市人民政府负担。

二　法律分析

从上面的介绍可以看出，本案原、被告争议的核心焦点是被告浙江临安市政府是否应当按照《会议纪要》中的承诺，履行对原告进行补偿的义务。因此，政府部门以《会议纪要》形式作出的承诺是否具有法律效力并成为政府的法定职责，就成为不可回避的问题。围绕上述争议的核心问题，又涉及行政案件的立案受理、原告诉讼主体资格、政府承诺的表现形式对承诺法律效力的影响、政府超越权限所作承诺的法律效力、行政征用和补偿等法律问题。对这些法律问题认识上的差异，直接导致了一、二审法院与再审法院作出了完全相反的判决。下面，就以诉讼程序进展的先后为序，对上述法律问题进行详细的分析。

（一）行政案件的立案受理

法院立案受理行政案件，标志着行政诉讼程序的正式开始，对行政诉讼案件具有重要意义。本案中，临安市人民法院与杭州市中级人民法院对行政案件的立案条件有着完全不同的理解和认识，由此导致二级法院对原告的起诉作出了完全不同的裁定。

1. 临安市法院作出不予受理的裁定明显不当，混淆了程序审查与实体审查的区别。

2. 案件事实。本案中，原告临安市天目乡鲍家村 243 个农户以临安市人民政府为被告，向临安市人民法院提起行政诉讼，请求法院判决临安市人民政府就鲍家村农户承包经营的石竹林被天目山自然保护区新扩区占用的林地使用权经济补偿事宜作出决定后，临安市人民法院以被告正在作为，原告的起诉不符合法定立案条件为由，作出行政裁定，裁定不予受理。原告不服，向杭州市中级人民法院提起上诉。在杭州市中级人民法院作出撤销临安市人民法院行政裁定，由临安市人民法院立案受理的裁定后，临安市人民法院才立案受理了上述案件。

3. 我国法律规定的人民法院受案范围。我国《行政诉讼法》第 2 条对法院的受案范围作了总体划定，即"公民、法人或者其他组织认为行政机关和行政机关工作人员的具体行政行为侵犯其合法权益，有权依照本法向人民法院提起诉讼"。第 11 条对受案范围进行了正面列举，即"人民法院受理公民、法人和其他组织对下列具体行政行为不服提出的诉讼：（1）对拘留、罚款、吊销许可证和执照、责令停产停业、没收财物等行政处罚不服的；（2）对限制人身自由或者对财产的查封、扣押、冻结等行政强制措施不服的；（3）认为行政机关侵犯法律规定的经营自主权的；（4）认为符合法定条件申请行政机关颁发许可证和执照，行政机关拒绝颁发或者不予答复的；（5）申请行政机关保护人身权、财产权的法定职责，行政机关拒绝履行或者不予答复的；（6）认为行政机关没有依法发给抚恤金的；（7）认为行政机关违法要求履行义务的；（8）认为行政机关侵犯其他人身权、财产权的。除前款规定外，人民法院受理法律、法规规定可以提起诉讼的其他行政案件。"第 12 条对不可诉行为进行了排除，即"（1）国防、外交等国家行为；（2）行政法规、规章或者行政机关制定发布的具有普遍约束力的决定、命令；（3）行政机关对行政机关工作人员的奖惩、任免等决定；（4）法律规定由行政机关最终裁决的具体行政行为。

4. 人民法院在决定是否受理案件时应当进行程序性审查，即原告的起诉是否符合法律规定的人民法院受案范围，而不应当就原告提出的具体侵权问题进行实体性审查。也就是说，只要原告认为行政机关的行为侵犯了其合法权益，即有权向人民法院提起诉讼，人民法院对符合《行政诉讼法》规定条件的应当受理，至于行政机关是否确实损害了原告的合法权益，则是法院受案以后需要解决的问题，属于实体审查的范畴，与程序审查无关。本案中，临安市人民法院以被告正在作为为由，裁定不予受理，是以实体上认定被告没有侵权为前提，从程序剥夺了原告的起诉权，这是违反《行政诉讼法》规定的。对此，杭州市中级人民法院裁定由临安市人民法院受理是适当的。

（二）原告诉讼主体资格的确定及一审判决对侵权行为发生时间认定的瑕疵

原告的诉讼主体资格是原告获得行政诉讼的起诉权利而必须具备的法律规定的条件。原告诉讼主体资格的确定是行政诉讼程序启动的前提，对行政诉讼案件的依法开展和判决具有重要意义。依据我国《行政诉讼法》第24条、第41条的规定，原告资格的确立必须符合三项要件：一是原告必须是公民、法人和其他组织，即行政相对人；二是原告必须是认为具体行政行为侵犯其合法权益的相对人；三是原告必须是向人民法院提起诉讼的行政相对人。

本案中，认为原告不具有诉讼主体资格，是被告答辩时提出的一项重要辩护意见，被告并为此提出三条具体理由。一审判决否认了被告人的答辩意见，认可了原告的诉讼主体资格，这是值得肯定的，但是在对原告合法权利受侵害的具体时间的认定上是存在瑕疵的。

1. 被告否定原告诉讼主体资格的理由

（1）原告承包的石竹林于1993年3月19日至20日召开的村民代表大会决定收归村集体，责任到组经营，原告若要开发经营必须与村委会签订协议，缴纳承包款，原告等人因未与村委会签订协议导致其承包经营权丧失，不再享有合法的使用权。

（2）1993年6月16日的《联保协议》是由天管局、西天目乡政府、鲍家村等九个村委会联合签订，市政府只是该协议的鉴证机关，与原告等没有法律上的权利义务关系。

（3）2000 年 9 月，临安市政府形成的《会议纪要》，是与天管局、西天目乡人民政府、鲍家村等九个村委会达成的共识，有关补偿问题市政府只与上述单位发生关系。

被告上述三条理由的核心思想在于否认原告的承包经营权、否认被告与《联保协议》的关系、否认《会议纪要》与原告之间的关系，由此达到认定被告的行为与原告没有法律上的利害关系的目的。被告对原告起诉时所依据的另一份重要法律文件，即 1993 年 3 月 15 日临安县人民政府下发的《扩区通知》则丝毫没有提及，但是，正是这《扩区通知》及与之有关的一系列政府行为导致了本案的发生。无论被告如何辩解，原告承包经营权受侵犯及其丧失与被告的政府行为之间存在法律上的利害关系是不可否认的事实。

2. 一审判决对侵权行为发生时间及原告诉讼主体资格的认定

（1）1996 年后，原告不再享有石竹林承包人的资格，原告的承包经营权被鲍家村村民委员会收归各村民小组统一经营，原告的承包合同自行废止。

（2）原告与本案有利害关系，其诉讼主体资格成立。鲍家村所属的石竹林是由各村民小组经营的，各村民小组非独立的经济组织，原告是村民小组成员，与本案有利害关系，符合最高人民法院《关于执行〈中华人民共和国行政诉讼法〉若干问题的解释》第 12 条的规定。

本案中，一审判决认定原告具备诉讼主体资格是有充分法律依据的，即原告关于被告的具体行政行为导致其承包经营权受到侵犯的主张成立，由此认定原告与本案有利害关系，进而直接导致原告诉讼主体资格的成立，对此，本书不再作过多分析。但是，一审判决认定原告 1996 年不再享有承包经营权是有瑕疵的。

3. 一审判决关于原告承包经营权受到侵犯时间的认定存在瑕疵的理由

依据一审判决，原告承包经营权的丧失是因 1996 年鲍家村村委会将承包经营权收归各村民小组，原告的承包合同自行废止，原告没有签订土地使用权有偿转让协议造成的。此后的二审判决、再审判决对此问题均未再涉及，这不能不说是一遗憾。

客观地说，原告承包经营权的丧失始自 1993 年 3 月 15 日。根据 1993 年 3 月 15 日浙江省临安县人民政府下发的《扩区通知》，临安县鲍家村的部分石竹林被划入天目山自然保护区。石竹林被划入天目山自然保护区之后所造成的直接后果是什么呢？依据 2000 年 11 月 29 日天管局《抚育石竹答复》的精神和《会议纪要》的规定，天目山自然保护区属于省级林业主管部门规划要求绝对保护的区域，必须严格保护，严禁劈山、砍树砍材、开垦等。由此，可以很明确地看出，原告所享有承包经营权的石竹林因为被临安县划入自然保护区，而使原告的权利受到侵犯，实质上丧失了相应的承包经营的权利。政府有关部门所谓的权属不变，并不能否认原告实质上承包经营权的受侵犯和丧失。原审上诉人在《行政上诉状》中对此问题作了一定的陈述，但遗憾的是并未引起二审法院的足够重视。

原告承包经营权受侵犯时间的确立，对本案的依法审判有着重要的意义。依据权利义务对等性的法律精神，被告临安县政府的行为侵犯了原告的权利，因此应负有补偿原告损失的对等义务。进而，可以直接看出被告有关补偿承诺的存在意义及其相关法律效力。

（三）被告承诺的表现形式及其法律效力

承诺本是与要约相对应的，是我国民事法律里的概念。依据我国民法，要约是指一方当事人向他方作出订立合同的意思表示；承诺是指受要约人向要约人作出的完全同意要约的意思表示。本案中，一审、二审及再审判决中均使用了承诺这个法律概念，这里的承诺应当理解为一方所作的为或者不为一定行为的意思表示，不能简单地把本案中的承诺等同于民法范畴的承诺，并且，本案中的承诺不以要约为前提。承诺的表现形式主要包括口头形式和书面形式，书面形式承诺因其载体的不同又表现出不同的特点。

本案中，临安市政府有关补偿的承诺是以《会议纪要》的形式作出的。2000年9月26日，临安市人民政府会同天管局、西天目乡人民政府、鲍家村等九个村的村干部召开协调会，并形成临安市人民政府《会议纪要》，该《会议纪要》明确了临安市新扩区的建立，给有关村民的山林开发经营带来了影响，对规划要求绝对保护的范围由市政府作适当补偿，具体补助办法和时间待市政府研究后确定。事后，该《会议纪要》成为原告要求临安市政府补偿的重要法律依据。

1. 当事人及法院对《会议纪要》性质及法律效力的不同认识

在本案的行政诉讼过程中，对上述《会议纪要》是否成立，被告的承诺具有何种法律效力，原告、被告、一审、二审及再审法院各有自己的理解，并分别得出不同的结论：

（1）原告认为《会议纪要》合法有效，被告应履行自己的补偿承诺，并作出具体的补偿方案，否则即构成不作为。

（2）被告否认《会议纪要》的法律效力。在一审、二审的答辩中，被告明确指出，《会议纪要》是对会议达成共识的主要事项所作的记录，《会议纪要》既不是政府的规范性文件，也不是政府的正式文件，对政府无法律上的约束力。

（3）一审判决认可了《会议纪要》的成立，并将其作为临安市政府作为被告主体资格成立的法律依据，但认为被告在《会议纪要》中作出的补偿承诺，因与其上级行政机关的批文不一致，而尚不具备法律效力，同时认定县级人民政府无权对扩区补偿问题径行作出决定。

（4）二审判决认可了《会议纪要》及被告承诺的法律效力，但认为被上诉人临安市政府未作出具体补偿方案不属拒绝履行法定职责，原因在于国家级自然保护区的补偿问题尚无法律法规予以规范，国家级自然保护区的补偿办法应当由其行政主管部门省级政府部门或国务院有关部门出台。

（5）再审判决认定了《会议纪要》中的承诺不违反法律规定，该承诺合法有效，该承诺所确定的义务应视为临安市政府必须履行的法定职责。

从上述事实可以看出，原告认为《会议纪要》合法有效，被告应当履行；被告则认为《会议纪要》成立，但对政府无法律上的约束力；一审法院认可《会议纪要》成立，但否认被告承诺的法律效力；二审法院认可《会议纪要》成立及被告承诺的法律效力，但认为被告没有拒绝履行法定职责的情形；再审法院的生效判决认可了原告的观点，最终判决被告必须履行承诺确定的法定责任。

2. 对以《会议纪要》作为表现形式的政府承诺法律效力的分析

在司法实践中，由于会议纪要与行政决定不同，其记录的内容丰富，性质千差万别，对会议纪要的行政诉讼中作用及地位的认识，长期以来是有争议的。诚如被告指出的那样，会议纪要是对会议涉及主要事项所作的记录，不属政府的规范性文件，通常也不是政府的正式文件。那么，本案中作为政府承诺的载体和表现形式的《会议纪要》，到底对政府有无法律上的约束力呢？对这一问题，浙江省高级人民法院的行政判决作出了最好的回答，该判决认定：《会议纪要》中的承诺不违反法律规定，该承诺合法有效，该承诺所确定的义务应视为临安市政府必须履行的法定职责。对本案中《会议纪要》及其承诺的法律效力，应当从以下几个方面理解：

（1）本案中的《会议纪要》是被告临安市政府与相关部门召开协调会后形成的，客观记录了政府部门对新扩区的认识和态度，内容具体，具有可操作性，不违反相关法律规定，应当认定为合法有效。

（2）被告临安市政府以《会议纪要》的形式，认定了其新扩区的建立给有关村民的山林开发经营带来了影响，并承诺对规划要求绝对保护的范围由市政府作适当补偿，其意思表示真实、完整，具备法律效力。

（3）被告临安市政府以《会议纪要》既不是政府的规范性文件，也不是政府的正式文件为由，否认其承诺对政府在法律上的约束力是不成立的。我国法律并未规定政府部门作出的承诺必须采取规范性文件或者正式文件的形式作出，则以《会议纪要》形式作出的承诺，其法律效力不容否认。

（4）被告临安市政府如果想否认其《会议纪要》及其承诺的法律效力，应当采取符合我国法律规定的措施，遵循正当程序原则，对《会议纪要》及其承诺予以撤销。

3. 被告的承诺是否越权及其对法律效力的影响

通过以上分析可以看出，本案中，原、被告双方及各级法院对《会议纪要》的成立均无异议，但由于对《会议纪要》中被告的补偿承诺是否越权，被告履行承诺有无先决条件的认识不同，导致对承诺的法律效力的认定出现完全不同的结果。欲对上述问题作出正确判断，必须首先明确以下几个问题：

（1）依据我国相关法律规定，对行政机关超越职权所作的行政行为，除明显无权限而越权的行为应当认定为无效行政行为外，对其余的超越职权的行政行为，通常应当归入可撤销的行政行为，由有权国家机关作出撤销决定而使之失去法律效力，并且可撤销的行政行为只有在撤销之后才失去法律效力。本案中可能存在的超越职责行政行为主要表现为下级行政机关越权行使上级行政机关的职权，就算确定存在此种越权行为，也只宜归入可撤销的行政行为之列。

（2）我国的相关法律、法规对自然保护区扩区如何进行补偿没有明确规定，一审、二审法院依据我国《中华人民共和国自然保护区条例》中有关国家级自然保护区的行政主管部门是省级政府部门或国务院有关部门的规定，得出国家级自然保护区的补偿办法应当由省级政府部门或国务院有关部门出台，县级人民政府无权对扩区补偿问题径行作出决定的结论，仅仅是一种推论，是没有充分法律依据的。

（3）一审法院以被告临安市政府的扩区补偿承诺与国家林业局确定的扩区原则不符，且未经国家林业局审批为由，认定被告的补偿承诺不具有法律效力显属不当。本案中，对《会议纪要》的成立及其证明力，原、被告双方均未提出异议。在原、被告双方均没有对补偿承诺的法律效力提出司法审查申请之前，法院依职权确定作为行政机关行政行为的补偿承诺的法律效力是不妥当的，有利用审判权干涉行政权之嫌。此外，就算被告在《会议纪要》中所作的补偿承诺属于超越职权的行政行为，在有权行政机关作出撤销决定前或者法院依行政相对人申请作出撤销判决前，其仍然具有法律效力。

（4）本案中，被告临安市政府在《会议纪要》中所作的补偿承诺，是建立在其认识到临安市新扩区的建立给有关村民的山林开发经营带来影响的基础上的，被告的补偿承诺其目的是为了弥补村民的损失。在我国法律没有明确规定国家级自然保护区的扩区补偿由哪级行政机关决定之前，被告的补偿承诺也就不存在超越行政职权的问题，因此，是合法、有效，对被告有约束力的。

通过上述分析可以看出，被告在《会议纪要》中的承诺不违反法律规定，该承诺合法有效，该承诺所确定的义务应视为临安市政府必须履行的法定职责，作为再审法院的浙江省高级人民法院的判决是有充分法律依据的。

4. 认定被告临安市政府的补偿承诺确定的义务为法定职责是对法定职责最广义的理解

所谓法定职责，通常是指法律规定的职责。我国宪法、法律、行政法规、地方性法规、规章等，在广义上都可以称为"法律"。政府承诺属于行政义务的范畴。行政义务是指行政机关所承担的公法上的义务。行政机关承担的公法上的义务，除了法定职责之外，还包括公法合同、行政承诺等行政义务。将法定职责扩大到行政义务是国际司法实践的现代成果。[①] 由此，行政不作为不仅包括不履行法定职责、拒绝履行法定职责、怠为履行法定职责，而且还包括行政机关基于契约、承诺等应为而不为的行为。浙江省高级人民法院认定被告承诺的义务为被告必须履行的法定职责，是对法定职责最广义的理解，是将法定职责扩大到行政义务的具体体现。

（四）行政征用和补偿与本案的关系

行政征用是指行政主体为了公共利益目的，按照法定的形式和事先公平补偿原则以强制方式取得私人不动产的所有权或其他物权的程序。土地征用是行政征用的一种，是指发生在国家和农民集体之间的所有权转移，是指国家为了社会公共利益的需要，按照法律规定的权限和程序批准，并给农民集

---

① 参见梁凤云《关于行政诉讼判决的几个问题》，中华人民共和国最高人民法院行政审判庭编：《行政执法与行政审判》总第 11 集，法律出版社 2004 年版，第 41 页。

体和个人补偿后，将农民集体所有的土地转变为国家所有。通过上述定义可以很清楚地看出，行政征用最核心的特点体现为所有权的移转。本案中，原、被告双方争议的石竹林的所有权并未发生移转，不符合行政征用的条件。原告所主张的其因丧失石竹林的使用权和财产权受侵犯，被告构成对土地使用权的行政征用的观点，在我国现行法律框架内是不成立的。本案中，原告主张被告的行为构成行政征用，其目的在于获得补偿，但是由于我国法律并没有关于行政补偿的明确规定，导致一审、二审法院均未支持其请求，再审法院亦未因行政征用导致行政补偿为由支持其诉讼请求，而是采取了折中的处理。要对本案有客观全面的认识，有必要从以下方面对我国现行的行政征用补偿制度有比较全面的了解，从而透过全新的视角看待本案产生的原因：

1. 我国法律尚未建立系统完善的行政征用补偿法律体系，行政机关的自由裁量权较大。行政征用补偿是指行政主体为国家公益之必要，行合法行政征用行为，而使被征用的公民、法人或其他组织的合法权益遭受到特别损害，由国家承担的补偿责任的制度。行政征用补偿是由行政主体合法的行政征用行为而引起的，补偿的对象是权利被剥夺或被限制者的合法权益所遭受的特别损失，行政征用补偿是行政主体公法上的义务。行政征用制度在我国建立较早，但受重征用轻补偿或无补偿的观念影响，新中国成立以来的四部宪法中均未规定行政征用补偿制度。我国行政征用补偿制度规定分散在单行的各个法律中，一些法律、法规中的补偿标准十分模糊，可操作性很差，导致行政机关的自由裁量权很大，带来的弊端也很多。

2. 我国现行的行政征用补偿制度存在较大缺陷，不公平的补偿机制成为影响社会稳定的根源。目前，随着我国经济的发展及环境保护的需要，造成对土地的需求量大幅上升，土地征用补偿成为行政征用补偿中最突出的重要的问题之一，由此导致的群体性上访、闹事、诉讼事件层出不穷。我国工业化的进程加速了城市化进程，城市的膨胀需要政府大量征用农村的土地。在现有的法律框架下，与行政征用相对应的补偿标准通常是相应补偿或适当补偿，这就导致补偿标准较低，补偿利益不及损失利益。虽然我国经济基础还很薄弱，但是给予因行政征用而权利被侵犯之对象更充分、更完全的补偿，通过市场调节重新配置资源，有效监控政府权力无疑是当前及今后不可逆转的趋势。

3. 抓紧制定、完善比较科学、合理的行政征用补偿制度，弥补当前行政征用补偿制度存在的缺陷和不足，更好地保障公民、法人等的基本权利。

首先，必须树立无补偿即无征用的思想，即政府部门行政征用的前提是对相对人予以补偿。在此基础上，以适当、公平、公正、合理等原则为指导，结合我国实际，客观规定补偿的额度、种类、标准、义务人等。在具体操作过程中，也可以借鉴发达国家的先进经验和成果。比如：美国是按征用时市场上的公平价值补偿，这种市场价值，不仅包括征用时的使用价值，而且包括被征用财产的最佳使用价值；法国实行全部、直接、物质补偿原则；日本则实行"适当补偿"原则。

4. 被告临安市政府行政行为产生的实际法律后果与行政征用是一致的。纵观本案全过程，1993 年 3 月 15 日，根据临安县政府下发的《扩区通知》，本案原告临安县鲍家村村民所属的石竹林被划入天目山自然保护区，并且扩大天目山自然保护区范围的原则是：权属不变、农户不迁、合理开发、统一管理。表面上看，原告与被告之间的关系好像是"合作开发"关系，原告没有实际损失。但是，随着以后几年事情的进展，村民认识到这种所谓的"合作开发"不仅使他们未得到任何收益，反而丧失了赖以为生的石竹林。2000 年 11 月 29 日，天管局的《抚育石竹答复》表述的很明确：石竹林位于省级林业主管部门规划要求绝对保护的区域，必须严格保护，严禁劈山、砍树砍材、开垦等。也就是说，虽然石竹林的权属未变，但所有权所蕴涵的占有、使用、收益、处分四项权能，原告并不享有任何一项，被告已经将其完全剥夺，这与被告将石竹林行政征用产生的结果没有任何区别。从这个角度说，被告临安市政府确应对原告享有权益的石竹林进行行政征用。

三　小结

如果有关部门在行政执法过程中，能够多一点执法为民的思想，客观分析其行为的法律后果，本案的发生是完全可以避免的。临安市政府在决定扩区时，实质上已经认识到其可能面临的补偿问题，并且已经作出补偿承诺，但在该案发生后，却以种种理由推诿甚至否定自己事先所做的承诺，这实在是不应该。如果临安市政府能够深刻认识自己行为所产生的实质后果，采取行政征用的手段解决自然保护区的扩区问题，事先对补偿问题有适当的考虑和规划，本案是完全可以避免的。

后　记

　　本书是我们围绕行政诉讼法学的一些热点问题开展专题研究所取得的初步成果，因此，它不是一本系统的专著，而是围绕一些我们认为值得关注的问题所进行的粗浅的理论分析与探讨。

　　本书的写作分工如下：

周汉华：第五章

张明杰：第六章、第九章

李洪雷：第四章、第六章

吕艳滨：第八章

李　霞：第一章

苏苗罕：第二章、第七章

书稿由吕艳滨统稿。

　　书中文章既有纯理论性的探讨，包括从比较法视角上对其他国家和地区相关理论和实践的介绍和评价，也有从个案等方面所进行的实证性探讨。我们无意于借此对行政诉讼法学进行系统性的分析，而只是希望就一些相对具体的问题进行探讨。但是，必须承认，这些都还只是我们对有关问题所进行的粗浅研究，限于知识积累的不足、研究时间的有限，很多问题的研究还很不深入，书中难免存在一些不够准确、有待进一步深入研究的地方。我们将虚心听取批评，不断完善自身的研究。

　　本书的写作首先要感谢法学研究所的领导给予我们必要的研究条件，没有他们的支持，就不可能有这本还不够十分完美的文集。同时，要感谢参与文集写作的每一个人，感谢他们在自身忙碌的工作学习之余，鼎力配合文集的编辑组稿工作，按时交稿。另外，也要感谢法学研究所科研处的同事们为本研究的顺利开展和本书的编辑出版所付出的努力。最后，还要感谢出版社的编辑老师们细致认真的审校。

编者

2008 年 7 月